Kevin Kelly

NetEconomy

Kevin Kelly

NetEconomy

Zehn radikale Strategien für die Wirtschaft der Zukunft

Aus dem Englischen von Beate Majetschak

Econ

Die amerikanische Originalausgabe erschien 1998 unter dem Titel
New Rules for the New Economy im Verlag Viking Penguin, New York,
einem Unternehmen der Penguin Putnam Inc.

Der Econ Verlag ist ein Unternehmen
der Econ & List Verlagsgruppe

ISBN: 3-430-15316-6

Umschlaggestaltung: Jan Koemmet, Wuppertal
Textillustrationen: Wiedemeyer & Martin Publishing Services,
Düsseldorf (nach der Originalausgabe)
Lektorat: Andreas Gatzen
Gesetzt aus der Rotis bei LHF Satzstudio GmbH, Düsseldorf
Papier: Papierfabrik Schleipen GmbH, Bad Dürkheim
Druck und Bindearbeiten: Bercker Graphischer Betrieb GmbH, Kevelaer

Für Gia-Miin

Inhalt

Die Wirtschaft der Zukunft 9

1 Folge der Herde! 21
Stärke durch Dezentralisierung

2 Steigende Skalenerträge 39
Wie Erfolg sich selbst verstärkt

3 Überfluß statt Mangel 61
Das Ende der Knappheit und der Wert der schieren Masse

4 Künftig alles gratis? 75
Warum in Zukunft Großzügigkeit belohnt wird

5 Vorfahrt für das Netz 95
Wenn das Netzwerk floriert, profitieren auch die Teilnehmer

6 Vom Gipfel in die Talsohle 119
Über die Tücken des Erfolgs

7 Von Standorten zu »Standräumen« 135
Größe einmal völlig anders betrachtet

8 Innovation am Rande des Ruins 153
Die anhaltende Schieflage als Erfolgsstrategie

9 Beziehungstechnik 165
Die richtige Technologie schafft Vertrauen

10 Chance schlägt Effizienz 195
Verbesserungen sind keine Lösung, sondern Stillstand

Tausend Wege zum Reichtum 217

Strategien für die Wirtschaft der Zukunft 223

Kommentierte Bibliographie 225

Danksagung 237

Über den Autor 239

Die Wirtschaft der Zukunft

Niemand kann sich dem Ansturm der Maschinen entziehen. Technologie, die sich einst an den Rändern der Kultur entwikkelte, erobert nun unser Bewußtsein ebenso wie unser Leben. Ist es da ein Wunder, daß Technologie eine solch immense Faszination, Angst und Wut hervorruft?

Nach und nach wird alles, was uns im Leben wichtig ist, von der Wissenschaft berührt und dann verändert. Menschlicher Ausdruck, Gedanken, Kommunikation und selbst menschliches Leben wurden von Hochtechnologie durchsetzt. In dem Maße, in dem jeder Bereich von komplexen Techniken eingeholt wird, wird die übliche Ordnung auf den Kopf gestellt, und neue Regeln etablieren sich. Ein gewaltiger Ruck, und die einstmals Selbstgewissen werden in verzweifelter Orientierungslosigkeit zurückgelassen, die Findigen bekommen eine Chance, sich durchzusetzen.

Doch während die rasch voranschreitende technologische Revolution heutzutage die Schlagzeilen füllt, vollzieht sich im Hintergrund langsam etwas weit Größeres. Beständig vorangetrieben werden die wirbelnden Zyklen von coolen Technospielereien und anderem, »was man einfach haben muß«, von einer sich abzeichnenden neuen Wirtschaftsordnung. Die Topographie des Wohlstands wird von unseren Werkzeugen umgeformt. Wir leben gegenwärtig in einer neuen Wirtschaft, die von kleiner werdenden Computern und wachsender Kommunikation bestimmt wird.

Diese neue Wirtschaft repräsentiert einen tektonischen Bruch in unserem Gemeinwesen, eine weit turbulentere Neuordnung, als sie die digitale Hardware allein hervorgebracht hat. Die neue wirtschaftliche Ordnung verfügt über ihre eigenen, eigentümlichen Möglichkeiten und Fallstricke. Soweit vergangene wirtschaftliche Veränderungen hier irgendeinen Anhaltspunkt bieten, werden diejenigen, die nach den neuen Regeln spielen, erfolgreich sein, während die, die sie ignorieren, dies nicht sein werden. Bisher haben wir nur die Anfänge jener Angst und jenes Verlusts, der Aufregung und des Gewinns gesehen, die viele Menschen erleben werden, während sich unsere Welt auf eine neue, hochtechnische und globalisierte Wirtschaft zubewegt.

Diese neue Wirtschaft hat drei charakteristische Eigenschaften: Sie ist global. Sie bevorzugt immaterielle Dinge – Ideen, Informationen und Beziehungen. Und sie ist intensiv verflochten. Diese drei Merkmale erzeugen einen neuen Typus von Markt und Gesellschaft, der in allgegenwärtigen elektronischen Netzwerken verwurzelt ist.

Netzwerke haben in jeder Wirtschaft existiert. Was sich verändert hat, ist allerdings, daß Netzwerke, technologisch verbessert und vervielfacht, so tief in unser Leben eindringen, daß »Netzwerk« zur zentralen Metapher wurde, um die herum sich unser Denken und unsere Wirtschaft organisiert. Sofern wir die besondere Logik von Netzwerken nicht verstehen, können wir von der wirtschaftlichen Transformation nicht profitieren, die derzeit im Gange ist.

NetEconomy entfaltet zehn wesentliche Dynamiken der sich abzeichnenden Finanzordnung. Diese Regeln sind fundamentale Prinzipien, die sich auf alle Geschäftsfelder und Branchen beziehen, nicht nur auf den High-Tech-Bereich: Man kann sie als Faustregeln betrachten.

Wie jede Faustregel sind sie nicht unfehlbar. Statt dessen funktionieren sie wie Leuchtfeuer, die allgemein die Richtung weisen. Sie wurden entworfen, um tief verwurzelte Kräfte zu erhellen, die bis in die erste Hälfte des nächsten Jahrhunderts Bestand haben werden. Diese zehn Gesetze versuchen eher, die zugrundeliegenden Prinzipien zu erfassen, die unsere neue wirtschaftliche Umwelt formieren, als gegenwärtige, kurzfristige Geschäftstrends einzufangen.

Die Schlüsselprämisse dieses Buches ist die, daß die Prinzipien, die die »Welt der Software« (im weitesten Sinne) regieren – also die Welt des Immateriellen, der Medien, der Computer-Software und der Dienstleistungen –, bald die »Welt der Hardware« bestimmen werden – die Welt der Realität, der Atome, der Gegenstände, des Stahls und des Öls sowie der harten Arbeit, die man im Schweiße seines Angesichts erbringt. Eisen und Bauholz werden den Gesetzen der Software gehorchen, Automobile werden den Regeln von Netzwerken folgen, Schornsteine werden mit Ordnungen des Wissens in Einklang stehen. Wenn Sie sich ausmalen wollen, wo die Zukunft Ihrer Branche liegen wird, stellen Sie sich diese als ein Geschäftsfeld vor, das gänzlich in die Welt der Software eingebunden sein wird, auch wenn Sie es momentan zur Hardware zählen würden.
Natürlich, alle Mausklicks der Welt können nicht Atome im realen Raum bewegen, ohne reale Energie anzuzapfen; darum gibt es Grenzen, wie weit die Welt der Software die Welt der Hardware durchsetzen wird. Aber Indizien zeigen überall an, daß die Welt der Hardware unumkehrbar »weich« wird. Deshalb kann man einen enormen Vorteil erlangen, wenn man auf diesen Zug aufspringt. Um vorn zu bleiben, müssen Sie hauptsächlich verstehen, wie die Welt der Software funktioniert – wie Netzwerke gedeihen und wachsen, wie Schnittstellen Aufmerksamkeit lenken, wie Fülle Wert schafft –, und diese Prinzipien dann auf die Welt der Hardware von heute anwenden.

Die Tricks der immateriellen Geschäftswelt werden die Tricks Ihres Geschäftsbereichs werden.

Die neue Wirtschaft befaßt sich mit fragilen Entitäten wie Informationen, Beziehungen, Urheberrechten, Unterhaltung, Wertpapieren und davon abgeleiteten Dingen. Die US-Wirtschaft ist bereits dabei, reale Masse zu verlieren und immateriell zu wachsen. Die meistgefragten Erzeugnisse aus den Vereinigten Staaten (diejenigen, die exportiert werden) verloren 50 Prozent ihres physischen Gewichts pro wertmäßigem Dollar in nur sechs Jahren. Die körperlose Welt von Computern, Unterhaltung und Telekommunikation ist jetzt eine Industrie, die größer ist als die Giganten alter Zeiten, wie z. B. Bauindustrie, Lebensmittel- oder Automobilproduktion. Dieser neue informationsgestützte Sektor umfaßt bereits 15 Prozent der gesamten US-Wirtschaft.

Dennoch haben digitale Bits, Aktienoptionen, Urheberrechte und Markenzeichen keine meßbare ökonomische Form. Was ist die Einheit von Software: Disketten? Codezeilen? Die Zahl der Programme? Die Zahl der Features? Ökonomen sind verwirrt. Walter Wriston, der frühere Vorsitzende von *Citicorp*, murrt gern, daß Bundesökonomen uns genau sagen könnten, wie viele linkshändige Cowboys jedes Jahr beschäftigt werden, aber keine Vorstellung davon hätten, wie viele Softwareprogramme in Gebrauch sind. Die Anzeigen auf unserem ökonomischen Armaturenbrett haben begonnen, wild auszuschlagen, zu leuchten und zu blinken, seit wir auf neues Gebiet vorstoßen. Es ist möglich, daß die Instrumente allesamt defekt sind, aber es ist sehr viel wahrscheinlicher, daß die Welt sich verändert.

Erinnern Sie sich an *GM?* In den fünfziger Jahren waren Wirtschaftsjournalisten in *General Motors* vernarrt. *GM* war das Musterbild industriellen Fortschritts. Man schuf nicht nur Autos, man schuf Amerika. *GM* war die reichste Firma auf Erden. Vielen intelligenten Beobachtern galt *GM* als die Zukunft der Geschäftswelt schlechthin. Das Unternehmen war riesig, und größer bedeutete besser. Es war stabil und väterlich, indem es lebenslange Beschäftigung bot. Es kontrollierte alle Teile seines weitreichenden Imperiums und stellte Qualität und hohe Profite sicher. *GM* war das beste, und wenn Experten 40 Jahre voraus blickten, stellten sie sich alle erfolgreichen Firmen wie *GM* vor.

Seit die Zukunft begonnen hat, ist *GM* ironischerweise nun das Gegenbeispiel. Wenn Ihr Unternehmen heute wie *GM* ist, steckt es in tiefen Schwierigkeiten. Statt dessen verweisen die Experten auf *Microsoft. Microsoft* ist das Musterbild. Es ist das am höchsten bewertete Unternehmen der Welt. Es produziert immaterielle Güter. Es bestimmt die Logik der Standards. Die haushohe Börsenbewertung spiegelt die neue Produktivität wider. So blikken wir voraus und sagen: In 40 Jahren werden alle Firmen wie *Microsoft* sein.

Die Geschichte sollte nahelegen, daß dies ein schlechter Tip ist. Die offensichtliche Lektion ist die, daß wir dazu neigen, die Zukunft ausgehend von dem zu entwerfen, was gegenwärtig im Trend liegt. Im Augenblick sind Software- und Unterhaltungsfirmen sehr profitabel, und so nehmen wir an, daß sie Musterbilder sind. Brad DeLong, ein Ökonom der Universität Berkeley, hat dazu eine praktische Theorie der Wirtschaftsgeschichte. Er sagt, daß unterschiedliche Bereiche der Wirtschaft in ihrer Beliebtheit zu- und abnehmen wie Filmstars. Die Geschichte der amerikanischen Wirtschaft kann als eine Parade der »gefeierten« Industrien betrachtet werden, die zuerst als Unbekannte auf der Szene erscheinen, dann durch ökonomische Wunder heroisch die Wirtschaft »retten« und eine Zeitlang als wirtschaftliche Stars behandelt werden. In den fünfziger Jahren war die Automobilindustrie gefeiert: Es gab unglaubliche Innovation, viele, viele Emporkömmlinge unter den Autofirmen, unglaubliche Produktivität. Es war eine wilde und aufregende Zeit. Doch dann ließ der Heroismus nach, und die Autoindustrie wurde groß, monolithisch, langweilig und enorm gewinnbringend. In DeLongs Sicht[1] ist der jüngste gepriesene Retter der Informations-, Kommunikations- und Unterhaltungskomplex. Geschäfte im Bereich von Software und Kommunikation gelten nun als heldenhaft: Sie zaubern Erfolge aus dem Hut, produzieren schier unendliche Innovation und vollbringen ökonomische Wunder. Lang lebe der Computer!

DeLongs Sicht der heroischen Industrien hat eine Menge für sich. Nur weil *Microsoft* jetzt heroisch ist, muß das aber nicht bedeuten, daß alle Unternehmen *Microsofts* Spitzenposition folgen und intellektuelles Eigentum mit einer Gewinnspanne von 90 Prozent auf Disketten kopieren werden. Kein Zweifel, daß viele, viele Unternehmen der Zukunft *Microsoft* auf keine Weise ähneln werden. Irgend jemand muß die Wasserspülungen der Toiletten reparieren, Häuser bauen, Lastwagen fahren, Milch herbeischaffen.

---

1 DeLongs Essay »Old Ideas for the New Economy«, in: *Rewired*, www.rewired.com

Sogar das *Wired Magazine*, das Sprachrohr der digitalen Revolution, bei dem ich als einer der Herausgeber tätig bin, erreicht nicht das Ideal eines immateriellen Unternehmens. *Wired* liegt inmitten einer altmodischen Altstadt und verwandelt in einem Jahr acht Millionen Pfund (oder 48 Eisenbahnwaggons) getrocknete Holzmasse und 330 000 Pfund leuchtender, farbiger Tinte in Exemplare des Magazins. Ziemlich viele Atome sind daran beteiligt.
Wie können wir also die Behauptung aufstellen, daß *alle* Geschäftsbereiche der Welt von den Fortschritten bei Chips, Glasfaserkabeln und Bandbreiten umgeformt werden? Was macht diesen besonderen technologischen Fortschritt so außerordentlich? Warum ist der Geschäftsheld des Augenblicks so viel wichtiger als seine jüngsten Vorläufer?

Weil Kommunikation – wovon die digitalen Technologien und Medien letztlich handeln – nicht einfach ein Bereich der Wirtschaft ist. Kommunikation i s t die Wirtschaft.

Dies ist keine These über Computer. Computer sind passé. Die meisten der Konsequenzen, die wir von Computern als Einzelplatzmaschinen erwarten dürfen, haben sich bereits ergeben. Sie haben unser Leben beschleunigt und uns außerordentliche Möglichkeiten bei der Verwaltung von Worten, Zahlen und Pixeln gebracht, aber sie hatten darüber hinaus keine größeren Effekte.
Die neue Wirtschaft handelt von *Kommunikation*, in der Tiefe und in der Breite. All die Veränderungen, die in diesem Buch aufgezeigt werden, rühren von der fundamentalen Weise her, auf die wir die Kommunikation revolutionieren. Kommunikation ist die Grundlage der Gesellschaft, unserer Kultur, unserer Menschlichkeit, unserer eigenen individuellen Identität und aller wirtschaftlichen Systeme. Das ist der Grund, weshalb Netzwerke eine so große Sache sind. Kommunikation ist der Kultur und der Gesellschaft selbst so nahe, daß die Effekte ihrer Technologisierung über das Maß eines bloßen Zyklus im industriellen Sektor hinausgehen. Kommunikation – und ihr Weggefährte Computer –

sind ein besonderer Fall in der Wirtschaftsgeschichte. Nicht, weil sie zufällig der modische, führende Wirtschaftszweig unserer Tage sind, sondern weil ihre kulturellen, technologischen und konzeptuellen Auswirkungen an die Wurzeln unseres Lebens rühren.

Gewisse Technologien (wie Chips mit integrierten Schaltkreisen) treiben Innovation und Neuheit bei anderen Technologien voran; diese Katalysatoren kann man »befähigende Technologien« nennen. Zuweilen wird ein Wirtschaftszweig Hebelkraft gewinnen und den Fortschritt auf anderen Sektoren der Wirtschaft beschleunigen. Diese können als »aktivierende Sektoren« betrachtet werden. Computerchips und Kommunikationsnetzwerke haben einen Sektor der Wirtschaft hervorgebracht, der alle anderen Sektoren verändert.

Nur eine relativ kleine Anzahl von Leuten war jemals direkt in der Welt der Finanzen beschäftigt. Dennoch haben Innovationen der Finanzwelt wie Hypotheken, Versicherungen, Risikofinanzierungen, Wertpapiere, Schecks, Kreditkarten, Wechsel – um nur einiges zu nennen – unsere Wirtschaft seit den Tagen der venezianischen Bankiers völlig umgestaltet. Sie haben den Aufstieg der Unternehmen, des Marktkapitalismus, des industriellen Zeitalters und vielem mehr ermöglicht. Anders als viele gefeierte Industrien der Vergangenheit, wie die energieproduzierende oder die chemische Industrie, hat dieser kleine Sektor einen Einfluß darauf gehabt, wie Geschäfte überhaupt betrieben werden und wie wir unser Leben organisieren.

Der Einfluß von Erfindungen in der Finanzwelt war gewaltig – der Einfluß von Erfindungen im Zusammenhang mit Netzwerken wird ebenso groß oder größer sein.

Es brauchte einige Milliarden Jahre, bis sich einzelliges Leben auf der Erde herausbildete. Und es brauchte eine weitere Milliarde Jahre, damit dieses einzellige Leben mehrzellige Anordnungen entwickelte – wobei jede Zelle einige Zellen neben ihr berührte, um einen lebenden, kugelförmigen Organismus zu bilden. Die Kugel war anfangs die einzige Form, die mehrzelliges Leben annehmen konnte, weil die Zellen zur Koordination ihrer Funktionen nahe beieinander liegen mußten. Nach einer weiteren Milliarde von Jahren bildete sich schließlich das erste zellulare Neuron – ein dünner Gewebestrang – heraus, das zwei Zellen zur Kommunikation über eine gewisse Entfernung befähigte. Mit dieser Innovation boomte die Vielfalt. Mit Neuronen mußte das Leben nicht länger in einen Tropfen eingebunden bleiben. Es wurde möglich, Zellen in nahezu jeder Form, Größe und Funktion anzuordnen. Schmetterlinge, Orchideen und Känguruhs wurden möglich. Rasch explodierte das Leben auf eine Million unterschiedliche, unerwartete Weisen, in ungemein fantastischen Differenzierungen, bis sich wundervolles Leben überall fand.

Silikonchips, die zu Känalen mit hoher Bandbreite verknüpft sind, sind die Neuronen unserer Kultur. Bis zu diesem Augenblick befand sich unsere Wirtschaft im mehrzelligen Stadium. Unser industrielles Zeitalter hat jedem Kunden oder jedem Unternehmen eine beinahe physische Berührung mit dem anderen abverlangt. Unsere Unternehmen und Organisationen ähneln Tropfen. Nun, durch die Erfindung von Silikon- und Glasfaserneuronen, ist eine Million neuer Formen möglich. Boom! Eine unendliche Verschiedenheit neuer Formen und Größen sozialer Organisationen ist plötzlich machbar. Unvorstellbare Formen des Handels können in dieser neuen Wirtschaft Verbindungen herstellen. Wir sind dabei, Zeugen einer Explosion von Entitäten zu werden, die sich auf Beziehungen und Technologie gründen; eine Explosion, die mit den Anfängen des Lebens auf Erden an Mannigfaltigkeit konkurrieren wird.

In der Zukunft werden sehr wenige Unternehmen aussehen wie *Microsoft* oder gar *Wired*. Sogar altehrwürdige Formen werden vorhanden sein. Landwirtschaft, Lastverkehr, das Klempnerhandwerk und andere traditionelle Beschäftigungen werden fortleben, ebenso wie einzelliges Leben fortlebt. Doch die Ökonomie des Landwirts und anderer wird, auf ihre eigene Weise, der Logik von Netzwerken gehorchen, so wie *Microsoft* es schon jetzt tut.

Wir sehen bereits Belege dafür. Ein Farmer in Amerika – der Held der agrikulturellen Wirtschaft – fährt auf seinem Traktor in einem beweglichen Büro. Es hat eine Klimaanlage, ein Telefon, ein satellitengestütztes Navigationsgerät und hochentwickelte Sensoren in Bodennähe. Zu Hause ist sein Computer mit einem permanenten Strom von Wetterdaten, den weltweiten Getreidemärkten, seiner Bank, Feuchtigkeitsdetektoren im Erdreich, digitalisierten Landkarten und seinen eigenen Tabellen über den Liquiditätsfluß verbunden. Ja, er macht sich die Hände schmutzig, aber seine manuelle Arbeit findet im Kontext einer Netzwerkwirtschaft statt.

Vergleichbares könnte auch über Lastkraftfahrer gesagt werden. Während das Fahrgefühl hinter dem Steuer unverändert bleibt, folgen die neuen Mittel des Lastverkehrs – Barcodes, Funk, Versandalgorithmen, Routenverläufe und sogar die Straßen selbst – allesamt der Logik von Netzwerken. So wird der Schweiß der Lastkraftfahrer, die manuell schwere Kisten auf- und abladen, einer Netzwerkwirtschaft inkorporiert.

Unsere Wirtschaft ist ein Amalgam aus verschiedenen Arten von Handel, Kommerz und sozialem Austausch. Neue wirtschaftliche Funktionen entwickeln sich um die weiterhin wirksamen herum. Tausch, eine der ältesten Formen des Handels, ist nicht verschwunden. Die Tauschwirtschaft durchlebte das agrarische Zeitalter, das industrielle Zeitalter und setzt sich auch heute fort. Tatsächlich ist das meiste, was im World Wide Web geschieht, Tausch. Auch noch in vielen Jahren wird ein bemerkenswerter Teil der Wirtschaft von den industriellen Schichten erledigt werden – von Maschinen, die am laufenden Band Güter produzieren und Material bewegen. Die alten Wirtschaftsformen werden weiterhin, freilich gebunden an das Herz der neuen Wirtschaft, funktionieren.

Noch fesselt uns die Trägheit des industriellen Zeitalters. Zwischen 1990 und 1996 nahm die Zahl der mit der Herstellung von materiellen Dingen – Dinge, die Ihnen auf die Zehen fallen können – befaßten Personen um 1 Prozent ab, während die Anzahl von Personen, die im Bereich »Dienstleistung« (Immaterialitäten) beschäftigt waren, um 15 Prozent anstieg. Gegenwärtig haben nur noch 18 Prozent der US-Beschäftigten mit Herstellung zu tun. Aber drei Viertel dieser 18 Prozent führen tatsächlich Jobs der Netzwerkwirtschaft aus, während sie für ein Produktionsunternehmen arbeiten. Statt Atome bewegen sie Datenbits: Buchhalter, Forscher, Designer, Marketing- und Verkaufsleute, Anwälte und der ganze Rest, der seine Arbeitszeit an einem Schreibtisch verbringt. Nur ein winziger Prozentsatz der Arbeitnehmerschaft erfüllt Aufgaben des industriellen Zeitalters, und doch hängen unsere Politik, unsere Medien und unser Bildungssystem der großen Phantasie nach, daß industrielle Arbeitsplätze geschaffen werden müßten. Innerhalb einer Generation, höchstens zweier, wird die Anzahl der Leute, die in echten Produktionsjobs arbeiten, nicht höher sein als die Zahl der Landwirte – geringer als ein paar Prozent. Weit stärker, als wir dies wahrhaben wollen, verleibt sich die Netzwerkwirtschaft alles ein.

Chips, Glasfaserkabel und Funkwellen bestimmen, wie sich der Rest der Welt bewegt.

Vor der Geschichte mag diese starke Behauptung naiv erscheinen. Es geschieht doch in jedem Augenblick etwas Großes und Neues. Auf diese Weise müssen es die handarbeitenden Maschinenstürmer empfunden haben, die spürten, daß das industrielle Zeitalter nicht nur mit neumodischen Webstühlen zu tun hatte, sondern tiefe, systematische Umwälzungen im alltäglichen Leben erahnen ließ. Waren sie naiv, wenn sie annahmen, daß Maschinen die altehrwürdigen und heiligen Akte des Säens und Erntens definitiv verändern würden? Der Viehzucht? Der Struktur der Gemeinschaft?

»Höre auf die Technologie«[2], empfahl Carver Mead, einer der Erfinder des modernen Computerchips. »Finde heraus, was sie dir zu sagen hat.« Nach diesem Leitsatz habe ich die vorliegenden Faustregeln zusammengestellt, indem ich die folgenden Fragen stellte: Wie formen unsere Werkzeuge unser Schicksal? Welche Wirtschaftsstruktur empfiehlt sich durch unsere neuen Technologien?

Stahl und Öl, Schornsteine und Industrieanlagen, sogar winzige

---

2 Zitiert nach George Gilder, »Gilder Technology Report«, November 1996

Samenkörner und wiederkäuende Kühe werden alle in die Welt intelligenter Chips und schneller Bandbreiten verstrickt werden, und früher oder später werden sie, wie alles andere, den neuen Regeln der neuen Wirtschaft völlig gehorchen. Ich habe auf die Technologie gehört, und soweit ich es verstehen kann, wiederholt die Technologie zehn unterschiedliche Strophen, die in den folgenden zehn Kapiteln erstmals niedergeschrieben werden.

1 Folge der Herde!

Stärke durch Dezentralisierung

Das Atom ist die Ikone des 20. Jahrhunderts. Das Atom schwirrt allein umher. Es ist eine Metapher für Individualität. Doch das Atom gehört der Vergangenheit an. Das Symbol des nächsten Jahrhunderts ist das Netz. Das Netz kennt kein Zentrum, keine festen Bahnen, keine Gewißheiten. Es ist ein unbestimmtes Gewebe von Ursachen. Das Netz ist der Archetypus, der dazu bestimmt ist, alles das zu repräsentieren, was wir interessant und wichtig finden: alle Kreisläufe, alle Intelligenz, alle Wechselwirkungen, alle ökonomischen, sozialen und ökologischen Sachverhalte, alle Kommunikation, alle Demokratie, alle Familien, alle großen Systeme. Das Atom bedeutet reine Einfachheit, das Netz transportiert unordentliche Komplexität.

Das Netz ist unsere Zukunft.

Von allen Anstrengungen, mit denen wir Menschen gegenwärtig befaßt sind, besteht die größte vielleicht in der permanenten Verwebung unserer Existenzen, unserer Gedanken, unserer Artefakte zu einem Netzwerk von globalem Ausmaß. Dieses große Werk vollzieht sich seit Jahrzehnten, doch in jüngster Zeit hat sich unsere Fähigkeit, Verbindungen herzustellen, erhöht. Zwei brandneue technologische Errungenschaften – der Silikonchip und das Silikatglasfaserkabel – trafen mit ungeheurer Geschwindigkeit aufeinander. Wie bei nuklearen Partikeln, die in einem Zyklotron zusammenprallen, entfesselte sich am Schnittpunkt dieser beiden Erfindungen eine nie zuvor gesehene Macht: die Kraft eines alles durchdringenden Netzes. In dem Maße, in dem sich dieses große

Netz ausdehnt, überzieht ein lebhafter Datenstrom netzartig die Oberfläche des Planeten. Wir überdecken den Globus mit einer Netzwerkgesellschaft.

Die Dynamik unserer Gesellschaft und insbesondere unserer neuen Wirtschaft wird zunehmend der Logik von Netzwerken gehorchen. Das Verständnis, wie Netzwerke funktionieren, wird der Schlüssel zum Verständnis sein, wie die Wirtschaft funktioniert.

Jedes Netzwerk hat zwei Bestandteile: Knoten und Verbindungen. In dem großen Netzwerk, das wir gegenwärtig zusammenfügen, fällt die Größe der Knoten beinahe ins Unendliche, während die Quantität und die Qualität der Verbindungen explodieren. Diese beiden physischen Bereiche, der in sich zusammenfallende Mikrokosmos des Silikons und der explodierende Telekosmos der Verbindungen, formieren die Matrix, durch welche die neue Wirtschaft der Ideen fließt.

Ein einzelner Silikontransistor kann heutzutage nur unter einem Mikroskop betrachtet werden. In einigen Jahren wird es eines Mikroskops bedürfen, um einen ganzen Chip von Transistoren zu sehen. Wie die Größe der Silikonchips sinken auch ihre Kosten ins Mikroskopische. 1950 kostete ein Transistor fünf Dollar.[1] Heute kostet er ein Hundertstel eines Cents. Im Jahre 2003 wird ein Transistor einen mikroskopischen Nanocent kosten. Ein Chip mit einer Milliarde Transistoren wird schließlich nur ein paar Cents kosten.

Dies bedeutet, daß Chips billig und winzig genug werden, um in *jeden Gegenstand* hineinzuschlüpfen. Letztlich wird jede Suppendose einen Chip auf ihrem Deckel haben. Jeder Lichtschalter wird einen Chip enthalten. Jedes Buch wird einen Chip im Buchrücken haben. Jedem Hemd wird im Saum wenigstens ein Chip eingenäht sein. Jedem Teil im Lebensmittelregal wird ein Silikonknopf angeheftet oder implementiert. Jedes Jahr werden auf

1 »Happy 50th« von Heidi Elliott, in: *Electronic Business,* Dezember 1997

der Welt zehn Billionen[2] Objekte hergestellt, und der Tag wird kommen, an dem ein jedes ein Stückchen Silikon tragen wird.

Dies ist weder verrückt noch weit entfernt. Vor zehn Jahren erschien die Idee grotesk, daß alle Türen eines Hauses einen Computerchip enthalten sollten, doch heute gibt es in den USA kaum eine Hoteltür ohne einen blinkenden Chip im Schloß. Diese mikroskopischen Chips werden so billig sein, daß wir sie wegwerfen werden. Dünne Plastikscheiben, sogenannte Smart Cards, tragen heute einen Wegwerfchip, der intelligent genug ist, Ihre Bankgeschäfte zu erledigen. Wenn *National Semiconductor* seinen Weg macht, wird bald jedes Expreßdienstpäckchen mit einem Einwegsilikonstück gestempelt sein, das den Inhalt des Päckchens auf intelligente Weise im Auge behält. Und wenn ein kurzlebiger Umschlag einen Chip tragen kann, kann es auch Ihr Stuhl, jede Bonbontüte oder ein Basketball. So werden bald alle gefertigten Objekte, von Joggingschuhen über Bohrmaschinen und Lampenschirme bis hin zu Mineralwasserflaschen, einen winzigen Splitter Intelligenz enthalten.

Und warum auch nicht?

Heutzutage wird die Welt von 200 Millionen Computern[3] bevölkert. Andy Grove von *Intel* schätzt erfreut, daß es im Jahre 2002 500 Millionen Computer sein werden. Bisher kommen auf jeden teuren Chip, der in einem cremefarbenen Computergehäuse steckt, 30 billige Prozessoren, die in Alltagsgegenständen stekken. Die Anzahl von Nicht-Computerchips[4], die in der Welt pulsieren, beläuft sich auf sechs Milliarden – ein Chip pro menschlichem Wesen auf Erden.

Einen Nicht-PC-Chip finden Sie bereits in Ihrem Auto, der Stereoanlage, dem Eierkocher und dem Telefon. Es sind simple Chips mit begrenzten Fähigkeiten. Ein Chip in der Bremse Ihres Autos muß keine Fließkommaberechnungen, Tabellenkalkulationen oder Videoverarbeitungen ausführen; er muß nur wie verrückt bremsen.

---

2 Geschätzt durch Multiplikation der durchschnittlichen Anzahl von Gegenständen, die eine Person jährlich kauft, mit der Zahl der Erwachsenen

3 DataQuest

4 DataQuest

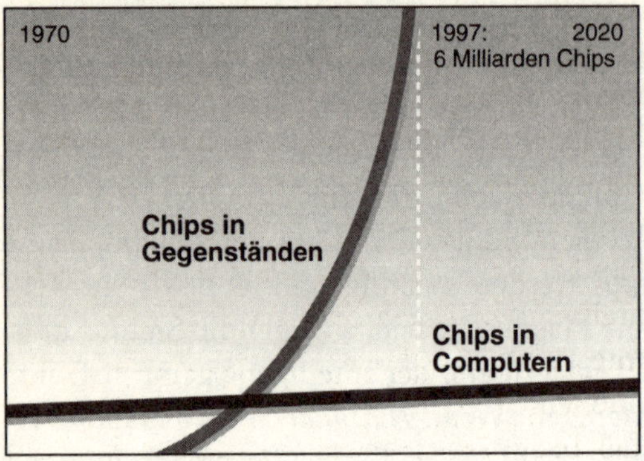

Wir bewegen uns von der Verarbeitung zur Verbindung. Die Anzahl der Chips in anderen Objekten als Computern steigt deutlich schneller als die Anzahl der Computerchips.

Weil sie begrenzte Funktionen haben und in großen Stückzahlen produziert werden können, sind diese simplen Chips extrem billig herzustellen. Ein Industriebeobachter errechnete, daß ein eingebetteter Prozessorchip in der Herstellung weniger kostet als ein Kugellager. Da sie so schnell und billig ausgestanzt werden können wie Weingummis, sind diese Chips im Handel als »Jelly Beans« (Fruchtdrops) bekannt. Tumbe, billige Jelly-Bean-Chips überrollen die Welt weit schneller, als die PCs es taten.

Das ist nicht überraschend. Sie können nur einen oder zwei Personalcomputer zugleich nutzen, aber die Anzahl anderer Gegenstände in Ihrem Leben ist nahezu unbegrenzt. Zuerst stecken wir Jelly-Bean-Chips in High-Tech-Vorrichtungen, später dann in alle Werkzeuge, schließlich in alle Gegenstände. Wenn sich die gegenwärtige Rate fortsetzt, werden 2005 um die zehn Milliarden winziger Körnchen von Silikonchips in unserer Umwelt enthalten sein.

Indem wir in jeden hergestellten Gegenstand ein Tüpfelchen Intelligenz einfügen, erhalten wir zunächst eine Milliarde mäßig intelligenter Artefakte. Aber zur selben Zeit schalten wir die Milliarden von Knoten auch zusammen.

Wir verbinden alles miteinander.

Es geschieht etwas Geheimnisvolles, wenn wir eine große Anzahl von ziemlich beschränkten Dingen nehmen und sie miteinander verknüpfen. Wenn wir den tumben Chip in jeder Registrierkasse eines Ladens nehmen und alle zu einem Netzwerk verbinden, erhalten wir alles andere als ein einfältiges Ergebnis. Wir haben Verkaufsmuster in Echtzeit, die den Warenbestand verwalten können. Wenn wir die simplen Chips nehmen, die bereits die Bestandteile eines Automotors regulieren, und sie die Motorleistung an den Mechaniker einer Transportfirma übertragen lassen, können diese preiswerten Melder teure Reparaturen auf der Straße auf intelligente Weise vermindern. (*Mercedes-Benz* teilte jüngst mit, man plane, einen Web-Server in die Spitzenmodelle zu integrieren, so daß Techniker Serviceprobleme aus der Ferne erkennen können.) Verbunden zu einem Netzwerk, werden kleine Gedanken groß.

Wenn wir einem Gegenstand gestatten, eine kleine Datenmenge zu übertragen und Input aus seiner Nachbarschaft zu empfangen, verwandeln wir einen leblosen Gegenstand in einen aktiven Knoten.

Nicht jeder vernetzte Gegenstand muß viele Daten übertragen. Ein winziger Chip, eingelassen in den Wassertank auf einer australischen Ranch, überträgt nur die telegraphische 2-Bit-Nachricht, ob der Tank VOLL ist oder NICHT. Ein Chip am Ohr jedes Stiers auf derselben Ranch strahlt dessen Position in GPS-Werten aus; nicht mehr. »Hier bin ich, hier bin ich«, sagt er dem Logbuch des Ranchers; mehr nicht. Der Chip im Tor am Ende der Zufahrt des Ranchers kommuniziert nur ein einziges Wort, indem er mitteilt, wann es zuletzt geöffnet wurde: »Dienstag.«

Es bedarf keiner hochentwickelten Infrastruktur, um diese lakonischen Meldungen zu übertragen. Stationäre Objekte – Teile eines Gebäudes, Maschinen in einer Fabrik, befestigte Kameras – sind miteinander verdrahtet. Der bewegliche Rest – d.h. die meisten gefertigten Objekte – ist mittels Infrarot oder Funk verknüpft, wodurch ein drahtloses Netz erzeugt wird, um vieles größer als das verkabelte Netz. Dieselben alltäglichen Frequenzen, die für Garagentoröffner und TV-Fernbedienungen verwendet

werden, werden millionenmal vervielfacht, um die monotonen Nachrichten der verknüpften Objekte zu übertragen.
Das tolle an diesen verknüpften Brosamen ist, daß sie als einzelne nicht anspruchsvoll zu sein brauchen. Sie benötigen keine Spracherkennung, künstliche Intelligenz oder ausgeklügelten Expertensysteme. Statt dessen verläßt sich die Netzökonomie auf die simple Struktur von Bits, die zu einem Schwarm verknüpft sind.
Unsere Gehirne speisen sich aus dieser tumben Macht, indem sie einfache Neuronen zu Bewußtsein verschmelzen. Das Internet baut auf tumbe Macht durch die Verknüpfung schlichter Personalcomputer. Ein Personalcomputer ist wie ein einzelnes Neuron eines Gehirns in einer Plastikkiste. Durch den Telekosmos zu einem neuronalen Netzwerk verknüpft, erzeugen diese schlichten PC-Knoten jene fabelhafte Intelligenz namens World Wide Web.
Wieder und wieder sehen wir dieselbe Dynamik auf anderen Gebieten: Einfache Zellen unseres Körpers arbeiten zusammen im Verbund, um ein unglaublich intelligentes Immunsystem zu erzeugen, ein so hochentwickeltes System, daß wir es noch immer nicht ganz verstehen.

Tumbe Teile, richtig zu einer Formation verknüpft, bringen intelligente Resultate hervor.

Eine Billion miteinander verknüpfter, billiger Chips bildet die Hardware. Die Software, die darauf läuft, ist die Netzwerkökonomie. Ein Planet, bedeckt mit hyperverlinkten Chips, ist von Wahrnehmungswellen umhüllt. Millionen von Feuchtigkeitssensoren in den Feldern der Landwirte senden Daten in die Höhe, Hunderte von Wettersatelliten strahlen digitalisierte Bilder herab, Tausende von Registrierkassen spucken Bit-Ströme aus, Myriaden von Monitoren an den Betten der Krankenhäuser geben Signale, Millionen von Web-Sites bündeln Aufmerksamkeit und mehrere zehn Millionen Fahrzeuge übertragen ihren Positionscode; all dies fließt in ein sich ständig erneuerndes Gewebe hinein. Diese Matrix von Signalen ist das Netz.

Das Netz besteht nicht nur aus Menschen, die einander über E-Mail schreiben, obgleich dies ein Teil davon ist und sein wird, solange Verführung und Verfluchung Spaß machen. Eher ist das Netz die gesamte kollektive Interaktion einer Billion Gegenstände und lebender Wesen, die miteinander über den Äther und durch Glasfaser verbunden sind.
Dieses Netz bildet schließlich die Netzwerkökonomie heraus. MCI zufolge wird der Datenverkehr im globalen Telefonnetz bald den Sprachverkehr übertreffen. Die gegenwärtige Gesamtmenge des Sprachverkehrs beträgt das Tausendfache des Datenverkehrs, aber in drei Jahren wird sich dieses Verhältnis umkehren. *ElectronicCast* schätzt, daß der Datenverkehr – die Kommunikation von Maschinen – im Jahre 2005 das Zehnfache des Sprachverkehrs ausmachen wird. Das bedeutet, daß die meisten Signale, die 2001 um die Erde rasen, von Maschinen stammen, die mit Maschinen kommunizieren – Dateiübertragungen, Datenströme und ähnliches. Die Netzwerkökonomie breitet sich bereits aus und beginnt neue Teilnehmer aufzunehmen: Agenten, Bots, Gegenstände und Server ebenso wie einige Milliarden zusätzlicher Menschen. Wir brauchen nicht auf künstliche Intelligenz (KI) zu warten, um intelligente Systeme zu erzeugen; wir tun dies bereits durch die Macht des Schwarms allgegenwärtiger elektronischer Datenverarbeitung und umgreifender Verbindungen.

Der sicherste Weg zur Intelligenz führt über enorme Tumbheit.

Der aussichtsreichste Weg, Konnektivität enorm voranzutreiben, besteht darin, dezentralisierte Kräfte auszunutzen – darin, viele an der Basis verteilte Dinge zu verknüpfen. Wie bauen Sie eine bessere Brücke? Lassen Sie die Teile miteinander kommunizieren. Wie verbessern Sie die Kopfsalatzucht? Lassen Sie das Erdreich mit dem Traktor des Farmers kommunizieren. Wie machen Sie die Luftfahrt sicherer? Lassen Sie die Flugzeuge miteinander kommunizieren und sich ihre eigenen Flugwege suchen. Diese dezentralisierte Vorgehensweise, die als »Free Flight« bekannt ist, ist ein System, das die US-Bundesluftfahrtbehörde (FAA) gegenwärtig zur Erhöhung der Sicherheit und zur Reduzierung von Engpässen an Flughäfen einzuführen versucht.

Mathematische Probleme, die einst für Supercomputer unlösbar waren, wurden durch einen Verbund kleiner PCs gelöst. Ein komplexes Problem wird in winzige Teile zerlegt und über das Netzwerk verteilt. Auf ähnliche Weise können große Forschungsprojekte, die eine einzelne Institution überfordern würden, an ein Ad-hoc-Netzwerk vergeben werden. Der »Baum des Lebens«[5] ist ein weltweiter taxonomischer Katalog aller lebenden Spezies auf Erden, der im Netz verwaltet wird. Ein solches Projekt würde die Fähigkeiten einer einzelnen Person oder Gruppe übersteigen. Doch ein dezentralisiertes Netzwerk kann die notwendige Intelligenz erzeugen. Jeder lokale Experte stellt seine eigenen Daten zur Verfügung (über Finken, Farnkraut oder Quallen), um einige der Leerstellen auszufüllen. Wie Larry Keely von der Doblin-Gruppe sagt: »Niemand ist so intelligent wie alle.«

Jeder beliebige Prozeß, selbst der sperrigste und handgreiflichste, kann durch Delegation von unten nach oben in Angriff genommen werden. Nehmen Sie z.B. die Lieferung von feuchtem Zement in der nicht gerade digitalisierten Wirtschaft des ländlichen, nördlichen Mexiko. Hier betreibt *Cemex (Cementos Mexicanos)* ein Fertigzement-Unternehmen, das die Wettbewerber aussticht und weltweites Interesse erregt. Bisher grenzte es an ein Wunder, eine Ladung Zement pünktlich zu einer Baustelle in der Region Guadalajara zu liefern. Verzögerungen durch starken Verkehr, schlechte Straßen, Vertragspartner, die nicht fertig waren, obwohl sie es behaupteten, all dies addierte sich zu einer Pünktlichkeitsrate von weniger als 35 Prozent. Als Reaktion darauf versuchten die Zementfirmen, rigide Bestellregelungen durchzusetzen, die, wenn etwas schiefging (und es geht immer irgend etwas schief), alles nur noch schlimmer machten. (»Tut uns leid, vor nächster Woche können wir Ihnen keinen neuen Termin geben.«)

Cemex veränderte das Zementgeschäft durch das Versprechen, Beton schneller als Pizza zu liefern. Durch den umfangreichen

---

5 http://phylogeny.arizona.edu/tree/phylogeny.html

Einsatz von Netzwerktechnologie – GPS-Echtzeitlokalisierungssignale von jedem Lastwagen, enorme Telekommunikation innerhalb des Unternehmens und vollständige Informationen für alle Fahrer und Expedienten, *verbunden mit der Befugnis, auf dieser Basis zu handeln* – war das Unternehmen in der Lage, 20 Prozent Preisnachlaß zu versprechen, wenn die Ladung mehr als zehn Minuten Verspätung haben sollte.

Statt zu versuchen, in einer Chaosumgebung alles im voraus durchzuplanen, läßt *Cemex* die Fahrer die Lieferungen selbst ad hoc und in Echtzeit planen. Die Fahrer bilden einen Schwarm von Lastwagen, die kreuz und quer durch die Stadt fahren. Wenn ein Kunde die Bestellung einer Ladung Zement aufgibt, übernimmt der Lastwagen, der sich zu dieser Zeit am nächsten vor Ort befindet, die Lieferung. Die Expedienten haben nur noch die Kreditwürdigkeit der Kunden sicherzustellen und dafür zu sorgen, daß keiner übersehen wurde, aber die Akteure vor Ort haben die Berechtigung und die notwendige Information, die Lieferungen unmittelbar bei Bedarf zu planen. Ergebnis: Die Pünktlichkeitsrate erreicht um die 98 Prozent, mit weniger Verlust durch ausgehärteten Zement und weit glücklicheren Kunden.

Ein ähnliches Denken kam in der Lackieranlage von *GM* in Fort Wayne, Indiana, zum Einsatz. Die wundervolle Auswahl an Farben, die die Kunden heute bei Neuwagen genießen, wirkte sich auf die Lackierstraße verheerend aus. Wenn ein Auto nach dem anderen schwarz gespritzt wird, ist alles einfach. Doch wenn das eine Auto rot und das nächste weiß sein soll, wird der Lackierprozeß verlangsamt, weil die Lackiervorrichtung gereinigt werden muß, um sie für die nächste Farbe vorzubereiten. (Der Säuberungsprozeß verschwendet zudem die verbliebene Farbe.) Warum nicht alle weißen Wagen zusammentun und sie gemeinsam bearbeiten? Weil die Zusammenlegung das Montageband verlangsamt. Ein Auto muß gebaut und fertiggestellt werden, wie es bestellt wurde, und zwar so schnell wie möglich. Die Lösung setzt auf die Macht des Netzwerks.

In der Lackierstraße wird jeder Lackierroboter (im Grunde ein mäßig intelligenter Lackierarm) dazu ermächtigt, einen bestimmten Lackiervorgang anzubieten. Wenn er gerade rot spritzt und ein Auto, das rot werden soll, über das Band kommt, sagt er: »Hierher« und lotst das Auto zu seiner Lackierstation. Die Roboter planen ihre eigene Arbeit. Sie haben sehr winzige »Gehirne«, die mit einem Server verbunden sind. Kein zentrales Gehirn sorgt für die Koordination; der Plan entstammt dem Verbund von Minigehirnen. Das Ergebnis: *GM* spart 1,5 Millionen Dollar[6] pro Jahr. Die Vorrichtung benötigt weniger Farbe (dank weniger Reinigung zwischen den Autos) und sorgt dafür, daß das Band schneller läuft.

Auch Eisenbahnen verwenden jetzt Schwarmtechnologie. Zentralisierte Verkehrskontrolle funktioniert nicht, wenn der Verkehr sehr dicht ist und die Taktzyklen kurz werden. Die Japaner verwenden ein von unten nach oben orientiertes Verbundmodell für die Fahrpläne ihrer berühmten Expreßzüge, die durch unglaubliche Pünktlichkeit glänzen. Die Wegführung wird vor Ort und selbständig vorgenommen, als wären die Züge ein Schwarm mit einem Verstand. Eisenbahnbetreiber in Houston hoffen, ein Verbundmodell für ihre Rangierbahnhöfe in Gang zu bekommen. Beim derzeitigen zentral kontrollierten System sind die Umschlagstellen so verstopft, daß ein Zug mit Frachtwaggons wie ein Puffer permanent um die erweiterte Region Houston kreist. Es ist wie bei einem mobilen Parkplatz. Wenn es freie Kapazitäten im Rangierbahnhof gibt, werden Wagen aus diesem Zug herausgezogen. Mit einem auf dem Verbundmodell basierenden System jedoch können sich die Linien mit minimaler eigener Intelligenz an Bord selbständig steuern. Ein solches selbstregulierendes und selbstoptimierendes System würde Verspätungen senken.

Auf diese Weise regelt auch das Internet sein erstaunliches Verkehrsaufkommen. Jede E-Mail-Nachricht wird in Bits zerlegt, wobei jedes Bit in einem Umschlag adressiert wird. Dann werden alle fragmentierten Umschläge in ein globales Wegenetz geschickt. Jeder Umschlag sucht von Augenblick zu Augenblick die schnellste Route, die er finden kann. Die E-Mail-Nachricht wird zu einem Schwarm von Bits, die am anderen Ende wieder zu

---

6 »What Complexity Theory Can Teach Business« von David Berreby, in: *Strategy & Business*, Nr. 3/1996

einer einheitlichen Nachricht zusammengesetzt werden. Wenn die Nachricht erneut zum selben Ziel geschickt wird, nimmt sie beim zweiten Mal eventuell eine komplett andere Route. Häufig sind die Wege unrationell. Auf ihrem Weg durch die Stadt könnte Ihre E-Mail über Timbuktu und zurück laufen. Ein zentralisiertes Verteilungssystem würde Nachrichten niemals auf solch verschwenderische Weise lenken. Doch die Ineffizienz einzelner Teile wird durch die unglaubliche Zuverlässigkeit des Systems im Ganzen aufgewogen.

Das Internet-Modell hält viele Lektionen für die neue Wirtschaft bereit, aber die wichtigste ist vielleicht die, auf die tumbe Macht des Schwarms zu setzen. Das Ziel der Macht des Schwarms ist überlegene Leistung in einer turbulenten Umgebung. Wenn die Dinge rasant und furios geschehen, tendieren sie dazu, eine zentrale Steuerung zu unterlaufen. Durch die Verknüpfung vieler einfacher Teile zu einem losen Verbund geht die Steuerung vom Zentrum auf die untersten oder äußersten Punkte über, die die Dinge gemeinsam auf Kurs halten.

Ein erfolgreiches System erfordert gleichwohl mehr, als einfach alle Steuerung der netzartig verknüpften Horde zu überlassen.

Sich völlig dem Geschehen an der Basis zu überlassen, ist nicht das, was auf die Macht des Schwarms zu setzen heißt.

Lassen Sie mich nochmals auf eine Geschichte zurückkommen, die ich in *Out of Control* erzählt habe, einem Buch, das die Vorteile, Nachteile, Launen und Konsequenzen komplexer Systeme schildert, die von schwarmartigen Prozessen regiert werden. Diese Geschichte illustriert die Macht des Schwarms, aber sie hat ein neues Ende, das zeigt, inwiefern tumbe Macht nicht immer ausreicht.

Im Jahre 1990 wurden rund 5 000 Besucher einer Computergraphik-Konferenz gebeten, einen Computer-Flugsimulator zu bedienen, den Loren Carpenter entworfen hatte.[7] Jeder Teilnehmer

7 Diese Technologie wird von *Cinematrix Interactive Entertainment Systems*, Novato, CA, betrieben. cies@nbn.com

wurde über einen virtuellen Joystick in ein Netzwerk eingebunden. Jeder der 5 000 Kopiloten konnte die Hoch-Runter-, Links-Rechts-Steuerelemente bewegen, wie er es als passend ansah, aber die Vorrichtung war so ausgelegt, daß der Jet auf die Durchschnittsentscheidungen des Schwarms der 5 000 Teilnehmer reagierte. Der Flug fand in einem großen Auditorium statt. Deshalb gab es horizontale Kommunikation (Zurufe) zwischen den 5 000 Kopiloten, während sie das Flugzeug zu lenken versuchten. Bemerkenswerterweise waren die 5 000 Novizen beinahe ohne jede Anleitung oder Koordination in der Lage, den Jet zu landen. Man ging weg, wie ich, überzeugt von der bemerkenswerten Macht verteilter, dezentralisierter, autonomer, tumber Steuerung.

Ungefähr fünf Jahre nach der ersten Show (dies ist die Ergänzung) kehrte Carpenter mit einem verbesserten Simulationsset zur selben Konferenz zurück: besseren Steuerelementen für die Teilnehmereingaben und größeren Erwartungen. Statt einen Jet zu fliegen, bestand die Aufgabe diesmal darin, ein U-Boot durch eine 3D-Unterwasserwelt zu lenken, um die Eier einer Art Seemonster zu erobern. Dieselbe Teilnehmerschaft hatte nun mehr Auswahlmöglichkeiten, mehr Dimensionen und mehr Steuerelemente. Das U-Boot konnte hoch und runter, vorwärts und rückwärts fahren, Krallen öffnen und schließen usw., alles mit weit mehr Optionen als beim Jet. Als die Teilnehmer zuerst das Kommando über das U-Boot übernahmen, geschah gar nichts. Die Teilnehmer wackelten hier und da an einem Steuerelement, riefen einander Anweisungen zu, aber nichts bewegte sich. Die Anweisungen eines jeden wurden von denen eines anderen aufgehoben. Es gab keinen Zusammenhang. Das U-Boot rührte sich nicht.

Schließlich erschallte Loren Carpenters Stimme durch einen Lautsprecher hinten im Saal. »Warum dreht ihr nicht nach rechts?« brüllte er. Und klick! Plötzlich schwenkte das U-Boot nach rechts. Mit aufstrebender Koordination stellten die Teilnehmer die Einzelheiten der Fahrt ein, und sanft begann die Suche nach den Eiern des Seemonsters.

Loren Carpenters Durchsage war die Stimme der Führerschaft. Seine kurze Botschaft enthielt nur einige Bits an Information, doch das winzigste Quentchen Steuerung von oben war genug, um den Schwarm darunter von der Leine zu lassen. Sie lenkte das U-Boot nicht. Die Teilnehmerschaft aus 5000 Ko-Kapitänsnovizen nahm das sehr komplizierte Manöver vor: magisch und mysteriös. Alles, was Loren getan hatte, bestand darin, die Lähmung des Schwarms durch die Vision eines Ziels zu lösen. Wiederum bekam der Schwarm selbst auf dieselbe wundersame Weise heraus, wie dahin zu gelangen sei, genauso wie er fünf Jahre zuvor herausbekommen hatte, wie man einen Jet landet.

Ohne ein Element der Lenkung von der Spitze wird die Steuerung von unten festfrieren, wenn zahlreiche Optionen zur Verfügung stehen. Ohne irgendein Element der Führung werden die vielen an der Basis von den Auswahlmöglichkeiten gelähmt.

Viele kleine Dinge, die zu einem Netzwerk verbunden werden, erzeugen eine immense Macht. Doch die Macht des Schwarms benötigt eine Art minimaler Lenkung von der Spitze, um ihre Nützlichkeit zu maximieren. Geeignete Aufsicht hängt vom Netzwerk ab. In einem Unternehmen ist Führerschaft Kontrolle, in sozialen Netzwerken Regierung, in technischen Netzwerken Standard und Code.

Wir haben Jahrhunderte verbracht, besessen von der Idee des Regierens von oben nach unten. Dessen Bedeutung wird bleiben. Doch das Aufregende der neuen Wirtschaft besteht darin, daß wir gerade erst damit begonnen haben, die Kraft der Basis zu erkunden, wo Gleichrangige die Macht ausüben. Es ist ein riesiges Gebiet, das darauf wartet, ausgelotet zu werden. Mit der Erfindung einiger verteilter Systeme, wie z. B. dem Internet, haben wir das Potential kaum erprobt, das in minimal zentralisierten Netzwerken steckt.

Gegenwärtig kann weit mehr dadurch erreicht werden, daß wir die Grenzen dessen ausloten, was durch die Basis getan werden kann, statt unsere Aufmerksamkeit darauf zu richten, was an der Spitze getan werden kann.

Wenn es um Steuerung geht, ist an der Basis viel Platz. Was wir entdecken, ist, daß auf Gleichrangigkeit basierende Netzwerke mit Millionen von Teilen, minimaler Aufsicht und maximaler Verbindung untereinander weit mehr können, als man jemals erwartete. Wir wissen bisher nicht einmal, wo die Grenzen der Dezentralisierung liegen.

Die Vorteile, die von der neuen Wirtschaft in den kommenden Jahrzehnten eingebracht werden, werden zu großen Teilen mit der Erforschung und Nutzung der Macht dezentralisierter und autonomer Netzwerke zusammenhängen.

Zuerst fertigen wir einen Chip für jeden Gegenstand. Dann verbinden wir sie. Wir fahren damit fort, alle Menschen zu verbinden. Wir erweitern unsere Kommunikation auf die gesamte Welt und alle ihre Erzeugnisse. Wir lassen das Netzwerk der Gegenstände sich so weit wie möglich selbst regieren; wenn nötig, regieren wir es auch. In dieser Matrix von Verbindungen interagieren und produzieren wir. Dies ist das Netz, unsere Zukunft. Der gesamte Prozeß wird nicht gleich morgen abgeschlossen sein, aber das Ziel ist klar. Wir verbinden alles miteinander, bis wir die gesamte von Menschen gemachte Welt umfassen. Und darin steckt eine neue Kraft.

Strategien

Machen Sie die Technologie unsichtbar.

In dem Maße, in dem Technologie allgegenwärtig wird, wird sie auch unsichtbar. Je mehr sich Chips ausbreiten, desto weniger werden wir sie bemerken. Je mehr sich Netzwerke durchsetzen, desto weniger werden wir sie wahrnehmen.

Zu Beginn des Jahrhunderts, im heroischen Stadium der industriellen Wirtschaft, veränderten Motoren die Welt. Große, schwere Motoren trieben Fabriken, Züge und die Automatisierung voran. Wenn große Motoren die Arbeit veränderten, veränderten sie gewiß auch unser Heim. So bot ein Versandhauskata-

log von 1918 den Heimmotor an – ein fünf Pfund schweres, elektrisches Biest, das »die Bürden des Haushalts erleichtern« sollte. Dieser eine Heimmotor sollte alle Energiebedürfnisse einer modernen Familie befriedigen. Ebenso gab es Zusatzgeräte im Angebot, die auf den zentralen Heimmotor aufsetzten: einen Eierkocher, einen Ventilator, einen Mixer, eine Kaffeemühle. Alles, was getan werden mußte, konnte der nützliche Heimmotor ausführen. Marc Weiser, ein Wissenschaftler bei *Xerox,* weist darauf hin, daß der Elektromotor so erfolgreich war, daß er unsichtbar wurde. Achtzig Jahre später besitzt niemand einen Heimmotor. Statt dessen haben wir überall Dutzende von Mikromotoren. Sie sind so klein, so integriert und so gewöhnlich, daß wir uns ihrer Gegenwart gar nicht bewußt sind. Es wäre hart, auf alle Motoren zu lauschen, die heutzutage in unseren Haushalten herumwirbeln (Ventilatoren, Uhren, Wasserpumpen, Videorecorder, Armbanduhren etc.). Wir wissen, daß die industrielle Revolution gesiegt hat, weil wir ihre Soldaten, die Motoren, nicht länger sehen.
Computertechnologie erlebt dasselbe Verschwinden. Wenn die Informationsrevolution siegt, wird der Einzelplatzcomputer auf dem Schreibtisch schließlich verschwinden. Seine Chips, seine Verbindungskabel, sogar seine sichtbaren Schnittstellen werden in unserer Umwelt untertauchen, bis wir uns ihrer Gegenwart nicht länger bewußt sind (außer wenn sie versagen). Das Netzwerkzeitalter reift, und wir werden wissen, daß Chips und Glasfaser gesiegt haben, wenn wir beides vergessen. Weil das Maß des Erfolges einer Technologie darin besteht, wie unsichtbar sie wird, ist es die beste Langzeitstrategie, Produkte und Dienste zu entwickeln, die ignoriert werden können.

Wenn etwas nicht belebt ist, beleben Sie es.

Genauso, wie die Technik des Schreibens fast alles betrifft, was wir machen (nicht bloß Papier), so werden die Technologien der Interaktion bald alles betreffen (nicht bloß Computer). Kein Erzeugnis wird den Jelly-Bean-Chips entkommen; alles kann belebt werden. Schon bevor Chips zu Pfennigartikeln werden, können Dinge in ein System integriert werden, *als ob* sie belebt wären. Stellen Sie sich vor, Sie hätten eine Million Einwegchips.

Was würden Sie damit machen? Ein guter Tip ist der, daß die Hälfte des Wertes dieser Chips schon heute mit der existierenden Technologie genutzt werden kann, wenn man eine verteilte, schwarmartige Intelligenz erzeugt, die deren tumbe Macht ausspielt.

Wenn etwas nicht verbunden ist, verbinden Sie es.

Im ersten Schritt sollte jeder Angestellte einer Institution direkten, leichten und beständigen Zugang zum Medium haben – zu E-Mail, Voicemail, Funk oder was auch immer. Die Vorzüge der Kommunikation treten oftmals nicht ein, bevor allgemeine Verbreitung erreicht ist. Streben Sie allgemeine Verbreitung an. Jeder Schritt, der billige, üppige und universale Verbindung befördert, ist ein Schritt in die richtige Richtung.

Verteiltes Wissen.

Setzen Sie eine minimale Datenmenge dafür ein, daß alle Teile eines Systems einander im Blick behalten. Wenn Sie beispielsweise ein Ersatzteillager betreiben, muß Ihr System über den Aufenthaltsort jedes Teils in jeder Minute Bescheid wissen. Dies wird erreicht, indem alles einen Barcode erhält. Aber das ist noch nicht alles. Die Teile müssen wissen, was das System weiß. Der Aufenthaltsort der Teile in einem Lager wird sich abhängig davon ändern, wie gut sie sich verkaufen, welche Auftragsbestände ein Verkäufer vorhersieht und wie sich ihr Ersatzbedarf entwickelt. Die Artikel, die sich am schnellsten drehen (was dynamisch sein wird), könnten so positioniert werden, daß sie rasch griffbereit sind und sich schnell versenden lassen. Die Artikel bewegen sich in Reaktion auf die Außenwelt – sofern es ein System gibt, das die Information verbreitet.

Lassen Sie die Maschinen direkt miteinander kommunizieren. Die Information sollte beidseitig fließen, nicht nur zu einem Zentrum, sondern auch aus ihm heraus und zwischen den Polen. Die zentrale Frage lautet: »Wieviel wissen unsere Produkte/Dienste über unser Geschäft?« Wieviel aktuelles Wissen fließt an die Ränder zurück? Wie gut informieren wir die Grenzen, denn die Grenzen sind das Zentrum der Handlung.

Wenn Sie nicht in Echtzeit agieren, sind Sie tot.
Schwärme brauchen Echtzeitkommunikation. Lebendige Systeme haben nicht den Luxus, über Nacht warten zu können, bis sie ein eingehendes Signal verarbeiten. Wenn sie darüber schlafen müßten, könnten sie im Schlaf sterben. Mit wenigen Ausnahmen reagiert die Natur in Echtzeit. Mit wenigen Ausnahmen muß auch das Geschäftsleben zunehmend in Echtzeit reagieren. Hohe Transaktionskosten verboten einst die sofortige Ausführung tausender winziger Transaktionen; sie wurden statt dessen angesammelt und in kosteneffektiven Stapeln verarbeitet. In Zukunft nicht mehr. Warum sollte eine Telefongesellschaft nur einmal im Monat bezahlt werden, da Sie das Telefon doch täglich benutzen? Statt dessen wird sie schließlich jedes Telefonat in Echtzeit berechnen. Der Fluß von Keksen aus den Lebensmittelregalen wird den Keksfabriken in Echtzeit bekannt werden. Das Wetter in Kalifornien wird sofort am Montageband in Ohio spürbar sein. Natürlich sollte nicht jede Information überall hinfließen; nur was bedeutungsvoll ist, sollte übertragen werden. Doch in der Netzwerkwirtschaft sind nur Signale in Echtzeit wirklich bedeutungsvoll. Untersuchen Sie die Geschwindigkeit des Wissens in Ihrem System. Wie kann sie näher an Echtzeit herangebracht werden? Wenn dies die Kooperation mit Subunternehmern, entfernten Partnern und abgelegenen Kunden erforderlich macht, um so besser.

Setzen Sie auf die Maxime: »Quantität schafft neue Qualität.«
Eine Handvoll Sandkörner wird niemals eine Lawine auslösen, ganz gleich, wie sehr man sich darum bemüht. Tatsächlich könnte man ein einziges Sandkorn hundert Jahre lang studieren und niemals zu dem Schluß kommen, daß Sand Lawinen verursachen kann. Um eine Lawine auszulösen, brauchen Sie Millionen von Körnern. In Systemen bedeutet »mehr« »anders«. Ein Netzwerk mit einer Million Knoten verhält sich signifikant anders als eines mit hundert. Die beiden Netzwerke sind verschiedene Spezies – ein Wal und eine Ameise, oder vielleicht genauer: ein Bienenschwarm und eine Ameise. Zwanzig Millionen Stahlhämmer, die unisono schwingen, sind immer noch 20 Millionen Stahl-

hämmer. Aber 20 Millionen Computer in einem Schwarm sind viel, viel mehr als 20 Millionen einzelne Computer.

Tun Sie, was Sie können, um »mehr« zu machen. In einem Netzwerk kann das Henne-Ei-Problem zunächst Wachstum verhindern – es gibt keine Teilnehmer, weil es keinen Inhalt gibt, und es gibt keinen Inhalt, weil es keine Teilnehmer gibt. So tragen die ersten Anstrengungen, alles miteinander zu verbinden, nur magere Früchte. Zuerst sehen Smart Cards nicht anders als Kreditkarten aus – nur etwas unpraktischer. Doch mehr ist anders; 20 Millionen Smart Cards sind etwas ganz anderes als 20 Millionen Kreditkarten.

Es sind die kleinen Dinge, die den meisten Wertunterschied hervorbringen, wenn sie »mehr« werden. Eine winzige Kapsel, die blinkt und Ziffern anzeigt, ergibt, millionenfach vervielfältigt, das Pager-System. Was wäre, wenn alle Gameboys und Playstations der Welt miteinander kommunizieren würden? Was, wenn alle Stromzähler in den Häusern einer Stadt zu einem großen Schwarm verbunden wären? Wenn alle Außenthermometer verbunden wären, hätten wir ein Bild von unserem Klima, das tausendmal besser wäre, als wir es jemals hatten.

Die Ameisen haben uns gezeigt, daß es in der Welt fast nichts gibt, was nicht vergrößert werden könnte, indem man ein wenig Interaktion in viele Exemplare davon integriert und dann alles miteinander verbindet.

Das Spiel in der Netzwerkwirtschaft wird sein, das übersehene Kleine zu finden und die beste Art und Weise herauszubekommen, wie seine Macht im Schwarm entfaltet werden kann.

2 Steigende Skalenerträge

Wie Erfolg sich selbst verstärkt

Netzwerke haben ihre eigene Logik. Wenn Sie alles miteinander verbinden, geschehen erstaunliche Dinge.

Die Mathematik sagt, daß der summarische Wert eines Netzwerks im Quadrat der Teilnehmerzahl steigt. Mit anderen Worten: Während die Zahl der Knoten in einem Netzwerk arithmetisch ansteigt, steigt der Wert des Netzwerkes exponentiell.[1] Ein paar Teilnehmer mehr, und der Wert für alle steigt dramatisch.

Dieser erstaunliche Boom ist nicht schwer zu verdeutlichen. Nehmen Sie vier Bekannte. In diesem Fall gibt es zwölf distinkte Eins-zu-Eins-Freundschaften zwischen ihnen. Wenn wir einen fünften Freund zur Gruppe hinzufügen, steigt das Freundschaftsnetzwerk auf 20 unterschiedene Relationen an. Sechs Freunde führen zu 30 Verbindungen; 7 machen 42 aus. Sofern die Anzahl der Teilnehmer zehn übersteigt, schnellt die Anzahl der Beziehungen zwischen den Freunden rapide in die Höhe. Wenn die Anzahl der beteiligten Leute (*n*) groß ist, kann man

1 Ich verwende die alltagssprachliche Bedeutung von »exponentiell«, um »explosiv zusammengesetztes Wachstum« zu bezeichnen. Im technischen Sinne sollte n^2-Wachstum polynomisch genannt werden, oder noch präziser: quadratisch. Ein fester Exponent (2 in diesem Fall) wird auf eine steigende Anzahl von *n* angewendet. Wahres exponentielles Wachstum in der Mathematik ist mit einer festen Zahl (sagen wir: 2) verbunden, die einen wachsenden Exponenten *n* hat, wie in 2^n. Die Kurven einiger Polynome und Exponentiale sehen gleich aus, außer daß das Exponential steiler verläuft. In gewöhnlicher Rede werden beide in einen Topf geworfen.

sich der Gesamtzahl der Verbindungen einfach mittels $n \times n$ bzw. n^2 annähern. Damit können tausend Mitglieder eine Million Freundschaften haben.

Der Zauber von n^2 ist der, daß Sie mit einem neuen Mitglied erheblich mehr Verbindungen erzeugen – Sie erhalten mehr Wert, als Sie hinzugefügt haben. In der industriellen Welt stimmt dies nicht. Nehmen wir an, Sie besäßen eine Molkerei, und Sie hätten zehn Kunden, die einmal am Tag Milch kauften. Wenn Sie Ihren Kundenstamm um 10 Prozent durch Hinzufügung eines neuen Kunden erhöhten, könnten Sie eine Steigerung der Milchverkäufe von 10 Prozent erwarten. Das ist linear. Aber sagen wir statt dessen, Sie besäßen ein Telefonnetzwerk mit zehn Kunden, die einmal am Tag miteinander sprächen. Ihre Kunden führten n^2 (10^2) oder 100 Telefonate am Tag. Wenn Sie einen neuen Kunden hinzufügten, erhöhten Sie Ihren Kundenstamm um 10 Prozent, aber Sie steigerten Ihre Gesprächseinkünfte um sage und schreibe 20 Prozent (da 11^2 20 Prozent größer ist als 10^2). In einer Netzwerkwirtschaft können kleine Anstrengungen zu großen Ergebnissen führen.

Die Tendenz eines Netzwerks, mathematisch im Wert zu explodieren, wurde zuerst von Bob Metcalfe, dem Erfinder einer Technologie für lokale Netzwerke namens Ethernet, bemerkt. Während der späten Siebziger verkaufte Metcalfe eine Kombination aus Ethernet, Unix und TCP/IP (dem Internet-Protokoll) als eine Möglichkeit, ein großes Netzwerk aus vielen kleinen zu machen. Metcalfe sagt: »Die Idee, daß der Wert eines Netzwerks n im Quadrat gleicht, kam mir, nachdem ich trotz vieler wiederholter Experimente damit scheiterte, Netzwerke in kleinem Maßstab zum Funktionieren zu bringen.« Er bemerkte, daß Netzwerke eine kritische Masse erreichen müssen, damit sie sich lohnen. Aber er bemerkte auch, daß sich der Wert des Netzwerks abrupt vervielfältigte, als er kleine lokale Netzwerke hier und da verband. 1980 formulierte er sein Gesetz: *Wert* $= n \times n$.

Tatsächlich unterschätzt n^2 den Gesamtwert des Netzwerkwachstums. Wie der Wirtschaftsjournalist John Browning feststellte, vervielfältigt sich die Leistung eines Netzwerkes sogar schneller als in dieser Formel. Metcalfes Beobachtung gründete auf der Idee

eines Telefonnetzwerkes. Hier hat jedes Telefongespräch eine Person an jedem Ende. Deshalb entspräche die Gesamtzahl der potentiellen Gespräche der Gesamtsumme aller möglichen Paarungen von Menschen mit Telefonen. Aber Online-Netzwerke, ebenso wie Netzwerke von Menschen im richtigen Leben, lassen komplizierte Dreiweg-, Vierweg- und Mehrweg-Verbindungen zu. Sie können nicht nur mit Ihrem Freund Peter interagieren, sondern auch mit Andrea, Frank und Peter zur selben Zeit. Die Erfahrung der simultanen Kommunikation mit Peters Gruppe in einer Online-Welt ist eine eigentümliche Erfahrung, die in ihrer wesentlichen Qualität von der Erfahrung der Kommunikation mit Peter allein unterschieden ist. Wenn wir deshalb die Anzahl der möglichen Verbindungen in einem Netzwerk zusammenrechnen, haben wir nicht nur alle Kombinationen zu addieren, in denen die Mitglieder paarweise stehen können, sondern außerdem auch alle möglichen Gruppen. Diese zusätzlichen Grüppchen lassen den Gesamtwert des Netzwerks raketenartig hochschnellen. Die exakte Arithmetik ist nicht wichtig. Es reicht aus zu wissen, daß der Wert eines Netzwerks wesentlich schneller wächst als sein Input.
Die Tendenz von Netzwerken, kleine Inputs drastisch zu verstärken, führt zum zweiten Schlüsselaxiom der Netzwerklogik: dem Gesetz der wachsenden Skalenerträge. Auf die eine oder andere Weise erfaßt dieses Gesetz viel vom erstaunlichen Verhalten einer Netzwerkwirtschaft. Die einfachste Version lautet so: Der Wert eines Netzwerks explodiert mit steigender Mitgliederzahl, und der Wert zieht dann noch mehr Mitglieder an, was das Ergebnis weiter verstärkt.

Ein Sprichwort bringt es auf den Punkt:
Wer hat, dem wird gegeben.

Anders ausgedrückt: Netzwerke unterstützen die Erfolgreichen dabei, noch erfolgreicher zu werden. Der Ökonom Brian Arthur nennt diesen Effekt »steigende Skalenerträge«. »Sie bezeichnen«, sagt er, »die Tendenz, daß das, was vorne liegt, noch weiter nach vorn kommt, und das, was an Boden verliert, noch weiter an Boden verliert.«

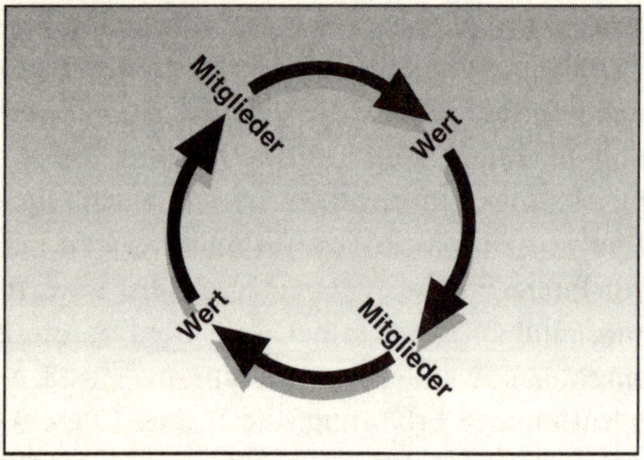

In Netzwerken stoßen wir auf sich selbst verstärkende Kreisläufe. Jedes zusätzliche Mitglied steigert den Wert des Netzwerks, was wiederum weitere Mitglieder anzieht. Dies führt zu einer Spirale des Erfolgs.

In der industriellen Wirtschaft war Erfolg selbstbeschränkend; er gehorchte dem Gesetz sinkender Skalenerträge. In der Netzwerkwirtschaft ist Erfolg selbstverstärkend; er gehorcht dem Gesetz steigender Skalenerträge.

Wir sehen dieses Gesetz steigender Skalenerträge in der Art und Weise bestätigt, wie Gebiete wie Silicon Valley wachsen. Jede erfolgreiche Neugründung zieht weitere Neugründungen an, was wiederum zusätzliches Kapital, weitere Talente und noch mehr Neugründungen anzieht. (Silicon Valley und andere High-Tech-Industrieregionen sind selbst eng verflochtene Netzwerke von Talenten, Ressourcen und Möglichkeiten.)

Auf den ersten Blick könnte das Gesetz steigender Skalenerträge mit dem vertrauten Lehrbuchsatz von den Massenproduktionsgewinnen identisch erscheinen: Je mehr Sie von einem Produkt herstellen, desto wirtschaftlicher wird der Prozeß. Henry Ford nutzte seinen Erfolg beim Automobilverkauf, um sich produktivere Methoden der Automobilherstellung auszudenken. Dies befähigte Ford, seine Autos billiger anzubieten, was mehr Verkäufe nach sich zog, die dann weitere Innovationen und noch bessere Produktionsmethoden vorantrieben, was sein Unternehmen an die Spitze brachte.

Dieser sich selbst speisende Kreislauf ist eine positive Rückkopplungsschleife. Obgleich das Gesetz steigender Skalenerträge und das des Massenproduktionsgewinns beide auf positiven Rückkopplungsschleifen beruhen, gibt es zwei grundlegende Unterschiede.

Erstens steigern industrielle Massenproduktionsgewinne den Wert graduell und linear. Kleine Anstrengungen bringen kleine Ergebnisse hervor; große Anstrengungen erzielen große Ergebnisse. Netzwerke dagegen erhöhen den Wert exponentiell – kleine Anstrengungen verstärken sich gegenseitig, so daß sich die Ergebnisse per Schneeballeffekt zur Lawine ausweiten. Es ist ein Unterschied wie zwischen Sparbüchse und Zinseszins.

Zweitens – was noch wichtiger ist – rühren industrielle Massenproduktionsgewinne von den enormen Anstrengungen einer einzelnen Organisation her, den Wettbewerb auszubremsen, indem Wert mit weniger Aufwand erzeugt wird. Der Sachverstand (und der Vorteil), der vom führenden Unternehmen entwickelt wurde, gehört ihm allein. Im Gegensatz dazu werden die wachsenden Erträge in Netzwerken vom gesamten Netzwerk erzeugt und geteilt. Viele Akteure, Benutzer und Wettbewerber zusammen bringen den Wert des Netzwerks hervor. Obwohl die Früchte dieser Rückkopplungen vielleicht auf ungleiche Weise von einer einzelnen Organisation geerntet werden, liegt der Wert dieser Früchte im größeren Geflecht von Beziehungen.

Es sind die Außenwirkungen des Netzwerkes, die diese Rückkopplungsschleifen hervorbringen. Alles, was Wert erzeugt (oder vernichtet), der nicht irgend jemandes Kontenbuch gutgeschrieben werden kann, ist eine Außenwirkung des Netzwerkes. Der Gesamtwert eines Telefonsystems liegt jenseits des Gesamtbinnenwerts der Telefongesellschaften und ihrer Aktiva. Er liegt außerhalb im größeren Telefonnetzwerk selbst. Netzwerke sind besonders potente Quellen des Außenwerts und wurden deshalb im letzten Jahrzehnt ein Brennpunkt ökonomischer Untersuchungen. Eine ganze Phalanx von jüngst veröffentlichten akademischen Artikeln durchleuchtet die Eigentümlichkeiten dieser Wirkungen: Wann entstehen sie? Wie brechen sie zusammen? Sind sie symmetrisch? Können sie beeinflußt werden?

Ein Grund, weshalb Rückkopplungseffekte und externe Folgen in Netzwerken die Aufmerksamkeit auf sich ziehen, ist der, daß sie dazu tendieren, deutliche Monopole hervorzubringen. Riesige Geldmengen fließen Netzwerkgewinnern wie *Cisco, Oracle* oder *Microsoft* zu, und das macht alle anderen nervös. Sind Netzwerksupergewinner tatsächlich Monopole? Mit Monopolen des industriellen Zeitalters sind sie nicht vergleichbar. Wenn heutzutage Antikartellanhörungen durchgeführt werden, sind die Zeugen nicht Kunden, die durch hohe Preise, hochnäsigen Service oder fehlende Wahlmöglichkeiten – den traditionellen Sünden eines Monopolisten – verärgert wurden. Die Kunden haben nichts zu klagen, weil sie von den Netzwerksupergewinnern niedrigere Preise, besseren Service und mehr Auswahl erhalten – wenigstens kurzfristig. Die einzigen, die sich über die Supergewinner beschweren, sind ihre Mitbewerber, weil die oben beschriebenen Effekte eine Umgebung erzeugen, in der die Sieger alles gewinnen. Doch langfristig werden die Kunden Grund zur Beschwerde haben, nämlich wenn sich die Mitbewerber zurükkziehen oder verschwinden.

Die neuen Monopole sind in verschiedener Hinsicht anders. Traditionelle Monopole dominierten Waren. In der neuen Ordnung aber, so der Ökonom Brian Arthur vom Santa-Fe-Institut, »besteht Dominanz nicht so sehr darin, über das Monopol für ein einzelnes Produkt zu verfügen, sondern darin, sukzessive mehr und mehr Fäden des technologischen Netzes in die Hand zu bekommen«. Die Supergewinner können eine Art Crossover praktizieren, bei dem die Kontrolle einer Ebene des Netzes die Kontrolle anderer Ebenen fördert. Den Standard für das Sprachtelefon zu besitzen, erhöht die Wahrscheinlichkeit, in den Besitz des Standards für Fax-Übertragungen zu gelangen.

Die unverzeihliche Sünde des traditionellen Monopolisten bestand darin, daß er als Mono-Anbieter (gemäß dem griechischen Mono-Polist) die Preise in die Höhe treiben und die Qualität senken konnte. Doch die dem Netz eigene Logik senkt die Preise und hebt die Qualität, selbst im Falle eines totalen Monopolisten. In der Netzwerkwirtschaft ist die größte Sünde die Verhinderung von Innovation, indem der Wettbewerb erstickt wird. In der neuen Wirtschaft ist Innovation wichtiger als der Preis, weil der Preis sich aus Innovation ableitet.

In einer Netzwerkwirtschaft sind Mono-Anbieter tatsächlich sogar wünschenswert. Wegen der steigenden Skalenerträge und dem n^2-Wert ist ein einziger großer Pool zahlreichen kleineren Pools überlegen. Die Netzwerkwirtschaft wird Mono-Anbieter mit großer Fruchtbarkeit nähren. Was in einer Netzwerkwirtschaft nicht zu tolerieren ist, ist »Monovation« – die Abhängigkeit von einer einzigen Quelle der Innovation. Die Gefahr von Monopolisten in der Netzwerkwirtschaft ist nicht die, daß sie die Preise anheben können, sondern daß sie zu Monovationisten werden. Doch gibt es Wege, »Polyvation« – vielfältige Quellen der Innovation – in einer Welt der Monopolisten zu stärken: durch Schaffung offener Systeme, durch Bereitstellung von zentralem Gedankengut für die Allgemeinheit, durch demokratische Freigabe von Quellcodes. Wenn wir dazu gelangen, die Bedeutung selbstverstärkender Rückwirkungen und anderer neuer Regeln der Netzwerkwirtschaft zu verstehen, können wir Veränderungen in unserem Verständnis der Rolle von Marktgewinnern erwarten.

Industrielle Monopole beuteten simplen Massenproduktionsgewinn zu ihrem eigenen Vorteil aus. Netzwerkeffekte haben nichts mit Massenproduktionsgewinn zu tun, sie haben zu tun mit dem Wert, der über eine einzelne Organisation hinaus – von einem größeren Netzwerk – erzeugt wird, und sodann, häufig ungleichmäßig, an seine Teilnehmer zurückgegeben wird. Weil einige Bestandteile des Werts eines Netzwerkunternehmens so offensichtlich äußeren Quellen entstammen, wird solchen Quellen häufig die Treue gehalten.

Wir sehen dies an der Art und Weise, wie Netzwerkeffekte das Wachstum von Silicon Valley regieren. Der Erfolg von Silicon Valley liegt außerhalb jedes besonderen Firmenerfolgs, und so richtet sich Loyalität ebenfalls nach außen. Wie AnnaLee Saxenian, die Autorin von *Regional Advantage*, bemerkt, ist Silicon Valley effektiv zu einem einzigen großen, verteilten Unternehmen geworden. Die Leute wechseln die Jobs so häufig, daß man »scherzt, man könne den Job wechseln, ohne die Fahrgemeinschaft zu wechseln. Manche sagen, daß sie mit dem Gedanken aufwachten, für Silicon Valley zu arbeiten. Ihre Loyalität gilt mehr der fortschrittlichen Technologie oder der Region, als einem einzelnen Unternehmen.«

Dieser Trend scheint sich weiter auszuweiten. Wir treten in ein Zeitalter ein, in dem sowohl Arbeiter als auch Konsumenten mehr Loyalität gegenüber dem Netzwerk als gegenüber irgendeinem gewöhnlichen Unternehmen empfinden. Die große Innovation von Silicon Valley besteht nicht in der fabelhaften Hard- und Software, die dort erfunden wurde. Silicon Valleys großartigstes »Produkt« ist die soziale Organisation seiner Firmen und – wichtiger noch – die Netzwerkarchitektur der Region selbst – das verworrene Geflecht früherer Jobs und enger Kollegen, der Informationsfluß von einer Firma zur nächsten, schnelllebige Unternehmenszyklen und eine lebendige E-Mail-Kultur. Dieses soziale Geflecht, inmitten der Hardware aus Jelly-Bean-Chips und Computerneuronen, erzeugt eine reale Netzwerkwirtschaft.

Das soziale Geflecht, sogar im Valley, weist einige besondere Akzente auf. Es ist keine Frage, daß die Netzwerkwirtschaft dazu führt, daß der Sieger schlimmstenfalls alles und bestenfalls das meiste bekommt. Die Dynamik steigender Skalenerträge und verknappter Aufmerksamkeit konzentriert den Erfolg an einigen wenigen Punkten. Stars und Hits kommen groß raus, während der Rest dahindarbt. Simple Geräte und Gegenstände scheinen jetzt dem Hollywood-Modell zu folgen: Einige Marken verkaufen sich wie verrückt, und der Rest verkauft sich nur mäßig. Es ist eine Wirtschaft der »Hits«, in der die Ressourcen denen zufließen, die sich als lebendig erweisen. Wenn ein neuer Roman, ein neues Produkt, ein neuer Dienst Erfolg zu haben beginnt, wird er weiter genährt; wenn er stockt, verdorrt er ganz. Wer hat, dem wird noch mehr gegeben.

Die große aktuelle Debatte geht darum, ob das Gesetz steigender Skalenerträge die Pioniere begünstigt oder nicht. In einer der ersten Studien über steigende Skalenerträge entdeckte der Ökonom Brian Arthur, daß diese eine Technologie gegenüber anderen begünstigen, wenn technologische Konkurrenten, wie z. B. das VHS- und das Betamax-Videoformat, in Computer integriert werden – bis zum eventuellen Ableben des unglücklichen (in diesem Falle Betamax) von beiden. Und »unglücklich« ist hier das richtige Wort. Arthurs Forschungen zufolge war die Technologie, die sich gemäß dem Gesetz steigender Skalenerträge durchsetzte, nicht notwendigerweise die überlegene. Es war einfach die glücklichere. Oder die schnellere. Arthur schreibt: »Wenn ein Produkt, ein Unternehmen oder eine Technologie – eines bzw. eine von vielen konkurrierenden im Markt – durch Glück oder clevere Strategie nach vorn kommt, können steigende Skalenerträge diesen Vorteil vergrößern, und das Produkt oder das Unternehmen können dahin gelangen, den Markt an sich zu binden.«[2]

Wenn alles gleich ist, hat schneller Erfolg einen meßbaren Vorteil. Doch im wirklichen Leben sind die Dinge selten gleich. Technologien, die unterlegen zu sein scheinen und aufgrund der Dynamik steigender Skalenerträge dennoch Bestand haben, erweisen sich bei genauerem Hinsehen in Schlüsselhinsichten häufig als geringfügig überlegen. Das *Sony*-Betamax-Format unterlag VHS, weil es nicht so lange Aufnahmezeiten erlaubte wie VHS und, wie einige meinen, weil *Sony* den Gebrauch von Betas für Pornos verhinderte – eine der ersten Dinge, für die Videos genutzt wurden. Das überlegene Betriebssystem der *Apple*-Computer unterlag Windows, weil *Apple* einen unterlegenen Preis hatte – aufgrund einer verfehlten Monopolistenstrategie. Die angeblich ergonomische Dvorak-Tastatur unterlag der allzu vertrauten QWERTY-Tastatur, weil das Dvorak-Tastaturlayout nicht wirklich schneller war.

Der erste oder der beste zu sein, hilft manchmal, aber nicht immer. Das Ergebnis des Wettbewerbs in einem Netzwerk wird nicht ausschließlich durch die Fähigkeiten der Wettbewerber bestimmt, sondern von winzigen Unterschieden – einschließlich Glück –, die von der Kraft positiver Rückkopplungsschleifen beträchtlich vergrößert werden. Das Schicksal der Wettbewerber ist »wegabhängig« von kleineren Anstößen oder Hindernissen, die das System in die eine oder die andere Richtung »lenken«. Das

2 »Increasing Returns and the New World of Business« von W. Brian Arthur, in: *Harvard Business Review*, Juli 1996

endgültige Ziel kann auf der Grundlage außergewöhnlicher Eigenschaften allein nicht vorhergesagt werden.

Was vorhergesagt werden *kann*, ist die Art und Weise, auf die Netzwerke kleine Vorteile vergrößern und dann den Vorteil an sich binden. Auf gleiche Weise können frühe Parameter und Konventionen rasch zu unveränderlichen Standards gerinnen. Die verfestigten Standards eines Netzwerks sind ein Segen und ein Fluch zugleich – ein Segen, weil diese Ad-hoc-Übereinstimmung Risiko reduziert und damit weitreichenden Fortschritt entfacht, und ein Fluch, weil diejenigen, die den Standard besitzen oder kontrollieren, in unverhältnismäßiger Weise belohnt werden.

Doch die Netzwerkwirtschaft gestattet keinen Segen ohne Fluch. *Microsofts* Milliarden werden (mehr oder weniger) toleriert, weil so viele andere in der Netzwerkwirtschaft ihre kollektiven Milliarden dank *Microsofts* Standards gemacht haben.

Wir vergessen, wie jung *Microsofts* Führungsposition ist und wie plötzlich sie sich herausbildete. *Microsoft* ist ein Lehrbeispiel für Metcalfes Gesetz (»der Wert von Windows steigt exponentiell, während sich die Zahl seiner Benutzer arithmetisch erhöht«) und das Gesetz steigender Skalenerträge. (»Je mehr Leute Windows NT benutzen, desto attraktiver wird Windows NT.«) *Microsoft* illustriert auch die dritte Folge steigender Skalenerträge: wie sich kleine Anzeichen plötzlich zum Boom auswachsen.

Während der ersten zehn Jahre waren *Microsofts* Gewinne vernachlässigbar. Die Gewinne stiegen erst ab 1985 über das Maß eines Hintergrundgeräuschs der Wall Street hinaus. Doch als sie einmal anzusteigen begonnen hatten, explodierten sie. Eine Tabelle von *Microsofts* Ertragsentwicklung ist eine exponentiell wachsende Kurve, eine Kurve, die zu denen einiger anderer aufsteigender Stars in der Netzwerkwirtschaft parallel läuft.

Federal Express durchlief eine ähnliche Laufbahn: Jahre kleinerer Ertragssteigerungen, die sich langsam einer unsichtbaren Schwelle annäherten, und dann irgendwann in den frühen Achtzigern ein schlagartiges Hochschnellen.

Die Geschichte von Fax-Geräten ist genauso eine Mär vom zwanzig Jahre währenden Erfolg über Nacht. Nach zwei Jahr-

zehnten marginaler Erträge überschritt die Anzahl der Fax-Geräte in der Mitte der Achtziger den »Point of no return« – und nun stehen sie überall.
Der archetypische Fall einer Erfolgsexplosion in der Netzwerkwirtschaft ist das Internet selbst. Wie jeder stolze Internet-Veteran gerne erklären wird, war das Internet für zwei Jahrzehnte ein einsames, aber aufregendes kulturelles Biotop, bevor es im Gesichtskreis der Medien auftauchte. In einem Diagramm der Anzahl weltweiter Internet-Hosts bleibt der Graph, beginnend in den siebziger Jahren, bis ungefähr 1991 kaum über der Grundlinie, als die Hosts plötzlich global wie Pilze aus dem Boden schießen, um mit einer exponentiellen Steigerungsrate die Welt zu umspannen.

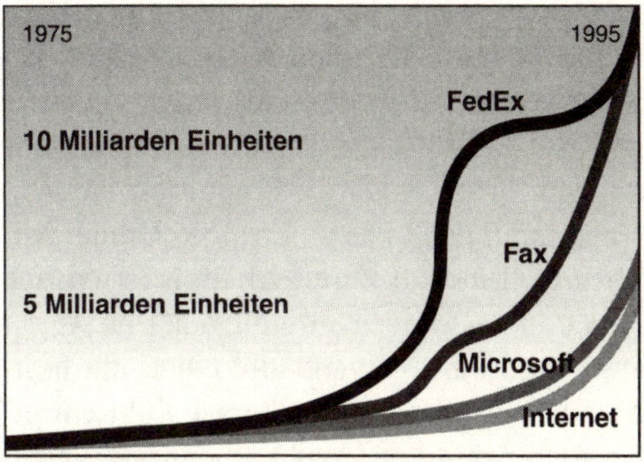

Netzwerkorganisationen erleben kleine Zuwächse, während der Boden für ihr Netzwerk bereitet wird. Wenn das Netzwerk einmal etabliert ist, folgt explosionsartiges Wachstum mit relativ kleinem intellektuellen Mehraufwand.

Die Kurven von *Microsoft*, dem Internet, Fax-Geräten und *FedEx* (ich bin dem Autor von *Net Gain*, John Hagel, für diese vier Beispiele verpflichtet) sind Musterbilder eines exponentiellen Wachstums, das sich auf biologische Art und Weise zusammensetzt. Solche Kurven sind beinahe die Definition eines biologischen Systems. Dies ist ein Grund, weshalb die Netzwerkwirtschaft häufig am besten mit biologischen Begriffen beschrieben wird. Wenn das Netz als Neuland empfunden wird, dann ist das tatsächlich deshalb der Fall, weil wir hier erstmals in der Geschichte Zeugen von biologischem Wachstum in technologischen Systemen werden.

Eine gute Definition eines Netzwerks ist organisches Verhalten in einer technologischen Matrix.

Die geballten Erfolge von *Microsoft*, *FedEx*, Fax-Geräten und dem Internet hängen allesamt vom Hauptgesetz von Netzwerken ab: Wert explodiert exponentiell mit der Mitgliederzahl, und dieser erhöhte Wert wirkt sich wie eine Schwerkraft aus, die immer weitere Mitglieder anzieht. Dieser Kreislauf schwillt an, bis alle potentiellen Mitglieder einbezogen sind.

Diese Explosion zündete jedoch – grob geschätzt – nicht vor den späten achtziger Jahren. Zwei Dinge geschahen damals – der gigantische Doppelerfolg von beinahe kostenlosen Jelly-Bean-Chips und dramatisch sinkenden Telekommunikationsgebühren. Es wurde möglich – d.h. unvorstellbar billig –, Daten beinahe überall und jederzeit auszutauschen. Das Netz, das große Netz, wuchs aus diesem übersättigten Nährboden. Die Macht des Netzwerks folgte.

Eines der Kennzeichen des industriellen Zeitalters waren seine vernünftigen Erwartungen. Erfolg stand in Proportion zur Anstrengung. Kleine Anstrengungen, kleine Erträge. Große Anstrengungen, große Erträge. Dieses lineare Verhältnis ist typisch für Kapitalinvestitionen und Ressourcenverteilungen. Den Angaben offizieller US-Statistiken zufolge verkauften sich die bestgängigen Produkte der fünfziger Jahre – Geräte wie Kühlschränke, Uhren und Waschmaschinen – beständig mit einer nur leichten jährlichen Steigerung von 2 Prozent bezogen auf die Zahl der verkauften Einheiten. Um sich die Zukunft eines Unternehmens oder einer Innovation vorzustellen, brauchte man nur den aktuellen Trend in gerader Linie zu extrapolieren. Es galt die bequeme – und im ganzen wahre – Annahme, daß die Welt linear voranschritt. Völlig neue Phänomene erschienen gewöhnlich nicht aus dem Nichts, um alles innerhalb von Monaten zu verändern.

Mit dem Aufkommen weitflächiger elektronischer Mediennetzwerke um die Jahrhundertmitte begann sich diese Annahme zu zersetzen. Millionen fernsehender Kids wuchsen heran und brachten plötzliche Moden (Hula-Hoop) oder dem Augenblick entspringende Jugendkulturen wie die Beatniks oder die Hippies hervor, mit plötzlichen, spontanen Versammlungen einer halben Million Menschen wie in Woodstock. Die Ereignisse entwickelten sich nicht linear. Unter dem Einfluß von Mediennetzwerken war es nicht länger sicher, die Zukunft von der jüngsten Vergangenheit her zu extrapolieren. Wenn Erfolg eintrat, nährte er sich häufig selbst in verrückten hyperkinetischen Booms. Die jüngsten Absätze elektronischer Lieblinge sind dafür ein Beispiel. Bei Tamagotchis, der Originalmarke japanischer Spielzeug-»Haustiere«, bewegten sich die Abverkäufe in Japan von Null auf zehn Millionen Exemplare im ersten Jahr, auf 20 Millionen im zweiten. Als sie in den Vereinigten Staaten eingeführt wurden, wurde eine halbe Million Exemplare im ersten Monat verkauft. Einfach von ihrer Wachstumsrate her geurteilt könnten Tamagotchis wirklich sich fortpflanzende Tiere sein, weil ihre Verkaufskurve der Populationskurve von sich reproduzierenden biologischen Tierarten folgt. Jetzt gibt es zwei Haustiere, im nächsten Jahr deren 200. Bei biologischen Populationen kann sich Erfolg leicht zum eigendynamischen Wachstum auswachsen. Heute geschieht dieses wilde, eigendynamische Wachstum in der Technologie.

Jeden Tag sehen wir Belege für biologisches Wachstum in technologischen Systemen. Dies ist ein Zeichen der Netzwerkwirtschaft: Die Biologie hat in der Technologie Wurzeln geschlagen. Und dies ist einer der Gründe, weshalb Netzwerke alles verändern.

Dazu kam es folgendermaßen: Am Anfang des Jahrhunderts wurde Technologie zumeist in das Innere einer Fabrik verbannt. Nur Geschäftsleute sorgten sich um den Fortschritt der Technologie – um billigere Produktionsmethoden oder spezialisiertere Materialien. Die Konsumartikel, die diese fortgeschrittene Technologie in die Haushalte brachte, waren – jedenfalls häufig – arbeitersparende Geräte – Nähmaschinen, Staubsauger, Wasserpumpen. Sie sparten Zeit, und dadurch verbesserten sie die bestehende Kultur. Aber die Geräte als solche (außer dem Automobil) waren gewissermaßen technische »Spielereien«. Sie waren *Technologie* – etwas Fremdes, das man am besten nur in kleinen Mengen gebraucht, und sicher nicht das soziale und ökonomische Zentrum unseres Lebens. Es war einmal sehr leicht, die Technologie zu verdrängen, weil sie nie die Bereiche unseres Lebens betraf, die uns immer wirklich wichtig waren: unsere Verflechtungen von Freundschaften, Literatur, Malerei, die anderen Künste, Beziehungen, Selbstidentität, bürgerliche Organisationen, die Natur der Arbeit, die Mehrung von Wohlstand und Macht. Doch mit ihrem stetigen Eindringen in die Netzwerke der Kommunikation und des Verkehrs hat die Technologie diese sozialen Bereiche vollständig überschwemmt. Unser sozialer Raum wurde zuerst von Telegraphen und Phonographen, von Telefon, Photographie und Fernsehen, von Flugzeug und Auto erobert, dann von Computern und dem Internet und jetzt vom Web.

Technologie ist unsere Kultur geworden,
unsere Kultur wurde Technologie.

Technologie ist nicht länger »draußen«, nicht länger fremd, nicht länger an der Peripherie. Sie steht im Zentrum unseres Lebens. »Technologie ist das Lagerfeuer, um das wir uns versammeln«,[3] sagt die Musikerin und Künstlerin Laurie Anderson. Für viele Jahrzehnte war die Präsenz von High-Tech marginal. Dann plötzlich – Plink – ist sie überall und für alles entscheidend.
Technologie war in der Lage, im gegenwärtigen Maße in unser Leben einzufließen, weil sie uns ähnlicher geworden ist. Sie wurde ihrer Struktur nach organisch. Weil sich Netzwerktechnologie mehr wie ein Organismus als wie eine Maschine verhält, sind biologische Metaphern weit nützlicher als mechanische, wenn es zu verstehen gilt, wie die Netzwerkwirtschaft funktioniert.
Doch wenn der Erfolg einem biologischen Modell folgt, tut es auch der Mißerfolg. Eine lehrreiche Geschichte: Eines Tages erblühen am Strand winzige rote Algen zu einer gewaltigen roten

---

3 »Change is Good«, *Wired*, Januar 1998

Flut. Einige Wochen später, gerade als der rote Algenteppich gefestigt scheint, verschwindet er. Lemminge vermehren sich tausendfach, dann verschwinden sie ebenso plötzlich. Dieselben biologischen Kräfte, die Populationen anwachsen lassen, können sie dezimieren. Dieselben Kräfte, die einander speisen, um Netzwerkpräsenz durch die Schaffung mächtiger Standards zu verstärken, können über Nacht auch umgekehrt wirken und sich im Nu auflösen. Dieselben Kräfte, die zum Aufbau einer Organisation mit solch biologischer Wirkung zusammenströmen, können auch aktiv werden, um sie niederzureißen. Man kann für den Fall, daß *Microsofts* Geschicke ins Schwanken geraten, erwarten, daß auch die Gewinne in einer Kurve fallen werden, die sich zum Erfolg des Unternehmens umgekehrt symmetrisch verhält. All die selbstverstärkenden Gründe, sich dem Erfolg eines Netzwerks anzuschließen, kehren sich ins Gegenteil, wenn sich Erfolg in Mißerfolg wendet und jeder fliehen will.

Eine weitere biologische Einsicht kann aus dem Erfolg von *Microsoft*, *FedEx* und dem Internet gezogen werden. Im Rückblick kann man sehen, daß ihr Schwung an einem bestimmten Punkt ihrer Geschichte so überwältigend wurde, daß der Erfolg zum eigendynamischen Ereignis wurde. Der Erfolg wurde sozusagen ansteckend und dehnte sich derart durchdringend und in einem Maße aus, daß es für die Nichtinfizierten schwierig wurde, eine Ansteckung zu vermeiden. Nehmen Sie das Telefonnetz. Wie lange können Sie es aushalten, kein Telefon zu haben? Nur 6 Prozent der US-Haushalte schaffen es derzeit noch.

In der Epidemiologie gilt der Punkt, an dem eine Krankheit genügend Personen befallen hat, um eine grassierende Seuche zu werden, als Umschlagspunkt. Die Dynamik der Seuche ist vom Anstieg *gegen* alle Übermacht zur Ausbreitung *mit* aller Macht umgeschlagen. In der Biologie liegen die Umschlagspunkte verhängnisvoller Krankheiten ziemlich hoch, doch in der Technologie scheinen sie an viel niedrigeren Punkten erreicht zu werden.

Auf jedem Geschäftsfeld, ob industriell oder netzwerkartig, hat es immer einen Umschlagspunkt gegeben, nach dem Erfolg sich selbst nährt. Niedrige Fixkosten, unbedeutende Grenzkosten sowie die rasche Verteilung, die in der Netzwerkwirtschaft möglich ist, drücken die Umschlagspunkte noch unter das Niveau in industriellen Zeiten. Es scheint, als ob die neuen Bazillen ansteckender – und mächtiger – wären. Es genügt ein kleinerer Anfangsstamm, um (eher) zu eigendynamischer Dominanz zu gelangen.

Niedrigere Umschlagspunkte bedeuten auch, daß die Schwelle der Relevanz – die Periode vor dem Umschlagspunkt, während der eine Bewegung, ein Wachstum oder eine Innovation ernst genommen werden muß – ebenfalls dramatisch niedriger liegt, als es während des industriellen Zeitalters der Fall war. Entwicklungen festzustellen, während sie sich unterhalb der Relevanzschwelle befinden, ist wesentlich.

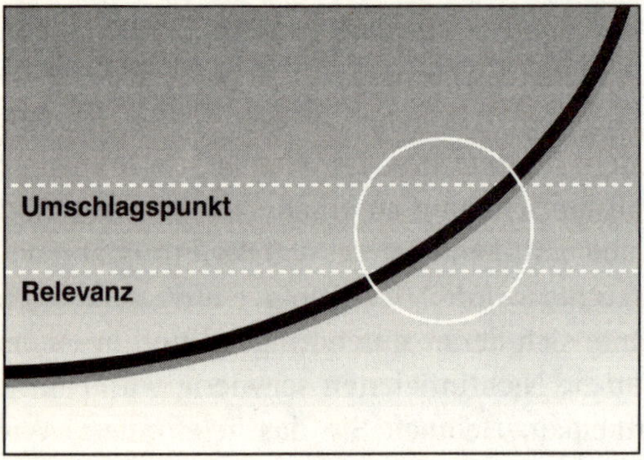

Während der exponentiellen Zunahme, die Netzwerken eigentümlich ist, können zusammenspielende Effekte einen Punkt eigendynamischen Wachstums passieren. Aber das, worauf man achten muß, liegt vor diesem Punkt, bevor die Eigendynamik sich entwickelt.

Bedeutende US-Handelsunternehmen verweigerten während der achtziger Jahre TV-Homeshopping-Netzwerken die Aufmerksamkeit, weil die Anzahl der Leute, die zusahen und kauften, anfangs so klein und gering war, daß sie nicht das etablierte Niveau der Handelsrelevanz erreichte. Die größten US-Einzelhändler denken im Bereich von Hunderten von Millionen Kunden. Das erste TV-Homeshopping bewegte sich im Bereich von mehreren tausend Kunden. Die Einzelhändler entdeckten, daß die Käufer 50 Stunden lang Homeshopping-Programme verfolgten, bevor sie ihren ersten Einkauf tätigten, und fanden das schrecklich. Doch es stellte sich heraus, daß »anderen dabei zuzuschauen« ein Initiationsritual war. Käufer vertrauen anderen Käufern.

Waren Käufer durch die Beobachtung, wie es viele andere erfolgreich machten, in den Prozeß einmal eingeführt, kamen sie auch wieder. So wuchs die kleine Anzahl stetig und dann immer schneller, als Käufer neue Kunden anlockten. Statt der subtilen Schwelle der Netzwerkwirtschaft Beachtung zu schenken, warteten die Einzelhändler, bis der Umschlagspunkt erreicht war, was definitionsgemäß bedeutete, daß ihre Alarmglocken zu spät läuteten, um daraus Kapital zu schlagen.

In der Vergangenheit signalisierte die Eigendynamik einer Innovation Relevanz. In der Netzwerkwirtschaft, in der biologisches Verhalten regiert, geht jetzt Relevanz der Eigendynamik voran.

Auch unser letztes Gleichnis wurzelt in der Biologie. Eines Sommers verdoppelt in einem Teich eine treibende Seerose jeden Tag ihre Größe, bis sie die gesamte Oberfläche des Wassers bedeckt. Am Tag, bevor sie den Teich vollständig bedeckt, ist das Wasser nur zur Hälfte zugewachsen, wiederum einen Tag eher nur zu einem Viertel, und am Tag davor nur zu einem mickrigen Achtel. Während die Seerose den gesamten Sommer über kaum wahrnehmbar wächst, würden die meisten Spaziergänger ihre »plötzliche« Erscheinung erst während der letzten Woche des Zyklus bemerken. Dann aber ist sie weit über den Umschlagspunkt hinaus.

Die Netzwerkwirtschaft ist wie ein Seerosenteich. Der größte Teil des Teiches sieht leer aus, doch einige Seerosen verdoppeln sich in der Größe. Das Web beispielsweise ist eine Struktur, die sich alle sechs Monate verdoppelt. Trotz der zur Zeit einen Million Web-Sites hat die Zukunft des Webs gerade erst begonnen. Andere Seerosenblätter sprießen an den Rändern des Teiches: MUDs, Irridiumtelefone, kabellose Datenanschlüsse, kooperierende Bots, WebTV und entfernte Solid-State-Sensoren. Im Moment sind sie alle unbedeutende Seerosenzellen, die am Beginn eines heißen Netzwerksommers vor sich hin keimen. Eine nach der anderen wird ihren Umschlagspunkt passieren und plötzlich allgegenwärtig sein.

Strategien

Achten Sie auf Außeneffekte.

Die Anfangsstadien des exponentiellen Wachstums sehen so flach aus wie jedes neue Wachstum. Wie können Sie Relevanz erkennen, bevor die Eigendynamik losbricht? Indem sie feststellen, ob das embryonische Wachstum eher Netzwerkeffekten als direkten Unternehmensanstrengungen zuzuschreiben ist. Spielen Rückkopplungseffekte, offene Systeme, n^2-Glieder oder vielfache Zugänge zu vielfältigen Netzwerken eine Rolle? Produkte, Unternehmen oder Technologien, die – selbst wenn sie nur die zweitbesten sind – durch die Nutzung von Netzeffekten einen leichten Vorsprung bekommen, sind die Hauptkandidaten für exponentielles Wachstum.

Koordinieren Sie kleinere Netze.

Der schnellste Weg, den Wert Ihres eigenen Netzwerkes zu verstärken, besteht darin, kleinere Netzwerke mit ihm zusammenzubringen, so daß sie als ein einziges größeres Netzwerk agieren und den gesamten n^2-Wert abschöpfen. Das Netz der Netze, das Internet, war der Kitt, der höchst unterschiedliche bestehende Netzwerke zusammenleimte. Kann man das Netzwerk der Automobilzulieferer nehmen und mit dem Netzwerk der Versicherungssachverständigen plus dem der Reparaturwerkstätten verbinden? Kann man den Schnittpunkt von Krankenhausdatenbanken und Standard-Suchmaschinen-Technologie koordinieren? Haben die Netzwerke der Datenbanken der lokalen Katasterämter, des Patentamtes und der Rechtsanwälte in Kleinstädten irgend etwas Nützliches gemein? Tausend Mitglieder in einem Netzwerk sind weit leistungsfähiger als tausend Mitglieder in drei Netzwerken.

Erzeugen Sie Rückkopplungsschleifen.

Netzwerke schaffen Verbindungen, und Verbindungen entfalten Rückkopplungsschleifen. Es gibt zwei elementare Arten von Schleifen: selbstlimitierende Schleifen wie Thermostate und Toilettenspülungsventile, die selbstregulative Rückkopplungsschleifen erzeugen, und selbstverstärkende Schleifen, die eigendynamisches Wachstum fördern, wie z.B. steigende Skalenerträge und Außenwirkungen des Netzwerkes. Tausende komplizierter Schleifen sind durch Kombination dieser beiden Kräfte möglich. Als die Internet-Provider am Anfang standen, berechneten die meisten den Benutzern gepfefferte Gebühren, wenn sie sich mit einem Hochgeschwindigkeitsmodem anmelden wollten. Die Provider fürchteten, Modems mit höheren Geschwindigkeiten würden weniger Stunden abrechenbarer Online-Zeit bedeuten. Die höheren Gebühren schufen eine Rückkopplungsschleife, die die Anschaffung besserer Modems auf seiten des Providers subventionierte, aber die Benutzer davon abhielt, sie zu kaufen. Doch ein Provider berechnete für Hochgeschwindigkeit weniger. Dieser Einzelgänger erzeugte eine Schleife, die die Benutzer für den Kauf von Hochgeschwindigkeitsmodems belohnte; sie bekamen mehr pro Stunde und blieben deshalb länger. Obwohl er anfangs mehr Kapital in seine eigenen Modems stecken mußte, erzeugte der Einzelgänger ein breites Netzwerk von Hochgeschwindigkeitsfreaks, die nicht nur ihre eigenen Deluxe-Modems kauften, sondern auch wenig Alternativen hatten, mit Hochgeschwindigkeit zu surfen. Der Provider mit der unkonventionellen Geschäftsstrategie prosperierte. Das Verständnis für Rückkopplungseffekte im Rahmen von Geschäftskonzepten der neuen Wirtschaft ist so wichtig wie das für Kapitalertrag.

Sichern Sie lange Reifungsprozesse ab.

Weil die Netzwerkwirtschaft die Schnellen und Wendigen begünstigt, wirkt alles, was Geduld erfordert, behindernd. Dennoch wachsen viele Projekte, Unternehmen und Technologien am besten graduell, indem sie langsam Komplexität und Reichtum vermehren. In der Reifungszeit werden sie nicht in der Lage sein, mit den »Early Birds« zu konkurrieren, und später könnte es wegen des Gesetzes steigender Skalenerträge ebenfalls schwierig werden. Späteinsteiger müssen »Druckers Regel« befolgen – sie müssen zehnmal besser sein als das, was sie ersetzen wollen. Verspätete Teilnahme am Markt macht manchmal Sinn, wenn das neue Angebot die Möglichkeiten der Teilnahme verbessert.

Ein später Auftritt im Bereich digitaler Kameras beispielsweise, der Kompatibilität mit Kabelfernsehen ebenso wie mit PCs anbietet, könnte das Warten lohnend machen.

Für alle geht es um Hits.

»The Winner takes it all.« In der Netzwerkwirtschaft wird dieses Gesetz für die Erfolgsfilme aus Hollywood die Norm für die meisten Produkte werden – selbst für sperrige Industriegüter. Ölbohrungen werden auf diese Weise finanziert; ein paar große, sprudelnde Ölquellen zahlen für viele trockene Bohrlöcher. Sie probieren ein ganzes Bündel von Ideen aus, ohne vorher zu wissen, welche funktionieren wird. Ihre einzige Gewißheit ist die, daß jede Idee entweder ein Hit oder ein Flop wird, und es wenig dazwischen gibt. Einige wenige hochkarätige Treffer müssen für viele Mißerfolge zahlen. Dieses lotterieartige ökonomische Modell ist ein Alptraum für Industrielle, doch so funktionieren Netzwerkwirtschaften eben. Man kann von Langzeitüberlebenden in bestehenden Hit-orientierten Geschäftszweigen (wie Musik und Bücher) viel lernen. Sie wissen, daß man permanent viele Dinge ausprobieren muß und daß man nicht versuchen darf, Erfolge vorauszusagen, denn das ist unmöglich.

Zwei Ökonomen haben bewiesen, daß Hits – zumindest im Showgeschäft – nicht vorhersagbar sind. Sie zeichneten die Umsätze von neuen Spielfilmen zwischen Mai 1985 und Januar 1986 auf und entdeckten, daß »der einzige verläßliche Vorhersagefaktor des Kassenerfolgs eines Films seine Aufführungsquote in der Vorwoche war. Nichts anderes schien eine Rolle zu spielen – weder das Filmgenre noch seine Besetzung noch sein Budget.«[4] Je höher die Aufführungsquote in der vergangenen Woche war, desto wahrscheinlicher wird sie auch diese Woche hoch sein – eine Schleife steigender Skalenerträge, die von Mundpropaganda gespeist wird. Die Ökonomen Art De Vany und David Walls bemerken, daß das Ergebnis ihrer Untersuchung eine physikalische Gleichung widerspiegelt, die als Bose-Einstein-Verteilung bekannt ist. Die Tatsache, daß die einzige bedeutsame Va-

---

4 »Chaos in Hollywood« von John Cassidy, in: *The New Yorker*, 31. März 1997

riable der Erfolg der Vorwoche war, bedeutet, wie sie sagen, daß »die Filmindustrie ein komplexes anpassungsfähiges System ist, das zwischen Ordnung und Chaos balanciert«. Mit anderen Worten, es folgt der Logik des Netzes: steigenden Skalenerträgen und anhaltendem Ungleichgewicht.

3 Überfluß statt Mangel

Das Ende der Knappheit und der Wert der schieren Masse

Überfluß, nicht Mangel regiert die Netzwerkwirtschaft. Vervielfältigungen, Reproduktionen und Kopien kursieren ohne Maß. Was auch gemacht werden kann, es kann in Hülle und Fülle gemacht werden. Dieser Überfluß

- erzeugt Wert,
- öffnet geschlossene Systeme,
- produziert eine immense Anzahl von Möglichkeiten.

Denken Sie an das erste moderne Fax-Gerät, das um 1965 vom Fließband rollte. Trotz der Millionen von Dollar, die seine Entwicklung kostete, war es nichts wert. Gar nichts. Erst das zweite Fax-Gerät, das hergestellt wurde, verschaffte dem ersten einigen Wert. Da war jemand, dem man faxen konnte. Weil die Fax-Geräte in einem Netzwerk verknüpft sind, hebt jedes zusätzlich ausgelieferte Fax-Gerät den Wert aller betriebenen Fax-Geräte. Man nennt dies den Fax-Effekt. Der Fax-Effekt besagt, daß Menge Wert erzeugt.

Die Macht der Menge ist so stark, daß jeder, der ein Fax-Gerät kauft, zum Verkündiger des Fax-Netzwerkes wird. »Haben Sie ein Fax?« werden Sie von den Fax-Besitzern gefragt. »Sie sollten sich eines anschaffen.« Weshalb? Weil Ihr Kauf den Wert ihrer Maschinen steigert. Und wenn Sie einmal am Netzwerk teilnehmen, beginnen Sie die anderen zu fragen: »Haben Sie ein Fax (oder E-Mail oder Acrobat-Software etc.)?« Jede zusätzliche Verbindung, die Sie für das Netzwerk gewinnen, hebt den Wert Ihres Anschlusses beträchtlich.

Wenn Sie ein Fax-Gerät kaufen, kaufen Sie nicht nur eine 400-Mark-Maschine. Ihre 400 Mark öffnen Ihnen das gesamte Netzwerk aller anderen Fax-Geräte der Welt und die Verbindungen zwischen ihnen – ein weit größerer Wert als die Kosten aller einzelnen Maschinen. Tatsächlich kosteten die ersten Fax-Geräte einige tausend Mark und standen nur mit wenigen anderen Geräten in Verbindung, so daß sie eigentlich nicht viel wert waren. Heutzutage erhalten Sie für 400 Mark ein Fax-Netzwerk im Wert von sechs Milliarden Mark.

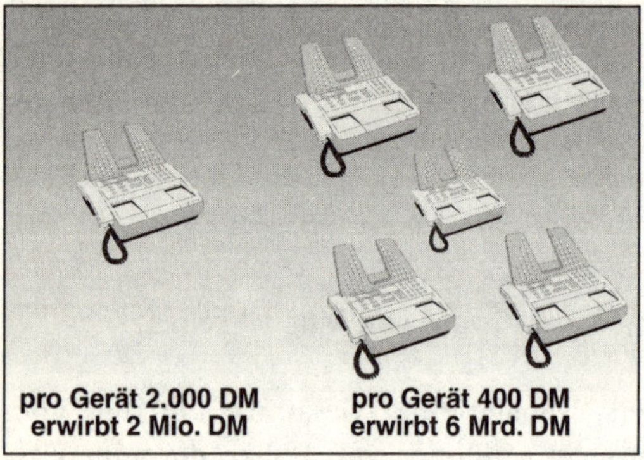

Der geringe Preis eines Fax-Geräts ermöglicht Ihnen heutzutage die Nutzung eines Netzwerkes, das aus 18 Millionen Geräten besteht. Jedes weitere verkaufte Exemplar hebt den Wert Ihres Geräts.

Je verbreiteter die Dinge sind, desto wertvoller werden sie in der Netzwerkwirtschaft.

Dieses Konzept steht in direktem Widerspruch zu zwei der fundamentalsten Axiome, die wir aus dem industriellen Zeitalter geerbt haben.

Das erste altehrwürdige Axiom besagt: Wert entspringt aus Knappheit. Nehmen Sie die Ikonen des Reichtums im industriellen Zeitalter – Diamanten, Gold, Öl und Universitätsabschlüsse. Diese wurden für kostbar gehalten, weil sie knapp waren.

Das zweite altehrwürdige Axiom besagt: Wenn Dinge im Überfluß erzeugt werden, vermindert sich ihr Wert. Teppiche beispielsweise. Sie waren einmal seltene, handgearbeitete Stücke, die sich nur in den Häusern der Reichen fanden. Sie hörten auf, Statussymbole zu sein, als sie von Maschinen tausendfach gewoben werden konnten. Das traditionelle Gesetz war erfüllt: Menge senkt den Wert.

Die Logik des Netzwerks stellt diese industriellen Lehrsätze auf den Kopf. In einer Netzwerkwirtschaft ergibt sich Wert aus Verbreitung, gerade so, wie der Wert eines Fax-Gerätes steigt, wenn Fax-Geräte überall stehen. Macht ergibt sich aus Menge. Kopien sind billig. Vermehren wir sie.

Seit Gutenberg das erste Erzeugnis dieser Art herstellte – billig vervielfältigte Worte –, haben wir begriffen, daß immaterielle Dinge leicht kopiert werden können. Dies verringert den Wert pro Kopie. Was wertvoll wird, sind die Beziehungen – angefacht von den Kopien –, die sich im Netzwerk selbst verstricken. Die Beziehungen schießen im Wert schon raketenartig nach oben, wenn die Anzahl der Glieder nur leicht steigt.

Windows NT, Fax-Geräte, TCP/IP, GIF-Bilder, RealAudio – allesamt dem Inneren der Netzwerkwirtschaft entsprungen – folgen dieser Logik. Aber das tun metrische Schraubenschlüssel, Batterien und andere Geräte auch, die auf universale Standards bauen. Je verbreiteter sie sind, desto mehr zahlt es sich für Sie aus, sich an diesen Standard zu halten. Wir haben mit der englischen Sprache selbst sogar ein älteres Beispiel. Wo immer die Ausgaben für den laufenden Ausstoß weiterer Kopien belanglos werden (und dies geschieht nicht allein bei Software), dort floriert der Wert der Standards und des Netzwerkes.

In Zukunft werden auch Baumwollhemden, Vitamintabletten, Kettensägen und alle anderen industriellen Gegenstände der Welt dem Gesetz des Überflusses gehorchen, wenn der Herstellungspreis eines zusätzlichen Exemplars gewaltig fällt.

Proprietäre oder »geschlossene« Systeme waren einmal selten, weil industrielle Systeme relativ unkompliziert waren. Proprietäre Systeme stiegen in der Popularität, als es fortgeschrittene Technologie schwierig machte, ein System ohne Hilfe oder Inanspruchnahme von Patenten zu reproduzieren. Die Erzeuger von geschlossenen Systemen verdienten gutes Geld. Als vor einigen Jahrzehnten die Informationswirtschaft eingeführt wurde, träumte man davon, ein proprietäres System zu besitzen und zu betreiben – eines, das niemand kopieren konnte – und dann

Kasse zu machen. In gewissem Grade kann man dies immer noch tun, wenigstens für die kurze Zeitspanne, in der das System auf bemerkenswerte Weise überlegen ist. Bloomberg-Terminals in den Büros der Wall-Street-Händler sind ein aktuelles Beispiel. Doch die Netzwerkwirtschaft belohnt die Vielfalt offener Systeme mehr als die Knappheit der geschlossenen. Ein Klischee unserer Zeit beklagt, *Apples* Ungeschick, sein Betriebssystem als knappe Ressource vermarktet zu haben, aber es ist wahr. *Apple* hatte mehr als eine Gelegenheit, seine wundervolle Benutzeroberfläche – das nunmehr vertraute Desktop- und Windows-Design – zu lizenzieren, zog sich aber jedesmal zurück; damit besiegelte das Unternehmen letztendlich seinen Niedergang gegenüber dem relativ offeneren DOS- und Windows-System.
In den Kindertagen von Systemen gibt es Raum für Isolation, aber für Wachstum wird Aufgeschlossenheit benötigt, weil sie zu größerer Verbreitung führt. Die *Citibank* war in den siebziger Jahren der Pionier beim Einsatz von Geldautomaten. Sie pflasterte New York mit ihren Maschinen zu, und zunächst war diese Strategie überaus erfolgreich. Kleine Konkurrenzbanken starteten ihre eigenen winzigen Automatennetze, aber sie konnten mit den allgegenwärtigen *Citibank*-Maschinen nicht konkurrieren. Dann jedoch schlossen sich die kleineren Banken zusammen, um ihre Netze unter dem Namen *Plus* zu verbinden. Die Kraft von n^2 schlug durch. Plötzlich konnte jeder alle Geldautomaten nutzen. Die *Citibank* wurde eingeladen, dem offenen *Plus*-Netzwerk beizutreten, lehnte aber ab. Gemäß dem Prinzip positiver Rückkopplung zog das vorteilhafte *Plus*-System mehr und mehr Kunden an und überrundete bald die dominante *Citibank*. Schließlich war die *Citibank* gezwungen, auf ihren Alleingang zu verzichten und sich anzuschließen.

Jedesmal, wenn sich ein geschlossenes System öffnet, beginnt es mit anderen Systemen direkter zu interagieren und eignet sich deshalb den Gesamtwert dieser Systeme an.

Mitte der achtziger Jahre gehörte ich zu einer Gruppe von Pionieren der Online-Gemeinde namens *The Well.* Man wählte das

Modem von *The Well* an, und nach der Anmeldung konnte man mit jedem gewünschten Partner chatten, posten und emailen – mit allen 2000 Mitgliedern innerhalb von *The Well*. Kurze Zeit später wagte *The Well* einen großen Sprung und öffnete seinen E-Mail-Dienst für das damals obskure Internet. In der Sicht seiner ca. 2000 Mitglieder schoß der Wert von *The Well* damit raketenhaft in die Höhe, weil für sie nun Tausende von Universitätsprofessoren und andere Freaks erreichbar waren. Nach einigen Jahren öffnete *The Well* sein System noch weiter für einen Dienst namens FTP, der es *Well*-Benutzern gestattete, Dateien von externen Internet-Servern aufzurufen, und umgekehrt anderen ermöglichte, auf Dateien von *The Well*-Servern zuzugreifen. Wieder explodierte der Wert von *The Well*. Mit minimalem Aufwand erzielte man den immensen Gegenwert des gesamten FTP-Netzwerkes. Schließlich erlaubte *The Well* seinen Mitgliedern den Zugang zum World Wide Web, wodurch der gesamte Wert des Webs erworben wurde.

Ein Hammer ist Teil nur weniger Netzwerke, aber ein Telefon ist Teil von vielen. Je mehr Netzwerken ein Produkt oder Dienst sich anschließen kann, desto mächtiger wird beides.

Mit jedem Schritt waren Kosten verbunden. Mit jeder Aufnahme hatte man weniger Kontrolle der Umgebung, mehr Geräusch, mehr Gefahr der Störung durch Zufall oder Hacker und mehr Sorge, daß das Geschäftsmodell zusammenbrechen könnte. Zur selben Zeit war es offenkundig, daß ein völlig geschlossenes *The Well* gestorben wäre.

Die Idee der Vielfalt ist die, etwas zu erzeugen, das von so vielen Systemen und Standards wie möglich durchflossen wird. Je mehr Netzwerke eine Ding berührt, desto wertvoller wird es.

Der Wert einer Erfindung, Firma oder Technologie steigt exponentiell, wenn die Anzahl der Systeme, an denen sie teilhat, linear steigt.

Das Gesetz des Überflusses handelt nicht von Dominanz. Das Eigeninteresse des gewöhnlichen Geschäftslebens garantiert, daß sich jedes Unternehmen der Welt bemühen wird, sein Produkt oder seinen Dienst in jeden Haushalt und in jeden Laden hineinzubekommen. Verbreitung ist ein altes Ziel. Aber es ist nicht das, worum Netzwerkvielheit sich bemüht.

Die Menge, auf die die Netzwerkwirtschaft gegründet ist, ist die Fülle der Möglichkeiten.

Obwohl es wahr ist, daß jede neue E-Mail-Adresse in der Welt den Wert aller vorherigen E-Mail-Adressen erhöht (das ist der Haupteffekt von Menge), vollzieht sich die Wertsteigerung, weil jede E-Mail-Adresse ein Knoten von Möglichkeiten ist und nicht bloß ein Artefakt. Eine E-Mail-Adresse ist mehr als ein Weg zum Austausch von Memos. Weil E-Mail in einem Netzwerk integriert ist, eröffnen sich Alternativen in viele Richtungen. Nachdem man z. B. einmal erkannt hatte, daß Mail-Adressen leicht archiviert werden konnten (Möglichkeit Nummer eins), fiel jemandem plötzlich auf, daß sie automatisch gesammelt werden könnten (Möglichkeit zwei). Sie konnten auch gleichzeitig beschickt werden (Möglichkeit drei). Der Domänenteil der Adresse konnte analysiert und zum Aufspüren von Nutzungsmustern verwendet werden (Möglichkeit vier). Adressen in einem Adreßbuch konnten vom Empfänger automatisch aktualisiert werden (Möglichkeit fünf). Das Adressen-Artefakt selbst konnte mehr als nur einen Namen enthalten; es konnte auch andere interessante Aspekte aufnehmen, die der Besitzer unter gewissen Umständen bekanntgeben wollte (Möglichkeit sechs).

Vergleichen Sie diese sprudelnde Fülle von Möglichkeiten mit jedem beliebigen Produkt des industriellen Zeitalters – etwa einer elektrischen Kreissäge, einem farbechten Färbemittel oder einem Stuhl aus Ahornholz. Während einige dieser Objekte einen doppelten Nutzen haben (der Stuhl konnte als Sitzgelegenheit verwendet werden, oder um eine Tür offen zu halten, der Sägenmotor, um einen Bohrer zu betreiben), sind sie im großen und ganzen ziemlich auf den Zweck ihrer Konzeption beschränkt. Die Alternativen sind begrenzt. Selbst wenn Stühle, Färbemittel und Sägen in universeller Menge vorhanden wären, würde ihr physischer Überfluß deshalb die Welt nicht maßgeblich verändern.

Die Macht des Fax-Effekts – mehr Fax-Geräte steigern den Wert aller übrigen Maschinen – ist nicht auf die Erhöhung der Zahl von Fax-Geräten einer bestimmten Marke angewiesen. Da viele Faxe auch von Laptop-Computern oder irgendeinem Server verschickt werden, ergibt sich die Macht der Menge eher aus Nutzungsmöglichkeiten denn aus Materie.

Steigt die Zahl der Möglichkeiten, ergeben sich unbeabsichtigte Verwendungen. In den späten siebziger Jahren schickte der Schah von Persien seinen Rivalen, Ayatollah Khomeini, nach Paris ins Exil. Da der Schah die Medien seines Landes kontrollierte, nahm er an, daß Khomeini nicht in der Lage sein würde, das iranische Volk von Frankreich aus zu erreichen, um Ärger zu machen. Doch der sympathisierende iranische Klerus nutzte eine unerwartete technische Möglichkeit aus: die Kassette. Jede Woche nahmen Khomeinis Freunde in Paris seine flammenden Reden auf billigen Rekordern auf und schmuggelten Kopien (leicht als Musikkassetten getarnt) in den Iran, wo sie auf 200-Dollar-Reproduktionsgeräten vervielfältigt und an alle Moscheen verschickt wurden. Freitags wurden Khomeinis Predigten im ganzen Iran über Großlautsprecher abgespielt. Die Geistlichen verwandelten einen gewöhnlichen Kassettenrekorder in einen Radiosender. Ich bin sicher, daß kein einziger der Ingenieure, die das Kassettendeck entwickelten, sich jemals vorgestellt hat, daß es zur Radioübertragung verwendet würde. Elektronische Medien werden von Elektronen belebt und sind deshalb

hochempfänglich für neue Verwendungen, die sie grundlegend verändern.
In jüngster Zeit trat das US-amerikanische Telekommunikationsunternehmen *Sprint* als Pionier von Pauschalpreisen im Mobiltelefonbereich auf – alle gewünschten Mobilfunkgespräche gab es für eine feste monatliche Gebühr. Innerhalb weniger Tage nach dieser Preisentscheidung hörten die erschrockenen Marketingexperten Berichte von der Nutzung ihrer Mobiltelefone als Babyphone. Die Eltern gingen mit dem Mobiltelefon ins Kinderzimmer, riefen in der Küche an und ließen dann die Leitung stehen. Voilà!

Je stärker eine Technologie verknüpfbar ist, desto mehr Möglichkeiten bietet sie für Gebrauch und Mißbrauch.

Einige der besten Videospiele aller Zeiten waren elegante kleine Programme, die auf frühen Computern wie dem *Commodore 64* liefen. Millionen von C64ern wurden in den frühen achtziger Jahren verkauft. Die meisten liegen heute auf Mülldeponien. Ihr ameisengroßer Speicher und ihr Mangel an Plattenkapazität wurden durch Powerbooks und Pentium-Rechner abgelöst. Die wenigen noch betriebsfähigen Geräte werden zu Sammlerpreisen verkauft. Doch im Web gibt es einen Satz von Emulatoren, die für ein billigeres Nostalgievergnügen sorgen – eine Nische, die niemand hätte vorhersagen können. Sie können einen *Commodore 64*-Emulator auf Ihr Powerbook herunterladen, und auf einen Mausklick hin verwandelt er Ihre Workstation in einen einfältigen C64 (oder einen anderen von 25 ruhmreichen Oldies), so daß Sie eine historische Version von *Moondust* oder *Pacman* spielen können. Das ist so, als könnten Sie mit einem Schalter auf dem Armaturenbrett Ihren Ferrari in einen VW-Käfer verwandeln.
Dieser erfrischende Alltagsgebrauch von Technologie stammt aus der Vielfalt der Wechselwirkungen. Artefakte der industriellen Wirtschaft enthielten ein beschränktes Potential für solche seltsamen, randständigen Verwendungen. Die Netzwerkwirtschaft dagegen ist ein Füllhorn von Produkten und Innovatio-

nen, die danach schreien, auf neue Weisen eingesetzt zu werden. Tatsächlich entspringen in einer Netzwerkwirtschaft alternative Nutzungen hauptsächlich dann, wenn bestehende Möglichkeiten aufgegriffen werden. Ein Geschäft, das erfolgreich eine Nische besetzt, erzeugt sofort mindestens zwei weitere Nischen für andere Geschäfte. Es ist beispielsweise kein Ende bei der Zahl von Nischen im Zusammenhang mit E-Mail abzusehen; je wildere Ideen hervorgebracht werden, desto wildere Ideen *können* hervorgebracht werden. Der Wettlauf zwischen Hase und Igel fängt jetzt erst an.

Das Gesetz des Überflusses läßt sich am besten so ausdrücken: Je mehr Möglichkeiten in einer Netzwerkwirtschaft ergriffen werden, desto schneller entspringen neue Möglichkeiten.

Ferner gilt, daß die Anzahl neuer Möglichkeiten exponentiell steigt, wenn bestehende Möglichkeiten aufgegriffen werden. Netzwerke sprühen vor Fruchtbarkeit, weil sie dadurch, daß alles miteinander verbunden wird, die Zahl potentieller Beziehungen erhöhen, und aus den Beziehungen entstehen Produkte, Dienste und Immaterialitäten.

Ein isolierter Gegenstand, gleichgültig wie gut er konzipiert ist, verfügt nur über ein eingeschränktes Potential für neue Verrücktheiten. Ein verbundener Gegenstand, ein Netzwerkknoten, der mit anderen Knoten interagiert, kann hundert einzigartige Beziehungen ins Leben rufen, was er unverbunden niemals könnte. Aus diesem Gewirr möglicher Verknüpfungen entstehen Myriaden neuer Chancen für Innovationen und Wechselwirkungen.

Ein Netzwerk ist eine Fabrik von Möglichkeiten.

Der Quell der Vielheit ist in der Netzwerkwirtschaft so gewaltig, daß der Umgang mit fast unendlichen Auswahloptionen und Möglichkeiten, die wie Pilze aus dem Boden schießen, in Zukunft der beschränkende Faktor sein könnte. Einen sich erweiternden Ozean von Optionen heil zu durchschiffen, ist bereits jetzt schwierig. Der typische Supermarkt in Amerika bietet 30 000 bis 40 000 Produkte an. Der Durchschnittskunde saust in 21 Minuten durch den Laden und wählt aus den 40 000 Angeboten ca. 18 Artikel aus. Dies ist eine erstaunliche Leistung der Entscheidungsfindung. Aber es ist nichts im Vergleich zu dem, was im Web geschieht. Dort gibt es eine Million dynamischer Web-Sites, die 250 Millionen Seiten enthalten. Die Fähigkeit, die richtige Seite aus diesem Universum herauszufinden, ist kaum vorstellbar, und die Zahl der Seiten verdoppelt sich jedes Jahr. Der Umgang mit diesem Überfluß, dieser immensen Vielfalt ist kritisch, weil die Summe aller weltweit hergestellten Produkte sich noch verstärkend auswirkt. Die Gesamtmenge an Informationen, die in der ganzen Welt gespeichert ist – inklusive aller Bibliotheken, Mikrofilmsammlungen und Datenarchive –, wird auf ungefähr 2 000 Petabyte geschätzt. (Ein Petabyte ist eine Milliarde Megabyte oder ungefähr eine Milliarde Bücher vom Umfang des vorliegenden.) Das sind eine Menge Bits.

Vielfalt und Überfluß werden bald die Dimension von Myriaden erreichen. Wir wissen aus der Mathematik, daß sich Systeme, die eine riesige Anzahl von Teilen enthalten, bemerkenswert anders verhalten als Systeme mit weniger als einer Million Teilen. Myriaden sind eine Ebene allerhöchster Fülle. Die Netzwerkwirtschaft verspricht zigmilliarden Teile, zigmilliarden Artefakte, zigmilliarden Dokumente, zigmilliarden Bots, zigmilliarden Netzwerkknoten, zigmilliarden Verbindungen und zigmilliarden Kombinationen. Myriaden sind ein Bereich, der eigentlich in der Biologie beheimatet ist – wo es seit langem zigmilliarden Gene und Organismen gibt –, und nicht in unserer jüngsten industriellen Welt. Lebende Systeme wissen, wie man Myriaden handhabt. Unsere Methoden des Umgangs mit myriadenfacher Vielheit werden die Biologie nachahmen.

Die Netzwerkwirtschaft lebt vom Überfluß. Sie erweitert die Anzahl der Dinge gewaltig, steigert die Zahl der Immaterialitäten ungezwungen, vervielfacht die Zahl der Verbindungen exponentiell und erzeugt zahllose neue Möglichkeiten.

Strategien

Treten Sie mit so vielen Netzen wie möglich in Kontakt.
Weil sich der Wert einer Handlung in der Netzwerkwirtschaft durch die Anzahl der Netzwerke, die diese Handlung durchläuft, exponentiell vervielfältigt, werden Sie mit so vielen anderen Netzwerken in Kontakt treten wollen, wie Sie erreichen können. Das ist Vielfalt. Sie möchten die Anzahl der Relationen maximieren, die von Ihnen, Ihrem Dienst oder Ihrem Produkt ausgehen oder sie zum Ziel haben. Stellen Sie sich Ihr Erzeugnis inaktiv vor wie einen Türnagel, der vom Fließband kommt. Die Aufgabe in der Netzwerkwirtschaft besteht dann darin, den Nagel mit möglichst vielen anderen Systemen in Verbindung zu bringen, indem Sie ihn zu einer Standard-Handelsgröße machen, so daß er in jede standardmäßige Nagelmaschine paßt. Sie geben ihm eine SKU-Auszeichnung, so daß er vom Netzwerk des Einzelhandels verwendet werden kann. Dies dürfte einen Barcode erforderlich machen, der von Scannerkassen gelesen werden kann. Schließlich werden Sie ihm ein wenig interaktives Silikon verpassen, so daß er die Tür vor einem Bruch warnen und im intelligenten Haushaltsnetzwerk eine Rolle spielen kann. Durch jedes zusätzliche System, an dem er beteiligt ist, gewinnt der Nagel an Wert. Noch besser ist, daß auch die Systeme und ihre Glieder mit jedem Nagel, der hinzukommt, an Wert gewinnen.
Und das gilt bereits für ein Stück Eisen. Komplexere Gegenstände und Dienste sind in der Lage, weit mehr Systeme und Netzwerke zu durchdringen, wodurch sie ihren eigenen Wert und den reichen Wert all der Systeme, die sie berühren, beträchtlich erhöhen.

Maximieren Sie die Möglichkeiten anderer.
Versuchen Sie bei jedem Aspekt Ihres Geschäfts (und Ihres Privatlebens), anderen zu gestatten, durch Ihren Erfolg selbst erfolgreich zu werden. Wenn Sie ein Hotel führen, was können Sie dann tun, um es anderen – Fluglinien, Gepäckbeförderungsdiensten, Ausflugsveranstaltern – zu erlauben, Teil Ihres Netzwerkes zu sein? Statt deren Abhängigkeit von Ihrem Erfolg als eine

Form von Schmarotzertum, oder schlimmer: als Raub, zu betrachten, sollten Sie diese enge Verbindung als Bereicherung begreifen. Sie sollten andere dazu anregen, Dienstleistungen zu erbringen, die sich um die von Ihnen gewonnene Kundenaufmerksamkeit herum anordnen, die Ihr Produkt ergänzen, oder sogar imitieren, falls es sich dabei um eine neue Idee handelt. Dies erscheint zunächst als eine widersprüchliche Haltung, doch fügt sie sich exakt in die Logik des Netzes. Ein kleines Stück eines größer werdenden Kuchens ist das größte Stück von allen. Software ist besonders prädestiniert, um so zu funktionieren. Die Programmierer, die das Kultspiel *Doom* geschrieben haben, schufen es absichtlich so, daß es leicht zu verändern war. Das Ergebnis: Hunderte Spieler brachten Versionen von *Doom* heraus, die erheblich besser als das Original waren, aber sie liefen auf einem *Doom*-System. *Doom* boomte, und ebenso einige seiner Abkömmlinge. Die Softwarewirtschaft ist voller solcher Beispiele. Vorlagen für Tabellenkalkulationen, Textverarbeitungen und Browser von Drittanbietern bringen Profit sowohl für die Dritten als auch für das Originalsystem. Es braucht nur wenig Vorstellungskraft, um zu sehen, wie die Bereitstellung von Möglichkeiten auch in Bereichen außerhalb von Software funktioniert. Wenn Sie auf eine Weggabelung treffen und alle Alternativen gleich erscheinen, nehmen Sie den Weg, der die Möglichkeiten anderer bereichert.

Verhätscheln Sie Erzeugnisse nicht; lassen Sie sie zirkulieren. Die Vervielfältigungskosten werden weiter sinken. So wie es aussieht, werden sich die eigentlichen Herstellungskosten auf die Entwicklung des ersten Exemplars beziehen, dem dann Aufmerksamkeit verschafft werden muß. Es wird nicht mehr nötig sein, Produkte durch Restriktionen zu schützen. Statt dessen sollten diese emanzipiert genug sein, überall zu zirkulieren. Nehmen wir Pharmazeutika, insbesondere genetisch-biotechnische Pharmazeutika. Die Kosten kleiner Pillen in der Apotheke können hundertfach größer sein als die ihrer mengenmäßigen Herstellung, weshalb viele Arzneimittel noch hochpreisig sind, um ihre astronomischen Entwicklungskosten wieder einzuspielen.

Die Pharmaunternehmen behandeln ihre Arzneimittel als Mangelware und setzen entsprechende Preise fest. Wenn jedoch die Arzneimittelentwicklung netzwerkbezogener, datengestützter und computervermittelter wird und die Arzneimittel selbst intelligenter und anpassungsfähiger werden, kann man Wettbewerbsvorteile für solche Unternehmen erwarten, die »Kopien« des Arzneimittels zirkulieren lassen. Beispielsweise könnte ein hochentwickeltes biotechnisches Kopfschmerzmittel nach dem Motto »Kaufen Sie, soviel Sie brauchen« verkauft werden. Das Unternehmen macht seinen Gewinn, wenn Sie es angemessen dafür bezahlen, das Arzneimittel spezifisch an Ihre Bedürfnisse anzupassen. Einmal entwickelt, zahlen Sie fast nichts fürs Nachfüllen Ihrer Packung. Tatsächlich gibt es bereits einige biotechnische Pioniere, die so vorgehen. Dieses Feld wird im Amerikanischen »phamagenomics« genannt. Diese Unternehmen hören auf den Ruf der Vielfalt.

Vermeiden Sie proprietäre Systeme.
Früher oder später müssen sich geschlossene Systeme öffnen, oder aber sie sterben. Ein Online-Dienst ist zum Sterben verurteilt, wenn er den Anruf bei einer besonderen Telefonnummer benötigt, um erreichbar zu sein. Braucht er hochspezielle Geräte, um lesbar zu sein, hat er verloren. Wenn er seine Inhalte nicht mit konkurrierenden Anbietern teilen kann, wird er scheitern. Geschlossene Systeme schließen andere von Möglichkeiten aus, indem sie geeignete Ansatzpunkte rar machen. Deshalb umgeht die Netzwerkwirtschaft – die Vielfalt bevorzugt – geschlossene Systeme. Man könnte sicher wetten, daß sich *America Online* (AOL), *WebTV* und *Microsoft Network* (MSN) – drei in gewisser Weise geschlossene Systeme – schließlich total für das Web öffnen oder verschwinden werden. Die Kernfrage des Gegensatzpaares »offen« und »geschlossen« lautet nicht öffentlich oder privat – es geht auch nicht um Besitzverhältnisse; häufig kann privater Besitz Innovation verstärken. Die Frage ist, ob es für andere leicht oder schwierig ist, etwas zu erfinden, das von Ihrer Erfindung ausgeht. Die strategische Fragestellung ist einfach: Wie leicht ist es für jemanden außerhalb eines bestimmten

Unternehmens, einen Beitrag zum Fortschritt des jeweiligen Systems, Produkts oder Dienstes zu erbringen? Sind die Möglichkeiten der Teilnahme an Ihrem eigenen Netzwerk knapp oder reichlich bemessen?

Suchen Sie keine Zuflucht in Knappheit.
Jede Ära ist vom Wohlstand derer gekennzeichnet, die herausfinden, was demnächst das knappe Gut sein wird. Sicherlich wird es auch in der Netzwerkwirtschaft Knappheiten geben. Doch weit größerer Wohlstand wird durch Nutzung der Vielfalt möglich werden. Um sicherzugehen, daß Sie nicht in der Knappheit Zuflucht suchen, stellen Sie sich die folgenden Fragen: Wird Ihr Erzeugnis gedeihen, wenn es allgegenwärtig wird? Wenn dessen Wert davon abhängt, daß es nur wenige benutzen, sollten Sie es im Licht der neuen Regeln erneut durchdenken.

4 Künftig alles gratis?

Warum in Zukunft Großzügigkeit belohnt wird

Das beste wird jedes Jahr billiger. Dieses Prinzip ist in unserem Lebensstil so verwurzelt, daß wir uns darauf verlassen, ohne uns darüber zu wundern. Doch wundern sollten wir uns, denn dieses Paradox ist Motor der neuen Wirtschaft.

Vor dem industriellen Zeitalter konnten die Konsumenten nur geringfügige Qualitätsverbesserungen für geringfügigen Preisanstieg erwarten. Über die Jahre kostete das Bessere mehr. Doch mit Beginn der Automatisierung und billiger Energie im industriellen Zeitalter konnten die Hersteller die Gleichung umkehren: Sie boten geringere Kosten und höhere Qualität. Zwischen 1906 und 1910 waren die Kosten des Durchschnittsautos um 24 Prozent gefallen, während seine Qualität um 31 Prozent gestiegen war. Im Jahre 1918 war das Durchschnittsauto um 53 Prozent billiger als sein Vorläufer von 1906 und um 100 Prozent leistungsfähiger. Der Zauber der Formel »Das beste wird jedes Jahr billiger« hatte zu wirken begonnen.

Mikroprozessoren beschleunigten diese Hexerei. Im Informationszeitalter haben die Konsumenten angefangen, innerhalb einer kurzen Zeitspanne mit drastisch erhöhter Qualität bei drastisch reduziertem Preis zu rechnen. Eine vernünftige Empfehlung an jeden, der heute nach einem Einkaufstip fragt, ist die, den Kauf eines Konsumartikels bis ungefähr 60 Sekunden, bevor er wirklich benötigt wird, aufzuschieben. Tatsächlich sagte mir ein Transportspezialist, daß in der Informationsindustrie fast nichts mehr per Schiff versandt wird; alles kommt mit dem Flugzeug, so daß der Preis nicht mehr fallen kann, während sich das Produkt auf dem Versandweg befindet.

Der Sturz der Preise ist so sicher, daß Ökonomen die Kurve ihres Verfalls aufgezeichnet haben. Die Kosten, irgend etwas herzustellen – sei es Stahl, Glühbirnen, Flugzeuge, Blumentöpfe, Versicherungspolicen oder Brot –, gehen im Laufe der Zeit als Funktion der Gesamtzahl der produzierten Einheiten zurück. Je mehr eine Industrie herstellt, je besser sie es herzustellen lernt, desto stärker sinken die Kosten. Die fallende Preiskurve, angetrieben vom Lernerfolg der Organisation, wird manchmal als Lernkurve bezeichnet. Obgleich sich dies in jeder Industrie geringfügig unterscheidet, wird die Verdoppelung des Gesamtausstoßes im allgemeinen die Stückkosten um durchschnittlich 20 Prozent senken. Kluge Firmen sehen diese Lernkurve voraus. Sehr kluge Firmen werden sie durch erhöhtes Produktionsaufkommen auf die eine oder andere Weise beschleunigen. Weil steigende Skalenerträge die Nachfrage nach Artikeln exponentiell vergrößern können – ihre Gesamtzahl kann binnen Monaten verdoppelt werden –, beschleunigen Netzwerkeffekte den steilen Preisverfall.

Computerchips verstärken die Lernkurve nochmals. Bessere Chips verringern die Kosten aller hergestellten Güter, einschließlich neuer Chips. Ingenieure verwenden die Vorzüge von Computern, um direkt und indirekt die nächste verbesserte Version von Computern hervorzubringen, was das Tempo beschleunigt, mit dem Chips hergestellt werden und mit dem ihre Preise sinken, wodurch sich wiederum das Tempo erhöht, mit dem alle Waren billiger werden. Ein vorteilhafter Kreislauf entsteht.

Rückkopplungsschleifen sättigen Netzwerke. Weil so viele Menschen und Maschinen darin involviert sind, bilden sich vorteilhafte Kreisläufe. Eins, zwei, drei, vier, alles addiert sich zu mehr.

- Expandierendes Wissen macht Computer intelligenter.
- Wenn Computer intelligenter werden, übertragen wir einiges von dieser Intelligenz in den Produktionsbereich, was die Kosten von Waren verringert und sie vollkommnet.
- Das gleiche gilt für Chips.
- Billigere Chips verringern die Gründungskosten von Konkurrenzunternehmen, so daß Konkurrenz und Wissensverbreitung die Preise nochmals senken.

- Die Erfahrung in Billigproduktion verbreitet sich schnell in der Industrie und führt zur Erzeugung besserer Chips und Kommunikationswerkzeuge.

Dieser vorteilhafte Kreislauf nährt sich selbst. Geballte Chipkraft ist so mächtig, daß alles in ihren Bann gerät – Autos, Kleidung, Lebensmittel. Die Preise sinken, und die Qualität steigt bei allen Waren; nicht mäßig, sondern steil. Zwischen 1971 und 1989 fiel der Preis eines Standard-Kühlschranks um ein Drittel, während er um 27 Prozent energiesparender wurde und erweiterten Funktionsumfang bot, wie etwa Eiswürfelherstellung. Im Jahre 1988 wurde ein Mobiltelefon für 1 500 Dollar verkauft. Zehn Jahre später erhält man bessere für 200 Dollar.

Der größte Teil der Wertsteigerung, die wir bei Produkten erlebt haben, resultiert aus der Macht des Chips. Doch in der Netzwerkwirtschaft treffen schrumpfende Chips auf ein explodierendes Netz, um Reichtum hervorzubringen. Ebenso wie wir geballte Lernerfahrung zur Erzeugung der Mikroprozessor-Revolution einsetzten, setzen wir Verstärkungsmechanismen zur Erzeugung der globalen Kommunikationsrevolution ein. Wir können nun die Vorzüge von Netzwerkkommunikationen dazu nutzen, direkt und indirekt bessere Versionen von Netzwerkkommunikationen hervorzubringen. Wenn Qualität sich auf solche Weise selbst nährt, werden wir Zeugen diskontinuierlichen Wandels: in diesem Falle einer neuen Wirtschaft.

Seit ihrer Geburt im Jahre 1971 erlebten Mikroprozessoren eine sich steil umkehrende Preisbildung. Der Preissturz bei Chips wird Moores Gesetz genannt, nach Gordon Moore, dem Intel-Ingenieur, der den erstaunlichen Anstieg der Computerleistung pro Dollar als erster beobachtete. Moores Gesetz besagt, daß sich Computerchips alle 18 Monate im Preis halbieren bzw. in der Leistung verdoppeln. Gegenwärtig erlebt das Telekommunikationsnetz diese Art von Entwicklung, die Mikroprozessoren bereits hinter sich haben – doch sogar noch drastischer. Die Kurve des Netzes wird Gilders Gesetz[1] genannt, nach George Gilder,

1 »Fiber Keeps Its Promise« von George Gilder, in: *Forbes ASAP*, April 1997

einem radikalen Techniktheoretiker, der vorhersagt, daß sich die Gesamtbandbreite von Kommunikationssystemen innerhalb der vorhersehbaren Zukunft (den nächsten zehn Jahren) alle zwölf Monate verdreifachen wird.

Die Verbindung schnell steigender Kommunikationsleistung mit schrumpfenden Jelly-Bean-Knoten bei kollabierenden Preisen veranlaßt Gilder zu der Prognose, daß Bandbreite kostenlos werde. Was er meint, ist dies, daß sich der Preis pro übertragenem Bit dem Nullpunkt nähert. Was er nicht meint, ist, daß Telekomrechnungen auf Null fallen. Die monatlichen Telekomzahlungen werden wahrscheinlich konstant bleiben, während der Bitkonsum mit Abnahme der Bitkosten steigt.

Die Kosten pro Bit sinken jedoch so tief, daß die Kosten pro Einheit für den Verbraucher dem Kostenlosen nahekommen. Die Kosten folgen dem, was man eine asymptotische Kurve nennt. In einer asymptotischen Kurve geht der Preis unaufhörlich gegen Null, ohne sie jemals zu erreichen. Es ist wie bei Zenons Schildkröte: Mit jedem Schritt vorwärts nähert sich die Schildkröte um die Hälfte dem Ziel, überschreitet aber niemals die Ziellinie. Die Bahn einer asymptotischen Kurve ist ähnlich. Sie nähert sich dem Nullpunkt so weit, daß man ab einem gewissen Punkt tatsächlich von Kostenlosigkeit sprechen könnte.

Da die Preise gegen Null fallen, tut die Netzwerkwirtschaft gut daran, diesen Zustand vorwegzunehmen.

Wer allgemeine Billigkeit vorhersieht – und sie kommt in der neuen Wirtschaft garantiert –, kann ein Vermögen damit machen. Eine der klassischen Legenden, die davon handeln, auf Dumpingpreise zu setzen, stammt aus der Urzeit des Informationszeitalters – aus der Zeit, als der Halbleitertransistor geboren wurde.

In den frühen sechziger Jahren verkauften Robert Noyce und sein Partner Jerry Sanders – die Gründer von *Fairchild Semiconductor* – einen frühen Transistor ans Militär. Jeder Transistor kostete Noyce in der Herstellung 100 Dollar. *Fairchild* wollte den Transistor an RCA für deren UHF-Empfänger verkaufen. Zu dieser Zeit verwendete RCA seltsame Vakuumröhren, die pro Stück nur 1,05 Dollar kosteten. Noyce und Sanders setzten ihr Vertrauen in die sich umkehrende Preisentwicklung der Lernkurve. Sie wußten, daß dann, wenn die Produktionsmenge stieg, die Kosten für den Transistor auf ein Hundertstel fallen würden. Doch um ihren ersten Handelsabschluß zu tätigen, mußten sie den Preis sofort senken, und zwar bei einer Produktionsmenge von Null. Sie nahmen kühn den Billigzustand vorweg, indem sie den Preis des Transistors gleich von Beginn an auf 1,05 Dollar setzten, noch bevor sie wußten, wie man dies erreichen kann. »Wir waren dabei, mit der Herstellung des Chips in einer Fabrik zu beginnen, die wir noch gar nicht gebaut hatten, und ein Verfahren zu verwenden, von dem wir noch nichts anderes als das Endergebnis entwickelt hatten: Transistoren zum Preis von 1,05 Dollar«, erinnert sich Sanders später. »Wir verkauften auf die Zukunft hin.« Und sie hatten Erfolg. Durch Vorwegnahme des Billigzustands erreichten sie ihr Ziel von 1,05 Dollar, übernahmen 90 Prozent der UHF-Marktanteile, reduzierten dann innerhalb von zwei Jahren den Preis des Transistors auf 50 Cents und machten noch Gewinn.

In der Netzwerkwirtschaft sind Chips und Bandbreite nicht das einzige, das einem asymptotischen »Kostenlos« entgegenstrebt. Berechnungen tun dies auch. Die Kosten von Rechenleistung – gemessen in Millionen Berechnungen pro Sekunde – tendieren gegen Null. Transaktionskosten ebenfalls. Information selbst – ob Schlagzeilen oder Aktienkurse – stürzt ins Kostenlose. Echtzeit-Aktiennotierungen z. B. waren einmal teure Insider-Informationen. Neuerdings stehen sie so allgemein zur Verfügung, daß sie einem Standard entsprechen müssen, damit Web-Browser sie einheitlich interpretieren können.

Tatsächlich entsprechen alle Artikel, die reproduziert werden können, ob materiell oder immateriell, dem Gesetz umgekehrter Preisbildung und werden billiger, wenn sie sich verbessern.

Es ist wahr, daß Autos niemals kostenlos sein werden, aber die Kosten pro gefahrenem Kilometer fallen ins Bodenlose. Diese

Unterscheidung ist wichtig. Denn während die Betriebskosten auf Null zustreben, kann der Ausgabenaufwand gleich bleiben oder sich sogar aufblähen. Mit billigeren Kosten reisen wir wesentlich mehr. Mit billigerer Rechenleistung brauchen wir Milliarden zusätzlicher Berechnungen. Damit Anbieter Gewinn machen, müssen Sie diese Verbilligung pro Einheit vorwegnehmen.

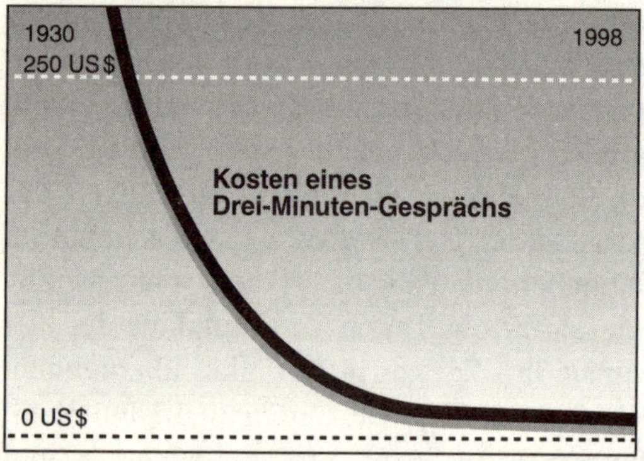

Gilders Gesetz besagt, daß die Kosten pro Kommunikationsbit bald schneller sinken, als sie bisher gefallen sind. Schließlich werden die Kosten für ein Telefongespräch oder ein übertragenes Bit »Null« sein.

Nehmen wir den Kommunikationsbereich. Der schlichte alte Telefondienst ohne alle Extras wird bald nahezu kostenlos sein. Doch die Verbraucher werden diesen nahezu kostenlosen Dienst verstärkt nutzen und ihn bald um Optionen und Luxusdienste ergänzen. Zuerst erhält jeder Raum einen Telefonanschluß. Dann bekommt Ihr Auto einen oder zwei. Dann bekommen Sie einen Mobilfunkanschluß. Dann bekommt jeder in der Familie einen Mobilfunkanschluß. Dann einen Anrufbeantworter. Dann Rufweiterschaltung, Rufhalten, Anzeige der Anrufernummer (Caller ID). Dann Fax- und Modemanschlüsse. Dann erhalten alle Geräte und Gegenstände einen Anschluß. Dann kommen Standleitungen zu Registrierkassen und Kreditkartenlesegeräten. Dann Sicherheitsanschlüsse. Dann ISDN- und ADSL-Anschlüsse. Dann Caller-ID-Sperrung. Dann Anschlußsperrung gegen unerwünschte Anrufe. Dann Telefonnummern nach Wunsch. Dann persönliche, übertragbare Nummern. Dann Voice-Mail-Sortierung.

Die Außengrenzen der Telefonie erweitern sich stetig. Als das Telefon erfunden wurde, war man sehr verwundert, wie um alles in der Welt es nur kommerziell nutzbar sein sollte. Einige dachten, es würde zur Übertragung von Musik in die Haushalte verwendet werden können. Selbst die ambitioniertesten Befürworter stellten sich nicht vor, irgendwann fünf Telefonanschlüsse in der Wohnung zu haben (wie ich). Der Wunsch, ein Telefon im Auto und Caller ID zu haben, wurde indirekt durch die Technologie selbst erzeugt.

Technologie erzeugt eine Möglichkeit der Nachfrage, und befriedigt sie dann.

Dies ist ein Konzept von Angebot und Nachfrage, das sich von dem, das man in den Einleitungskapiteln ökonomischer Lehrbücher dargestellt findet, sehr unterscheidet. Die traditionelle Kurve von Angebot und Nachfrage vermittelt eine einfache Lektion: Wenn eine Ressource verbraucht wird, wird die Produktion teurer. Wenn z. B. Gold gefördert wird, werden (billige) Goldbrocken zuerst gefunden; doch kleine Goldpartikel aus 25 Tonnen Felsgestein zu fördern, erfordert einen höheren Goldpreis, damit sich die Anstrengung lohnt. Deshalb neigt sich die Angebotskurve nach oben, wobei das potentielle Angebot ansteigt, wenn der Preis hochgeht. Im Gegensatz dazu sagt das traditionelle Verständnis von Nachfrage, daß die Nachfrage abflaut, je mehr Angebot da ist. Wenn Sie montags, dienstags und mittwochs Hummer haben, werden Sie weniger daran interessiert sein, dasselbe nochmals zu bekommen, und geneigter, am Donnerstag für Hummer weniger zu bezahlen. Deshalb neigt sich die Nachfragekurve nach unten, wobei die Preise fallen, wenn ein Produkt im Überfluß vorhanden ist.
In der neuen Ordnung, in der das Gesetz des Überflusses greift und das nahezu Kostenlose an die Macht kommt, werden diese beiden Kurven umgekehrt. Paul Krugman, ein Ökonom am Massachusetts Institute of Technology (MIT), sagt, daß Sie die gesamte Idee der Netzwerkwirtschaft auf die Beobachtung reduzieren können, daß »sich die Angebotskurve in der Netzwerkwirtschaft nach unten statt nach oben und die Nachfragekurve nach

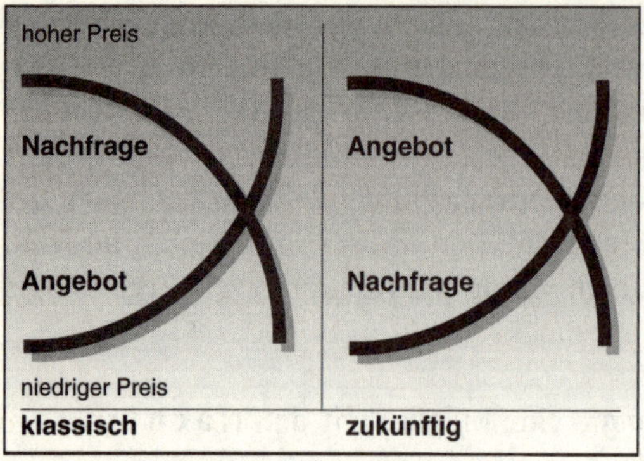

Der Lehrbuchökonomie zufolge würde das Angebot von Produkten nur dann ansteigen, wenn ihr Preis hochgeht; in der neuen Ökonomie steigt das Angebot, wenn der Preis runtergeht.

oben statt nach unten neigt«.[2] Je häufiger eine Ressource verwendet wird, desto mehr Nachfrage besteht nach ihr. Eine ähnliche Umkehrung vollzieht sich auf der Angebotsseite. Je mehr wir von etwas erzeugen, desto leichter wird es aufgrund geballter Lernerfahrung, mehr davon herzustellen. Der klassische Lehrbuch-Graph ist umgekehrt.

Indem die Angebotskurve exponentiell hochschießt und die Nachfragekurve weiter sinkt, legt das neue Angebot-Nachfrage-Diagramm nahe, daß sich die beiden Kurven an immer tieferen Preispunkten kreuzen werden. Wir sehen dies bereits daran, daß sich die Preise von Gütern und Diensten weiter auf das Kostenlose zubewegen. Doch verborgen zwischen den beiden Kurven liegt eine bedeutsame Überraschung. Angebot und Nachfrage werden nicht mehr von Ressourcenknappheit und menschlichen Wünschen bestimmt. Jetzt werden beide von einer einzigen, explosionsartigen Kraft vorangetrieben: der Technologie.

Die beschleunigte Ausweitung von Wissen und Technologie drückt die Nachfragekurve nach oben, während sie die Angebotskurve zugleich nach unten drückt. Eine mächtige Kraft treibt beide Seiten.

---

2 »Entertainment Values: Will Capitalism Go Hollywood?« von Paul Krugman, in: *Slate*, 22. Januar 1998

Die Effektivität, mit der die Technologie die Preise nach unten treibt, ist begrüßenswert. Wie zu Beginn dieses Kapitels bemerkt, hält der Preisverfall schon eine Weile an, obgleich er sich gegenwärtig beschleunigt. Wir kennen das Ergebnis dieses Trends: niedrigere Preise überall zur Freude der Verbraucher. Doch wie können Unternehmen in einer Welt konstant sinkender Preise Gewinn machen? Durch das Angebot. Technologie und Wissen treiben die Nachfrage schneller nach oben, als sie die Preise nach unten treiben. Und die Nachfrage, anders als der Preis, wird durch keine Asymptote beschränkt. Der Umfang menschlicher Bedürfnisse und Wünsche wird allein von der menschlichen Vorstellungskraft begrenzt, was praktisch bedeutet, daß es keine Grenze gibt. Je schneller der Transportpreis fällt, desto mehr Qualität, Dienstleistung und Innovation läßt sich in Autos, Flugzeuge und Züge hineinpacken, wodurch die Qualität der »Bedürfnisse«, die sie befriedigen, gehoben wird.
Mit der Zeit begibt sich jedes Produkt auf eine Reise ohne Wiederkehr über die Klippe umgekehrter Preisbildung und runter auf der Kurve in Richtung Kostenlosigkeit. Indem sich die neue Wirtschaft aller hergestellten Artikel bemächtigt – von Mobiltelefonen bis zu Sofas –, werden sie alle schneller als jemals zuvor das Gefälle sinkender Preise heruntergleiten.

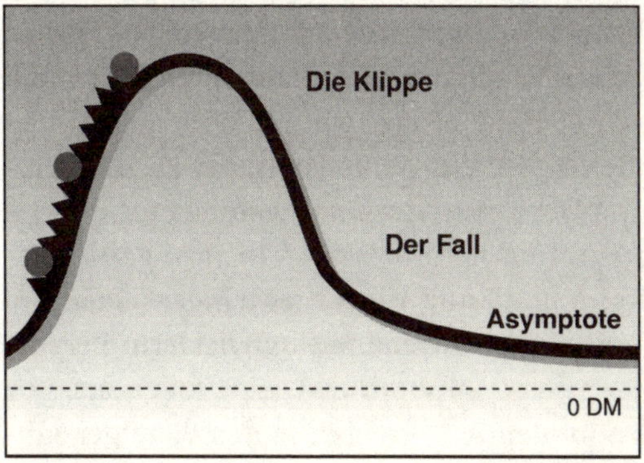

Bei allem, was reproduziert werden kann, wird sich der Preis in Richtung Kostenlosigkeit bewegen. Da die Kosten niemals Null erreichen dürften, geschieht die Annäherung in einer asymptotischen Kurve.

Aufgabe ist es dann, neue Dinge hervorzubringen, die auf die Preisrutsche geschickt werden können – kurz: Artikel und Dienste schneller zu erfinden, als sie zu Grundgütern werden.

Dies ist in einer netzwerkbasierten Wirtschaft leichter, weil das Durcheinander der Ideen, die Hyperlinks der Beziehungen, die Geschmeidigkeit der Allianzen und die wendige Schnelligkeit, mit der neue Knoten entstehen, allesamt die konstante Erzeugung neuer Güter und Dienste fördern.

Wir werden Artefakte und Dienste so rasch hervorbringen, als ob es sich um kurzlebige Seifenblasen handelte. Da wir eine Seifenblase nicht am Platzen hindern können, müssen wir mehr Seifenblasen herstellen, und zwar immer schneller.

Wenn Güter und Dienste mit zunehmender Anzahl wertvoller und gleichzeitig billiger werden, ist die logische Schlußfolgerung, daß die wertvollsten Dinge die sind, die allgegenwärtig und kostenlos sind.

Allgegenwart bestimmt in der Netzwerkwirtschaft die steigenden Skalenerträge. Die Frage wird sein: Welches ist der effektivste Weg, um Allgegenwart zu erreichen? Und die Antwort lautet: Geben Sie die Dinge umsonst ab. Machen Sie sie kostenlos.

Tatsächlich sehen wir viele innovative Unternehmen in der neuen Wirtschaft dieser Devise folgen. *Microsoft* verschenkt seinen Web-Browser *Internet Explorer. Netscape* verschenkt seinen Browser ebenfalls, dazu den wertvollen Quellcode. *Qualcomm*, die das populäre E-Mail-Programm *Eudora* herstellen, geben Freeware ab, um Upgrade-Versionen zu verkaufen. *Thomson*, mit derzeit acht Milliarden Dollar Umsatz, gibt im Web seine hochbewerteten Finanzdaten an Investoren umsonst ab. Einige Millionen Kopien von *McAfees* Antivirus-Software werden jeden Monat kostenlos verteilt. Und natürlich hat *Sun Java* gratis ausgegeben, was die Börsennotierung des Unternehmens hob und eine Minibranche von *Java*-Anwendungsentwicklern hervorbrachte.

Können Sie sich einen jungen Angestellten in den vierziger Jahren vorstellen, der seinem Vorstand erzählt, seine jüngste Idee sei die, die ersten 40 Millionen Exemplare des einzigen Produkts zu verschenken? Er wäre keine weitere Minute im Job geblieben. Genau das ist es aber, was *Netscape* 50 Jahre später getan hat.

Gegenwärtig ist das Verschenken eines Produkts eine erprobte, nüchterne Strategie, die auf den neuen Regeln des Netzwerkes gründet. Weil geballtes Netzwerkwissen die Preise auf den Kopf stellt, gehen die Grenzkosten eines zusätzlichen Exemplars (materiell wie immateriell) gegen Null. Es kostete *Netscape* 30 Millionen Dollar, das erste Exemplar des *Navigators* auszuliefern, aber beim zweiten kostete es nur einen Dollar. Weil jedes zusätzliche verkaufte Exemplar des *Navigators* den Wert aller vorhergehenden Exemplare steigert, und weil die Exemplare mit zunehmendem Wert begehrenswerter werden, macht es eine seltsame Art von ökonomischem Sinn, sie zuerst zu verschenken. Wenn der Wert und die Unersetzlichkeit des Produkts erst einmal etabliert sind, verkauft das Unternehmen Zusatzdienste und Upgrades, wobei es mit seiner Großzügigkeit fortfährt, um noch mehr Kunden in einen vorteilhaften Kreislauf hineinzuziehen.
Man könnte argumentieren, daß diese furchtgebietende Dynamik nur bei Software funktioniert, da die Grenzkosten eines zusätzlichen Exemplars bereits nahe bei Null liegen (nun, da Software online verteilt werden kann). Doch die Devise kostenloser Abgabe ist ein universelles Gesetz. Hardware, sofern sie in ein Netzwerk eingebunden ist, folgt ihm ebenfalls. Mobiltelefone werden verschenkt, um Mobiltelefondienste zu verkaufen. Wir dürfen erwarten, daß Satelliten-TV-Schüsseln aus demselben Grund verschenkt werden. Dieses Prinzip paßt auf jeden beliebigen Gegenstand, dessen sich verringernde Reproduktionskosten von den Vorteilen überboten werden, die sich aus seinem Anschluß ergeben.
So verrückt es sich anhört: In ferner Zukunft wird beinahe alles, was wir herstellen, wenigstens für eine kurze Weile, umsonst abgegeben werden – Kühlschränke, Autos, Skier, Laserprojektoren, Bekleidung oder was Sie wollen. Dies wird nur Sinn haben, wenn diese Artikel mit Chips und Netzwerkknoten vollgepackt sind und dadurch fähig werden, Netzwerkwert zu erbringen.
Die Frage ist natürlich, wie Firmen in einer Welt der Großzügigkeit überleben sollen. Drei Punkte werden helfen.
Erstens sollten Sie »kostenlos« als Leitziel der Preisbildung ansehen. Es gibt eine Tendenz in Richtung Kostenlosigkeit – das

asymptotische Kostenlose –, das das System dazu bringt, sich so zu verhalten, als ob Kostenlosigkeit erreicht wäre. Ein sehr billiger Preisansatz kann einen Effekt haben, der dem völligen Kostenlosigkeit gleichkommt.

Zweitens kann die Strategie, ein Kernprodukt kostenlos anzubieten, andere, teure Dienstleistungen positionieren helfen. In diesem Sinne verschenkt *Sun Java*, um den Server-Verkauf zu unterstützen, und *Netscape* verschenkt Browser an die Verbraucher, um den Verkauf kommerzieller Software zu fördern.

Drittens und vor allem ist die Devise der Kostenlosigkeit ein Weg, den letztendlichen Fall ins Kostenlose vorwegzunehmen. Sie strukturieren Ihr Geschäft, als ob das von Ihnen erzeugte Produkt kostenlos wäre, und nehmen damit den Preisverfall vorweg. Entsprechend werden *Sega*-Spielkonsolen, die für den Verbraucher nicht kostenlos sind, wie Lockvogelartikel verkauft, um letztendlich in einer Netzwerkwirtschaft verschenkt zu werden.

Eine andere Art und Weise, auf die dieser Effekt betrachtet werden kann, besteht in Begriffen von Aufmerksamkeit:

Der einzige Faktor, der in einer Welt des Überflusses knapp wird, ist menschliche Aufmerksamkeit.

Wie es der Ökonom und Nobelpreisträger Herbert Simon ausdrückt: »Was Information verbraucht, ist ziemlich offensichtlich: Sie verbraucht die Aufmerksamkeit der Empfänger. Der Reichtum an Informationen erzeugt also Armut an Aufmerksamkeit.«[3]

Jeder Mensch verfügt über eine absolute Grenze von 24 Stunden pro Tag, in denen er den Millionen von Innovationen und Möglichkeiten, die von der Wirtschaft aufgeworfen werden, Aufmerksamkeit schenken kann. Dinge zu verschenken, erobert menschliche Aufmerksamkeit oder Bewußtseinsanteile, die dann zu Marktanteilen führen.

Die Devise der Kostenlosigkeit funktioniert auch in die andere

---

3 »The Information Economy« von Hal Varian, in: *Scientific American*, September 1995

Richtung. Wenn ein Weg zur Steigerung des Produktwerts darin besteht, Produkte kostenlos zu machen, dann könnten viele Dinge, die gegenwärtig kostenlos sind, einen potentiellen Wert enthalten, der noch gar nicht wahrgenommen worden ist. Das eruptive Auftreten neuen Reichtums, der sich dem Gespür für das Kostenlose verdankt, zeichnet sich an den Grenzen ab.

In den frühen Tagen des Webs wurden die ersten Verzeichnisse dieses unvermessenen Geländes von Studenten geschrieben und verschenkt. Webmaster, die Aufmerksamkeit auf ihre Webangebote zu lenken hofften, unterstützten diese Anstrengungen. Weil sie kostenlos waren, wurden die Verzeichnisse allgegenwärtig. Ihre Allgegenwart machte sie wertvoll (und ihre Aktionäre reich) und verhalf anderen Web-Diensten zum Gedeihen.

Was jetzt kostenlos ist, das soll später zu extremem Wert führen? Wo heute Großzügigkeit herrscht, soll Reichtum folgen? Eine kurze Liste von Online-Kandidaten bestünde aus Digestern, Guides, Catalogern, FAQs, Remote-Live-Kameras, Front-Page-Web-Splashes und zahlreichen Bots. Im Augenblick kostenlos, werden sich um jeden von ihnen gewinnträchtige Unternehmen ansiedeln, die Hilfsdienste anbieten. Auswählen (wie Digester), Führen (wie Guides) und Katalogisieren (wie Cataloger) sind auch keine Randfunktionen. Im industriellen Zeitalter war eine Auswahl, *Reader's Digest*, das verbreitetste Magazin der Welt; ein Führer, *TV Guide*, war gewinnbringender als die drei Hauptnetzwerke, durch die er die Zuschauer führte; und ein Katalog von Antworten, die *Encyclopaedia Britannica*, begann als ein von Amateuren verfaßtes Kompendium von Artikeln – so etwas wie Online-FAQs (Frequently Asked Questions – oft gestellte Fragen).

Doch der Weg vom Ad-hoc-Gebrauch zur Kommerzialisierung kann nicht durcheilt werden. Um Allgegenwart zu erreichen, müssen Sie eine Durststrecke des Teilens durchlaufen.

Zunehmend sehen wir Technologien ein vorkommerzielles Stadium durchlaufen. Große Massen von Leuten wenden Millionen Stunden kollektiver Anstrengung auf, bringen vereint Hunderttausende von Erzeugnissen hervor, doch ohne den Austausch von Geld. Eine ganze Gesellschaft folgt der Devise der Kostenlosigkeit! Der Autor Lewis Hyde nannte diese Einrichtung vor langer Zeit eine Gaben-Wirtschaft. Die zentrale Aufgabe in einer Gaben-Wirtschaft besteht darin, die Gaben in Bewegung zu halten. Aufgrund von sozialer Schuld, Tausch und purer Wohltätigkeit zirkulieren die Gaben und bringen Glück und Wohlstand hervor.

Das frühe Internet und das frühe Web zeigten sich als erstaunlich robuste Gaben-Wirtschaften. Text und Sachverstand (FAQs z. B.) sowie Dienste (Seitendesign) wurden getauscht, großzügig geteilt oder einfach verschenkt. Information wurde getauscht, Inhalt umsonst weggegeben, Code ausgetauscht. Für eine lange Zeit war die Gaben-Wirtschaft der einzige Weg, online bestimmte Dinge zu bekommen. In den ersten 1000 Tagen im Leben des Webs[4] erzeugten einige hunderttausend Webmaster über 450000 Web-Sites, Tausende von virtuellen Gemeinschaften und 150 Millionen Seiten mit intellektuellem Eigentum – hauptsächlich kostenlos. Und diese vorkommerziellen Seiten wurden von 30 Millionen Menschen rund um die Welt besucht, davon kamen 50 Prozent täglich und blieben durchschnittlich zehn Minuten. Dies ist ein rasanter Erfolg in jeder Hinsicht. Kein anderes Medium erlebte so früh ruhmreiches Wachstum.

Großzügigkeit, freie Information und virtuelle Gemeinschaft werden von Geschäftsleuten häufig als jugendlicher Idealismus eines neuen Zeitalters abgetan. Es mag idealistisch sein, aber es ist auch der einzige vernünftige Weg, eine kommerzielle Wirtschaft im sich öffnenden Raum zu etablieren. »Das Fehlen eines klaren Geschäftsmodells im Web ist gegenwärtig tatsächlich sein Hauptereignis«, sagt Stewart Brand vom *Global Business Network.*

Wenn ein Sektor der neuen Wirtschaft die vorkommerzielle Phase durchläuft, ist dies das Gegenteil der »Tragödie des Gemeinguts«. Die Tragödie des Gemeinguts war die, daß niemand die Verantwortung für die Pflege des kommunalen Besitzes übernahm, der den Lebensunterhalt für die gesamte Gemeinschaft

4 Brewster Kahles Internet-Backup-Site www.archive.org

darstellte. In der Wirtschaft, die der Devise der Kostenlosigkeit folgt und die kommerzieller Aktivität im Netz vorangeht, hält jeder das Gemeingut instand, weil niemand in der Lage ist, aus ihm sein Leben alleine zu bestreiten. Hochentwickelte Software, so gut wie alles, was man kaufen kann, wird in diesem »Triumph des Gemeinguts« kostenlos geschrieben, debugged, unterstützt und überarbeitet.

Die beliebteste Software, die zum Betreiben von Web-Sites benutzt wird, heißt *Apache*. Sie wird nicht von *Netscape*, *Microsoft* oder sonst irgendwem vertrieben. *Apache*, die 47 Prozent des Server-Markts besetzt (Microsoft hat 22 Prozent und Netscape 10 Prozent), wurde von einem Netzwerk von Freiwilligen geschrieben (und wird von ihm gepflegt). Sie wird kostenlos abgegeben. Die Software *Apache,* die von den Entwicklern kommerzieller Web-Sites wie der von *McDonald's* eingesetzt wird, wird immer besser, weil der »Triumph des Gemeinguts« ein vollständig offenes Produkt belohnt: Jeder hat Zugang zum Software-Quellcode von *Apache* und kann ihn verbessern. »Wenn Sie jedem Quellcode geben, wird jedermann Ihr Ingenieur«, sagt John Gage, der leitende Wissenschaftler bei *Sun Microsystems.*

Das beliebteste Betriebssystem für Web-Server-Workstations wird nicht verkauft. Es handelt sich um *Linux*, ein Unix-kompatibles Programm, das ursprünglich von Linus Torvalds geschrieben und kostenlos abgegeben wurde. Wie bei der Errichtung einer mittelalterlichen Kathedrale stellen Hunderte von Software-Ingenieuren freiwillig Zeit und Sachverstand zur Verbesserung von *Linux* zur Verfügung, damit es kostenlos bleibt. Neben *Apache* und *Linux* gibt es viele andere kostenlose Softwarepakete, die von einem Netzwerk von Programmierern gepflegt werden, z. B. *Perl* und *X-Windows.* Die Ingenieure werden nicht bezahlt. Sie bekommen aber bessere Tools, als sie kaufen können, Tools, deren Leistung sie verbessern, Tools, die allem überlegen sind, was sie einzeln machen können, und Tools, die im Netzwerkwert steigen, gerade weil sie umsonst abgegeben werden.

Zehntausende von Softwareprogrammen für jeden Zweck gibt es kostenlos im Netz. Das Shareware-Modell ist einfach: Laden Sie beliebige Software kostenlos auf Ihren PC, probieren Sie sie aus, und wenn sie Ihnen gefällt, schicken Sie dem Autor etwas Geld. Dutzende von Unternehmern haben so ihre Millionen gemacht. Mehr und mehr setzt sich der Triumph des Gemeinguts über konventionelle Geschäftsmodelle hinweg.

Wie Stewart Brand sagt, ist das *Hauptereignis* des entstehenden World Wide Web das Fehlen eines Geschäftsmodells inmitten dieser erstaunlichen Fülle. In der Gaben-Wirtschaft verfahren die Anbieter im Netz nach der Devise der Kostenlosigkeit und antizipieren das Billigangebot. Dadurch können sich ganz neue Geschäftsmodelle ergeben. Das vorkommerzielle Stadium bringt die Innovation in Schwung. Ohne die Auflage, innerhalb des nächsten Vierteljahres Gewinn machen zu müssen, kann das Netzwerk ein ganzes Universum niemals zuvor erprobter Ideen erforschen. Einige Ideen werden sogar die Verpflanzung in ein funktionierendes Geschäftssystem überleben.

Heutzutage ist es ein seltenes (und närrisches) Verhalten von Softwarefirmen, ihre Produkte nicht als unvollkommene Beta-Versionen der Gaben-Wirtschaft zur Verfügung zu stellen. Vor fünfzig Jahren wäre das Konzept, ein Produkt unvollendet freizugeben – mit der Absicht, daß die Benutzer bei der Fertigstellung helfen könnten –, entweder als feige, billig oder ungeschickt betrachtet worden. Doch in der neuen Ordnung gilt dieses vorkommerzielle Stadium als tapfer, klug und lebenswichtig.

Unvollendete, mit »Bugs« behaftete Produkte freizugeben, ist nicht kostensenkende Verzweiflung; es ist der geschickteste Weg zur Vollendung eines Produkts, wenn Ihre Kunden intelligenter sind als Sie.

Das vorkommerzielle Stadium und der Triumph des Gemeinguts laufen zusammen. Es ist kein Zufall, daß eine steigende Zahl von Internet-Firmen öffentlich agiert, bevor sie gewinnbringend werden. Investoren kaufen Anteile einer Firma von vorkommerziellem Wert. Die alte Garde deutet dies als ein Zeichen von Habgier, Spekulation und Publicity. Aber es zeigt auch, daß viele Bestandteile der Gaben-Wirtschaft – Aufmerksamkeit, Gemeinschaft, Standards und vereinte Intelligenz – vorhanden sein müssen, bevor kühle Kommerzialisierung greifen kann. Die Gaben-Wirtschaft ist eine Probe auf die radikale Dynamik der Netzwerkwirtschaft.

Strategien

Was können Sie verschenken?

Dies ist die Kernfrage dieses Buches. Sie können sich dieser Frage auf zwei Weisen nähern: Wie kommen Sie am nächsten an ein kostenloses Produkt heran, ohne den Preis wirklich auf Null zu setzen? Oder Sie können sich ausdenken, wie Sie sich, in einer Geste souveräner Großzügigkeit, von etwas sehr Wertvollem ohne jeden finanziellen Ertrag trennen können. Wenn eine von beiden Strategien mit Intelligenz verfolgt wird, ist das Ergebnis dasselbe. Das Netzwerk wird den Wert der Gabe vervielfachen. Doch etwas zu verschenken, ist gewöhnlich nicht leicht. Es muß sich um die richtige Gabe handeln, die im passenden Umfeld verschenkt wird. Um herauszufinden, was Sie verschenken sollten, halten Sie sich an diese Fragen:

- Ist das Geschenk mehr als ein blödsinniger Bonusartikel, wie das Spielzeug in der Müslipackung? Es liegt keine Kraft in der Gabe, wenn sie nicht das Zentrum Ihres Geschäfts betrifft.
- In welchem vorteilhaften Kreislauf wird das Geschenk zirkulieren? Handelt es sich um die Schleife, die am dringendsten verstärkt werden muß?
- Auf lange Sicht ist die rückhaltlose Unterstützung durch einen Kunden wertvoller als irgendein Geldbetrag. Wie werden Sie sich letztlich seine Unterstützung sichern, wenn es erst einmal keinen Geldfluß gibt?

Jede Organisation besitzt zumindest ein Erzeugnis – oder potentielles Erzeugnis –, das kostenlos abgegeben werden kann. Es ist häufig eine Produktidee mit Problemen, insbesondere was den Preis betrifft: Sollte es 69,50 DM pro Minute oder 6,50 DM pro Packung kosten? Die Antwort lautet manchmal: Es sollte kostenlos sein. Selbst wenn die Idee niemals realisiert wird, ist es meine Erfahrung, daß der bloße Akt, die kostenlose Variante zu durchdenken, unvermeidlich verschiedenste Vorzüge ins Licht rückt, die vorher niemals sichtbar waren. »Kostenlos« war lange ein Tabupreis. Vielleicht weil er verboten war, warten viele niedrig hängende Früchte darauf, gepflückt zu werden, wenn man Gratisangebote ernsthaft bedenkt.

Handeln Sie, als ob Ihr Produkt oder Dienst kostenlos wäre.
Verleger von Magazinen tun dies. Der Preis auf dem Umschlag eines Magazins deckt kaum die Druckkosten, insofern handeln die Verleger so, als ob sie es verschenkten (und manche tun dies auch wirklich). Sie machen ihr Geld statt dessen mit Werbung. Wie die Expertin Esther Dyson sagt: »Der Erzeuger, der die Kosten der Entwicklung eines Inhalts sofort abschreibt – als ob er wertlos wäre –, wird immer über den Erzeuger siegen, der sich nicht vorstellen kann, wie diese Kosten zu decken sind.«[5] Mitgliedschaften bei echten Discountern wie *Cendant* wirken sich immer aus, »als ob« etwas »kostenlos« wäre. *Cendant* »verschenkt« die Waren sehr nahe am Herstellungspreis, als ob sie kostenlos wären. Der Großteil des Gewinns wird nicht über den Warenverkauf an die Mitglieder gemacht – die fantastische Endverkaufspreise erhalten –, sondern über den Mitgliedsbeitrag von 40 Dollar pro Jahr.

Investieren Sie ins erste Exemplar.
Das ist das einzige, das weh tut. Das zweite Exemplar und alle weiteren sind fast kostenlos, doch das erste wird zunehmend teurer und kapitalintensiver. Gordon Moore stellte neben seinem berühmten Lehrsatz ein zweites Gesetz auf: daß sich die Entwicklungskosten von Chips (deren Produktionskosten sich alle 18 Monate halbieren) alle drei bis vier Jahre verdoppeln. Die Vorschußinvestition für Forschung, Entwurf und Prozeßentwicklung bei allen komplexen Bemühungen beanspruchen einen

5 »Intellectual Value« von Esther Dyson, in: *Wired*, Juli 1995

Großteil des Budgets, während die Kapitalkosten der nachfolgenden Exemplare abnehmen.

Nehmen Sie den Billigzustand vorweg.
Was würden Sie tun, wenn Ihre aktuellen Angebote nur ein Drittel von dem kosten würden, was sie heute kosten? Das *wird* eines nahen Tages der Fall sein. Entwickeln Sie deshalb Modelle, die diesen Trend erkennen.

Schalten Sie den Zähler aus, berechnen Sie die Teilnahme.
Pauschalen oder monatliche Preise orientieren sich an der Kostenlosigkeit. Gebühren werden erhoben, aber es läuft kein Zähler. Abonnements sind bewährte Werkzeuge, die unter anderem bei Magazinen und beim Theater verwendet werden. Könnten Abonnements wirklich auf physische Produkte der alten Ordnung angewendet werden, z. B. auf Lebensmittel? Die Idee, Lebensmittel zu abonnieren, ist nicht so abwegig. Vor vierzig Jahren waren Milch-Abos normal, ebenso bei Brot, Bier und anderen Hauptnahrungsmitteln. Tendenziell betonen und berechnen Abonnements immaterielle Werte: Regelmäßigkeit, Zuverlässigkeit, vorrangige Bedienung und Ansprüche, und sie funktionieren hervorragend als »Fast-gratis«-Geschäft.

Der Nebenmarkt ist der Markt.
Die Software ist kostenlos, aber das Handbuch kostet 10 000 Dollar. Das ist kein Witz. *Cygnus Solutions*, gelegen in Sunnyvale, Kalifornien, erzielt jährlich 20 Millionen Dollar an Einkünften aus dem Support von kostenloser Unix-artiger Software. *Apache* ist kostenlos, aber Sie können Support und Upgrades bei *C2Net* kaufen. Obwohl *Novell*, der Netzwerk-Provider, Netzwerk-Software verkauft, ist dies nicht das, womit dort die Umsätze gemacht werden, sagt Ester Dyson: »Was *Novell Inc.* wirklich verkauft, sind zertifizierte *NetWare*-Ingenieure, -Schulungspersonal und -Administratoren sowie die nächste Version von *NetWare.*« Ein Angestellter einer Firma für Bildungs-Software gab zu, daß die Hotline des Unternehmens tatsächlich ein wichtiges Profitcenter war. Der Hauptmarkt waren die Nebenprodukte, die man

dort für die eigentliche Flaggschiff-Software verkaufte, wozu die Möglichkeit bestand, während man den Kunden an der Hotline beriet.

Stellen Sie genau fest, wo Wert gerade verschenkt wird, und dann hängen Sie sich dran.

Das nächste *Netscape*, das nächste *Yahoo*, das nächste *Microsoft* ist schon da und läuft, und man verschenkt es. Finden Sie solche Unternehmen, und folgen Sie deren Stern. Achten Sie auf folgende Tricks: Gebühren nur für Nebenprodukte, »Fast-gratis«-Geschäfte, Mitgliedschaften, äußerste Kulanz. Wenn sie das Kostenlose verwenden, um Netzwerkeffekte auszuspielen, sind solche Unternehmen die wahren McCoys.

5 Vorfahrt für das Netz

Wenn das Netzwerk floriert, profitieren auch die Teilnehmer

Das entscheidende Merkmal von Netzwerken ist, daß sie kein echtes Zentrum und keine echten Außengrenzen haben. Innerhalb eines Netzwerks ist alles gleich weit entfernt.

Deshalb ist unsere Identität das erste, was durch die Netzwerkwirtschaft umgeformt wird.

Die grundlegende Unterscheidung zwischen dem Selbst (uns) und dem Gegenüber (anderen) – im industriellen Zeitalter einstmals durch die feste Loyalität von Unternehmensangehörigen veranschaulicht – verliert in einer Netzwerkwirtschaft an Bedeutung. Heute ist das einzige »Innen«, ob man einem Netzwerk angehört oder nicht.

Individuelle Anhänglichkeit verlagert sich von Firmen auf Netzwerke und Netzwerkplattformen.

Arbeiten Sie unter Windows oder am Mac?
Diese Verlagerung zur Netzwerkloyalität erhebt das Potential eines jeden Netzwerks, dem wir beitreten könnten, zur Schlüsselfrage. Nimmt das Netzwerk ab oder zu? Ist die Ausbaufähigkeit mager oder gewaltig? Ist das Netzwerk offen oder geschlossen?
Wenn sie die Wahl zwischen offenen und geschlossenen Systemen haben, ziehen die Verbraucher offene Architekturen vor. Sie wählen wieder und wieder die offene Struktur, weil ein offenes System mehr Ausbaufähigkeit bietet als ein geschlossenes. Es

gibt mehr Quellen, aus denen Teilnehmer rekrutiert werden können, und mehr Knoten, mit denen man in Verbindung treten kann.

Das bevorzugte Netzwerk fürs Geschäft herauszufinden, ist für Unternehmen gegenwärtig eine vorrangige Aufgabe. Weil die Zukunft des Unternehmens mehr und mehr von seinem Netzwerk abhängt, müssen Unternehmen die relative Offen- oder Geschlossenheit eines Netzwerks, seine Zirkulation, seine Fähigkeit zur Anpassung bewerten. Der Unternehmensberater John Hagel sagt: »Ein Netz beschränkt das Risiko. Es gestattet Firmen, irreversible Investitionen im Angesicht technologischer Unsicherheit zu tätigen. Firmen in einem Netz genießen expandierende Bezugs- und Verteilungsmöglichkeiten, während ihre Sachinvestitionen und Qualifikationsanforderungen sinken.«[1]

Da das Schicksal des Unternehmens und das des Netzes miteinander verflochten sind, erhält die Gesundheit der Matrix Priorität.

Den Wert des Netzes zu erhöhen, wird bald oberste Strategie eines Unternehmens werden. Zum Beispiel werden Spielehersteller genausoviel Energie auf die Förderung der Plattform verwenden – das Geflecht von Benutzern, Spieleentwicklern und Hardware-Herstellern –, wie sie ihren Spielen widmen. Denn wenn ihr Netz nicht gedeiht, sterben sie. Dies bringt einen bedeutsamen Wandel – eine vollständige Verlagerung der Orientierung – zum Ausdruck. Früher richteten die Angestellten eines Unternehmens ihre Aufmerksamkeit auf zwei Orte: das Unternehmen selbst und den Markt.

Das Netzwerk ist jetzt der dritte Betrachtungswinkel. Das Netzwerk besteht aus Zulieferern, Händlern und Wettbewerbern, aufkommenden Standards von Austausch, technischer Infrastruktur des Geschäftsfeldes und dem Geflecht von Verbrauchern und Kunden.

Wirtschaftsnetzwerke können als Ökologien gedacht werden. Der

---

1 »Spider versus Spider« von John Hagel, in: *McKinsey Quarterly,* Nr. 1/1996

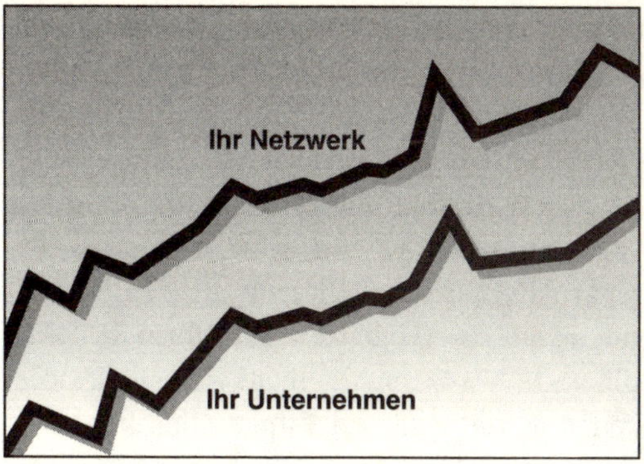

Die Prosperität eines Unternehmens ist mit der Prosperität seines Netzwerks direkt verknüpft. Wenn die Plattform oder der Standard gedeiht, gedeiht auch das Unternehmen.

Ökonom Brian Arthur stellt fest: »Die Wettbewerber konkurrieren nicht, indem sie ihr Produkt an sich binden, sondern indem sie Verflechtungen bilden – lose Unternehmensallianzen, organisiert um eine Mini-Ökologie –, die positive Rückkopplungen zur technologischen Grundlage verstärken.«[2]
In bestimmten Wachstumsphasen ist die Förderung des Netzwerks ebenso wichtig wie die Förderung des Unternehmens. Einige Firmen, die bereits über breite Marktanteile verfügen (wie z.B. *Intel*, die 80 Prozent des PC-Prozessormarktes beherrschen), leiten Kapital über Minderheitsbeteiligungen an jüngere Unternehmen weiter, deren Produkte direkt oder indirekt den Markt für die eigenen Produkte stärken werden. Sie fördern das Netz, denn das ist ein gutes Geschäft.

In der Netzwerkwirtschaft verlagert sich die Hauptaufmerksamkeit eines Unternehmens von der Maximierung des Unternehmenswertes auf die Maximierung des Netzwerkwertes.

Nicht jedes Netzwerk erfordert dieselben Investitionen. Der Standard bei Musik-CDs und das Händlernetz sind zum heutigen Zeitpunkt fest verwurzelt. Der neue DVD-Videostandard ist es

2 »Increasing Returns and the New World of Business« von W. Brian Arthur, in: *Harvard Business Review*, Juli 1996

nicht. Ein Unternehmen, das Musik auf einer CD herausbringt, muß weniger Energie aufwenden, um sicherzustellen, daß die CD-Plattform gedeiht, als eine Filmgesellschaft, die ihren Film auf einer DVD veröffentlicht. Die Filmgesellschaft muß wesentliche Ressourcen für die Sicherung der Verbreitung und des Überlebens dieser Plattform aufbieten. Sie wird mit Hardware-Herstellern zusammenarbeiten, sich vielleicht an den Werbekosten beteiligen, indem sie das Logo der Plattform in ihren eigenen Anzeigen plaziert, Vertreter zu technischen Normierungsgremien schicken und mit anderen Filmstudios kooperieren, um dem neuen Format Akzeptanz zu verschaffen. Das Unternehmen der Musikbranche braucht ähnlich gewichtige Investitionen für die CD nicht vorzunehmen. Doch es muß Investitionen in neue Netzwerke tätigen, wenn es versucht, Musik online anzubieten – weil das Online-Angebot von Musik noch in seiner embryonalen Phase steckt.

Jede Netzwerktechnologie folgt einem natürlichen Lebenszyklus, der grob in drei Stadien eingeteilt werden kann:

- nicht standardisiert
- latent standardisiert
- gefestigt

Die Strategie eines Unternehmens hängt davon ab, in welcher Phase sich ein Netzwerk befindet.

Die erste Phase ist die aufregendste. Diese Periode ist durch gewaltige Innovation, große Hoffnungen und mächtige Ambitionen gekennzeichnet. »Aha!«-Ideen fließen rasch. Da es keine Experten gibt, kann jeder konkurrieren, und es sieht so aus, als sei dies auch der Fall. Der leichte Zugang zum Feld zieht unzählige Mitspieler an. Als die Telefonnetzwerke am Anfang standen, gab es beispielsweise wenige Standards und viele Wettbewerber. Im Jahre 1899 gab es im amerikanischen Telefonnetzwerk 2 000 örtliche Telefongesellschaften, von denen viele mit ihren eigenen Übertragungsstandards arbeiteten. In ähnlicher Weise floß die Elektrizität in den neunziger Jahren des vergangenen Jahrhunderts in einer Vielzahl von Spannungen und auf vielen Frequenzen. Jede örtliche Stromversorgungseinrichtung[3] wählte einen von zahlreichen konkurrierenden Standards für elektrischen Strom. Für Transportnetzwerke gilt das gleiche. Bis weit ins Eisenbahnzeitalter hinein verwendeten Tausende von Eisenbahngesellschaften keine gemeinsame Spurweite.

Zwei Beispiele für Netzwerke im nichtstandardisierten Stadium sind heute Online-Video und der elektronische Zahlungsverkehr. Sie haben zwischen vielen konkurrierenden Protokollen mit gleichen Aussichten die Wahl. In beiden Bereichen ist das Unsicherheitsniveau hoch, doch wenn Sie falsch liegen, sind die Konsequenzen gering. Wenig ist gefestigt, der Wechsel fällt leicht.

Netzwerke in der latent standardisierten Phase unterliegen einer anderen Dynamik. Die Fülle der Wahlmöglichkeiten reduziert sich allmählich auf zwei oder drei. Die Bindungen sind flexibel und ändern sich von Zeit zu Zeit. Während dieser Periode brauchen Netzwerke stärkstes Engagement, um zu überleben. Die Teilnehmer müssen das Netz ihrer Wahl fördern, und die wenigen Wahlmöglichkeiten verlangen wesentliche Investitionen zum Ansporn rapiden Wachstums. Die Effekte der Vielfalt und steigender Skalenerträge greifen – mehr erzeugt mehr. Das Netz auf einem der unterschiedlichen Standards zu fördern, bringt Gewinne für alle Teilnehmer hervor. Dennoch ist es unvermeidlich, daß sich letztlich nur ein Standard durchsetzen wird, während die anderen scheitern. Das Unsicherheitsniveau ist beinahe so hoch wie in der ersten Phase, doch das Risiko, falsch zu liegen, ist größer. Jeder, der sich an das Ableben der Achtspur-Tonbänder erinnert, ist sich der Gefahren dieses schmerzhaften Stadiums bewußt. Heutzutage befinden sich Netzwerke wie das der digitalen Photographie und das der Computerbetriebssysteme in dieser Phase: Mehrere wohletablierte Standards wetteifern um endgültige Dominanz. Wählen Sie klug!

Das finale Stadium im Lebenszyklus von Netzwerken ist die gefestigte Phase, in der ein Standard so umfassend akzeptiert ist, daß er in die Struktur der Technologie eingebettet wird und in

3 »Computer and Dynamo« von Paul David, in: *Technology and Productivity*, OECD 1991

der Folge kaum zu verdrängen ist – wenigstens solange das Netzwerk existiert. Eine 110-Volt-Stromspannung ist momentan – in den USA – wohlgefestigt (obgleich es eine Überraschung geben könnte, wenn sich das Stromnetz globalisiert). ASCII-Text ist vergleichbar gut gefestigt – wenigstens für phonetische Sprachen. Einige der Konventionen für Wahltöne bei Telefonen sind weltweit so allgegenwärtig, daß sie als beständig gelten können. In jeder Phase der Innovation sind Standards wertvoll, weil sie Innovation beschleunigen. Übereinkünfte sind Beschränkungen der Unsicherheit. Die Beschränkung auf einen Standard festigt einen Weg unter vielen möglichen, der es weiterer Innovation und Entwicklung gestattet, sich entlang seiner stabilen Bahn zu beschleunigen. Die Notwendigkeit, Sicherheit zu schaffen, ist so zentral, daß Unternehmen dem allgemeinen Standard mehr als allem anderen die Treue halten müssen. Wenn Standards etabliert sind, startet das Wachstum durch.

Im Dienste größtmöglicher Prosperität müssen Sie zuerst das Netz fördern.

Standards zu erreichen, ist häufig leichter gesagt als getan. Standards zu setzen, ist jederzeit ein quälender, aufreibender Prozeß. Und das Endresultat wird allgemein verurteilt – denn es ist eine Kompromißlösung. Doch damit ein Standard wirksam ist, muß seine Übernahme freiwillig sein. Es muß immer Raum für Abweichungen und alternative Standards geben.

Standards spielen in der neuen Wirtschaft eine immer entscheidendere Rolle. Im industriellen Zeitalter machten relativ wenige Produkte einen Standard erforderlich. Sie benötigten kein abgestimmtes Netzwerk, um einen Stuhl und einen Tisch herzustellen. Wenn Sie einigen ergonomischen Konventionen gehorchten – z. B. einer Tischhöhe von 76 cm –, waren Sie auf dem richtigen Weg. Solche industriellen Produkte, die in Netzwerken betrieben wurden – etwa dem Energie- und dem Transportnetzwerk –, erforderten die Einführung anspruchsvoller Standards. Alles, was an das Stromnetz angeschlossen wurde, mußte standardisiert sein. Autos, die von unterschiedlichen Herstellern stammten, benutzten gemeinsame Standards für solche Dinge wie Achsenbreite, Treibstoff, Blinkerposition, nicht zu erwähnen die vielen Standards des Straßenbaus und der Beschilderung. Alle Informations- und Kommunikationsprodukte erfordern umfangreichen Konsens. Gesprächsteilnehmer müssen jeweils die Sprache des anderen verstehen. Multiplizieren Sie ein Gespräch mit einer Milliarde, dem Faktor in tausend unterschiedlichen Medienbereichen, und zählen Sie dann die Dreiweg-, Vierweg-, *n*-Weg-Verbindungen hinzu, und die Gesamtmenge, für die Konsensbedarf besteht, explodiert.

In der Netzwerkwirtschaft wird immer weniger Energie für die Vollendung einer einzelnen Transaktion gebraucht, aber immer mehr Anstrengung ist erforderlich, um Übereinstimmung zu erzielen, nach welchem Muster die Transaktion erfolgen soll.

Damit steigt die Notwendigkeit, das Netz zu fördern. Die Welt der Wirtschaft kann erwarten, daß eine Menge intellektuelles Kapital auf die Formulierung, Verhandlung, Entscheidung, Vorhersage und Einhaltung aufkommender Standards verwendet werden muß. Die Frage »Welche Plattform unterstützen wir?« wird nicht auf PCs beschränkt sein. Sie wird mit Blick auf Kalender, Autos, Buchhaltungsregeln und sogar Währungen gestellt werden.

Je mehr die Wirtschaft auf Immaterialitäten übergeht, desto mehr Standards braucht die Wirtschaft.

Verbraucher werden unter der Last der Entscheidungen stöhnen. Wie »gut« und »böse« im Ying-Yang-Symbol ineinander übergehen, zeigt die neue Wirtschaft ihren Januskopf. Die Ying- bzw. die positive Seite ist, daß die Verbraucher das meiste von den Produktivitätsgewinnen erhalten, die durch die Technologie erzielt werden. Der Wettbewerb ist so scharf, und die Transaktionen verlaufen so reibungslos, daß das meiste an Verbesserungen jedes Zyklus' nicht dem Unternehmensgewinn, sondern den Verbrauchern in Form von niedrigeren Preisen und besserer Qualität zufließt.

Die Yang- bzw. Schattenseite ist die, daß sich die Verbraucher einer ständigen Flut zu treffender Entscheidungen gegenübersehen, was anzuschaffen ist und welchem Standard man sich anschließt, wann man ein Upgrade vornimmt oder wechselt, und ob Abwärtskompatiblilität wichtiger sein soll als überlegene Leistung. Das Erschöpfende des Aussortierens von Optionen und Loyalitäten wird im Augenblick nicht hinreichend beachtet, was sich freilich ändern wird. Das Glück der neuen Wirtschaft besteht darin, daß die nächste Version beinahe kostenlos sein wird; ihr Fluch ist, daß niemand die Mühen eines Upgrades auf sie vornehmen will, selbst wenn man ihn dafür bezahlt.

Das Erschöpfende wird nur schlimmer werden. Das Netz ist eine Möglichkeitenfabrik, die am laufenden Band einen Schauer neuer Möglichkeiten ausstößt. Gänzlich unbeschirmt, kann dieser Schauer den Unvorbereiteten ertränken. Standardisierungsentscheidungen helfen, die lähmende Fülle konkurrierender Möglichkeiten zu bewältigen. Deshalb sind heute die populärsten Sites im Web Meta-Sites, die die Fülle sortieren.

Weil die Netzwerkwirtschaft so neu ist, haben wir als Gesellschaft wenig Aufmerksamkeit darauf verwandt, wie Standards erzeugt werden und wie sie wachsen. Doch wir sollten dem Beachtung schenken, denn einmal implementiert, tendiert ein erfolgreicher Standard dazu, für immer erhalten zu bleiben. Und Standards selbst normieren Verhalten.

Ich war mit der Entstehung von *The Well* verbunden, einem der ersten öffentlichen Computer-Konferenzsysteme, die an das Internet angeschlossen wurden. *The Well* wurde von anderen erdacht und errichtet, aber als Leiter der armen Non-Profit-Organisation, die es besaß, und als einer der ersten Teilnehmer, die bei seiner Eröffnung beitraten, war ich an der Schaffung seiner Richtlinien beteiligt. Vom ersten Tag an war klar, daß die technischen Spezifikationen der Software, die von *The Well* benutzt wurde, direkt die Art von Gemeinschaft formierte, die in ihm erwuchs. Andere, anderswo verwendete Modelle von Konferenz-Software brachten andere Arten von Gemeinschaften hervor. Die Software, wie sie von *The Well* implementiert wurde, förderte lineare Konversationen und gemeinsamen Speicher; sie verhinderte Anonymität, aber förderte die Verantwortlichkeit für Worte und Themen; sie erlaubte beschränkte Formen von Dissens und Rückzug, und sie gestattete den Benutzern, ihre eigenen Werkzeuge zu erfinden. Sie tat all dies hauptsächlich mit den Mitteln von Unix-Code - mit den Mitteln des Software-Standards, der bei *The Well* gesetzt war -, weniger durch Regeln. Die Gemeinschaft, die sie gestaltete, war gefestigt und langlebig. Tatsächlich lebt die Gemeinschaft mit all ihren Schrullen noch weiter, obgleich sich die benutzte Software zu einer Web-Browser-Oberfläche entwickelt hat. Die verhaltensverändernden Standards bleiben. Die Macht, eine Gemeinschaft eher durch Codes als durch Regelungen zu formen, wurde schließlich von *Well*-Benutzern in der praktischen Maxime ausgedrückt: »Peace through tools, not rules«, durch Werkzeuge, keineswegs durch Regeln.

Das Internet und das Web enthalten ebenfalls werkzeugartige Standards, die unser Verhalten auf unsichtbare Weise gestalten. Wir haben Vorstellungen von Eigentum, von Zugänglichkeit, von Privatsphäre und von Identität, die allesamt unter anderem von HTML- und TCP/IP-Codes gestaltet worden sind. Gegenwärtig durchfließt nur ein kleiner Teil unseres Lebens diese Netze, doch sobald der virtuelle Raum den Raum des Fernsehens, der Telefonie und auch des Handels umfaßt, wird der Einfluß von Standards auf soziales Verhalten wachsen.

Irgendwann werden technische Standards so wichtig wie Gesetze.

Gesetze sind kodifizierte soziale Standards; doch in Zukunft werden kodifizierte technische Standards ebenso wichtig wie Gesetze sein. Der Harvard-Professor für Rechtswissenschaft Lawrence Lessing sagt: »Das Gesetz wird unwichtig werden. Der wahre Ort von Regelungen wird (Computer-)Code sein.«[4] Wenn Netzwerke reifen und der Übergang von Beliebigkeiten zu im Fluß befindlichen Innovationsherden vollzogen sein wird und sich ausgewachsene Systeme mit gut gefestigten Standards ent-

---

4 Zitiert nach David Brin, in: The Transparent Society, Addison Wesley 1998

wickeln, werden Standards in zunehmenden Maße zu so etwas wie Gesetzen erstarren.
Standards verhärten sich auch mit dem Alter. Sie werden gegen Wandel resistent und sinken zur *Hard*ware herab. Ihr Code wird im Innern von Chips verdrahtet, und indem sich Chips ausbreiten, dringt der Standard noch tiefer vor.
Ein ausgefeilter Prozeß legaler Aufsicht überwacht und analysiert unsere Gesetzgebung. Bisher haben wir wenig dieser Art für unsere Standardsetzung, obgleich solche Institutionen wie z. B. die ITU (International Telecom Union) bald so einflußreich wie Gerichte sein werden. Standards beziehen sich nicht nur auf Technologie. Sie beziehen sich auch auf weiche und krause Dinge wie Optionen, Beziehungen und Vertrauen. Sie sind soziale Instrumente. Sie schaffen das soziale Territorium.
Ein Netzwerk ist in der Hinsicht wie ein Land, es ist ein Geflecht von Beziehungen, die durch Standards geregelt werden. In einem Land zahlen die Bürger Steuern und folgen Gesetzen zum Nutzen aller. In einem Netzwerk fördern die Netzbewohner zuerst das Netz zum Nutzen aller. Die Netzwerkwirtschaft ist ein Meta-Land. Ihr Geflecht von Beziehungen unterscheidet sich von denen eines Landes auf drei Weisen:

- Es existieren keine geographischen oder zeitlichen Grenzen – die Beziehungen wirken unaufhörlich 24 Stunden am Tag, sieben Tage die Woche, 365 Tage im Jahr.
- Die Beziehungen in der Netzwerkwirtschaft sind auf viele Weisen enger verkoppelt, intensiver, beständiger, vielfältiger und näher als die meisten in einem Land.
- Es existieren vielfache, sich überlappende Netzwerke, mit vielfach sich überlappenden Loyalitäten.

Diese Hyperverbindungen können traditionelle Beziehungen entweder stärken oder schwächen. Die äußerst persönlichen, im Höchstmaß vertrauensgebundenen Beziehungen innerhalb einer Familie kandidieren für Stärkung, während die nahezu vertraglichen Beziehungen in einem Nationalstaat für Schwächung anfällig sind. Denn worauf Peter Drucker aufmerksam macht: »Der

Nationalstaat wird nicht dahinschwinden. Er dürfte für lange Zeit das mächtigste politische Organ bleiben, aber er wird nicht länger unentbehrlich sein.« An seiner Statt werden wir uns auf Nicht-Regierungsorganisationen wie das Rote Kreuz, ACLU, HMOs, Versicherungsgiganten, das Internet und das Web sowie UN-artige Entitäten verlassen. Diese parapolitischen Organisationen werden den gefestigten Nationalstaat ergänzen. Sie werden die unentbehrlichen Netzwerke sein, um die wir uns sorgen.

Sowohl in einem Land als auch in einem Netzwerk ist der sicherste Weg zur Steigerung der eigenen Prosperität die Steigerung der Prosperität des Systems. Im industriellen Zeitalter ist deutlich erkennbar, daß die Prosperität, die Individuen erreichen, stärker mit der Prosperität der Nation als mit ihren eigenen Anstrengungen verbunden ist. Lester Thurow, ein Ökonom am MIT, hat gezeigt, daß die Anhebung der Einnahmen der am niedrigsten Entlohnten der beste Weg ist, auch die Gehälter der Höchstbezahlten zu heben – nach der Theorie, daß eine steigende Flut alle Boote hebt. Die Netzwerkwirtschaft wird dies noch verstärken.

Um Ihr Produkt nach vorne zu bringen, müssen Sie das Netzwerk, dem es zugehört, stärken. Um Ihr Unternehmen nach vorne zu bringen, müssen Sie die Standards stärken, die es unterstützt. Um Ihr Land nach vorne zu bringen, müssen Sie die Verbindungen (qualitativ und quantitativ) erhöhen, die es anderen gestatten zu prosperieren.

Um zu prosperieren, müssen Sie zuerst das Web fördern.

Das Web ist im Augenblick noch nicht hinreichend entwickelt. Verglichen mit dem Rest der Welt ist es klein. Im Jahre 1998 rühmte sich das Internet geschätzter 120 Millionen[5] Nutzer. Doch dies bedeutet, daß nur 2 Prozent aller erwachsenen Menschen eine Direktverbindung mit dem Online-Netzwerk haben. Aber das Netz wächst exponentiell. Wenn sich die gegenwärtige

---

5 Nua Ltd., Mai 1998

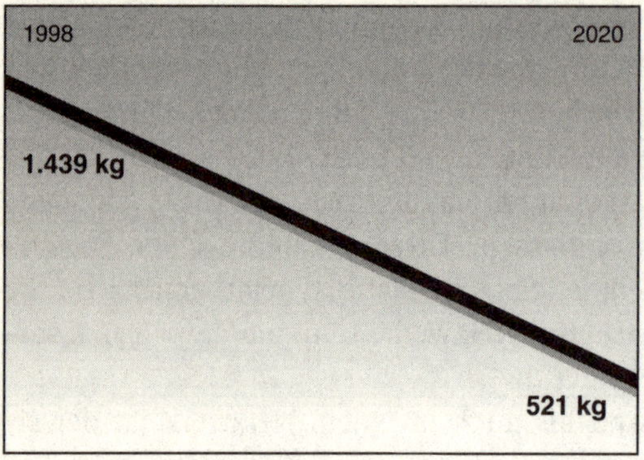

Selbst industrielle Gegenstände wie Automobile folgen neuen Regeln. Das Durchschnittsgewicht eines Autos nimmt ab und wird weiter abnehmen, indem Information die Masse ersetzt.

Rate[6] fortsetzt, wird Anfang des nächsten Jahrhunderts eine Milliarde Menschen einen Internet-Zugang haben, 75 Prozent der Erwachsenen werden Zugang zu irgendeiner Art von Telefon haben, und, nach Nicholas Negroponte, wird es zehn Milliarden elektronische Gegenstände geben, die online miteinander verknüpft sind. Jedes Jahr zieht sich das Netz enger um die Welt.

Das Netz bewegt sich unumkehrbar darauf zu, alles in der Welt einzuschließen.

Zahlreiche Beobachter haben die allmähliche Verdrängung von Material durch Information in unserer Wirtschaft bemerkt, indem das Netz sich ausbreitet. Autos wiegen weniger als früher und bringen dennoch mehr Leistung. Industrielle Materialien wurden ersetzt durch nahezu gewichtsloses High-Tech-Wissen in Form von Kunststoff- und Kunstfasermaterialien. Stationäre Gegenstände gewinnen ebenfalls an Information und verlieren an Masse. Wegen verbesserter Materialien, High-Tech-Konstruktionsmethoden und intelligenterer Büroausrüstung wiegen neue Gebäude heute weniger als vergleichbare aus den fünfziger Jahren. Es ist deshalb nicht nur Ihr Radio, das an Größe verliert, die gesamte Wirtschaft verliert ebenfalls an Gewicht.
Selbst wenn Masse erhalten bleibt, nimmt Information zu. Ein

6 Bericht der International Telecommunications Union von 1998

durchschnittliches Stück Stahl, das 1998 hergestellt wurde, unterschied sich beträchtlich von einem durchschnittlichen Stück Stahl des Jahres 1950. Beide Stücke wogen annähernd dasselbe, doch das jüngst hergestellte ist in der Leistungsfähigkeit aufgrund der in seine Herstellung eingeflossenen Menge an Entwicklung, Forschung und Wissen überlegen. Sein überlegener Wert verdankt sich nicht zusätzlichen Atomen, sondern zusätzlicher Information.

Die massenhafte Verlagerung von Masse zu Bits begann mit dem Auftauchen von Computerchips. Diese subtile Entkörperlichung wurde zuerst als eine einzigartige Dynamik des High-Tech-Korridors von Silicon Valley betrachtet. Software war so seltsam – halb Körper, halb Geist –, daß niemand überrascht war, wenn die Computerbranche sich seltsam verhielt. Die Prinzipien des Netzes, wie z.B. steigende Skalenerträge, wurden als Spezialfälle angesehen, als Anomalien innerhalb der größeren »wirklichen« Wirtschaft aus Stahl, Öl, Automobilen und Landwirtschaft. Was hatten solche Seltsamkeiten etwa mit der Herstellung von Autos oder dem Verkauf von Kopfsalat zu tun? Zuerst nichts. Doch zum heutigen Zeitpunkt hat jede Branche (Schuheinzelhandel, Glasherstellung, Hamburger) eine Informationskomponente, und diese Komponente wächst. Es gibt kein einziges nennenswertes Unternehmen, das nicht Computer und Kommunikationstechnologie benutzt. Alle US-Unternehmen zusammen (ob im High-Tech-Bereich oder nicht) gaben 1996 212 Milliarden Dollar[7] für Informationstechnologie aus. Häufig sind die digitalen Komponenten eines Unternehmens, etwa die Zauberer, die die Technologie bedienen, die ersten, die den Einfluß der neuen Regeln und der Netzwerkdynamik spüren. Die Unternehmensberater Larry Downes und Chunka Mui sagen: »Obgleich die Haupttechnologie vieler Branchen vielleicht nicht in Bewegung ist, ... machen *alle* Branchen eine Revolution ihrer Informationstechnologie durch.« Je mehr eines Unternehmens »online geht«, beginnen verrückte Ideen in die gesamte Organisation einzusickern und das Verständnis des Unternehmens für sein Tun umzugestalten. Mit der

7 Information Technology Industry Council

Zeit werden mehr und mehr Beschäftigte die Möglichkeiten ergreifen, die intensive Informations- und Kommunikationsnetzwerke bringen.
Die neue Netzwerktechnologie und die Globalisierung beschleunigen die Entkörperlichung von Waren und Diensten. Die neue Dynamik der Information wird die alte Dynamik der Industrialisierung allmählich ablösen, bis das Netzwerkverhalten die gesamte Wirtschaft bestimmt.

Schritt für Schritt wird die Logik des Netzwerkes jedes Atom einholen, mit dem wir zu tun haben.

Die Logik des Netzwerks wird über seine Basis in Silikonchips hinausgreifen und Stahl, Sperrholz, chemische Farbstoffe und Kartoffelchips durchdringen. Alle Produktion, ob mit Silikon behaftet oder nicht, wird auf Netzwerkprinzipien reagieren.
Denken Sie an Öl – der Inbegriff einer rohstoffbasierten Ressource. Die klassische Theorie abnehmender Erträge wurde praktisch zur Erklärung der Ölindustrie erfunden. Leicht erreichbares Öl wird zuerst billig gefördert; dann ab einem bestimmten Punkt rechtfertigt der Aufwand der Förderung die Kosten nicht, wenn der Preis nicht steigt. Doch heute ist die Ölindustrie so von Chiptechnologie durchdrungen, daß sie den Gesetzen der neuen Wirtschaft zu gehorchen beginnt. Hochentwickelte 3D-Software erlaubt es Geologen, ölhaltige Bodenschichten mit wenigen Metern Abweichung zu kartographieren; computergesteuerte bewegliche Bohrer können sich mit Präzision seitlich vorgraben und dadurch kleine Ölkontingente erreichen. Überlegene Pumpen fördern mehr Öl mit weniger Energie und Wartung. Abnehmende Erträge werden gebremst. Das Öl fließt stetig zu konstanten Preisen, und die Ölindustrie gleitet in die neue Wirtschaft.
Und was hat das industrielle Zeitalter mehr geprägt als Autos? Dennoch können Chips und Netzwerke das Auto vom industriellen Zeitalter befreien. Der größte Teil der Energie, die ein Auto verbraucht, wird zur Fortbewegung des Autos selbst, nicht der Insassen, aufgewendet. Wenn deshalb die Karosserie und der

Motor verkleinert werden können, wird weniger Energie für die Fortbewegung des Autos gebraucht, wodurch wiederum der Motor noch kleiner gemacht werden kann. Ein kleinerer Motor führt zu einem noch kleineren Motor und so weiter auf der Bahn verstärkten Wertes, der die Mikroprozessoren folgten. Die Karosserie des Autos kann durch intelligente Materialien wesentlich reduziert werden, was folglich bedeutet, daß es ein kleinerer, effektiverer Motor antreiben kann.

In Detroit und in Japan hat man Autos entworfen, die nur 500 kg wiegen. Diese Prototypen aus ultraleichten Kunstfasermaterialien werden von hybriden High-Tech-Antriebsaggregaten betrieben. Man verringert die Masse von Kühler, Achse und Kardanwelle durch den Einsatz von vernetzten Chips. Man setzt Chips ein, um die Autos ihre Leistung in Echtzeit selbst diagnostizieren zu lassen. Man integriert Chips in die Bremsen, um die Schleudergefahr zu verringern. Man integriert Mikroprozessoren ins Armaturenbrett, um die Navigation zu erleichtern und den Kraftstoffverbrauch zu optimieren. Man benutzt Wasserstoffantriebszellen, die die Umwelt nicht belasten und Elektromotoren mit geringer Geräuschbelästigung. Und so, wie der Einbau von Chips die Bremsen verbesserte, werden diese Leichtgewichtautos mit Netzwerkintelligenz verdrahtet sein, damit sie sicherer werden: Bei einem Unfall werden sich mehrere intelligente Airbags entfalten – mit einem Wort: »ein intelligenter Kabinenroller«.

Das Ergebnis dieses Austauschs von Material durch Wissen ist das, was der Energievisionär Amory Lovins, der Direktor des Rocky-Mountain-Instituts[8], ein Hyperauto nennt: ein Auto, das sicherer als das heutige Auto ist und die Vereinigten Staaten quer über den Kontinent mit einer Tankfüllung Wasserstoff durchkreuzen kann.

Schon jetzt besticht das typische Auto mit mehr Rechenleistung als Ihr PC. Schon jetzt kostet die Elektronik in einem Auto[9] mehr (728 Dollar) als der Stahl (675 Dollar). Doch das Hyperauto wird

8 Homepage unter www.rmi.org

9 »Ubiquitous Computing« von Sean Baenen vom *Global Business Network*

etwas völlig neues sein, sagt Lovins, ein Auto, aus Silikon neu erschaffen. Ein Hyperauto kann als ein Schritt in Richtung auf ein Fahrzeug betrachtet werden, das ein Modul im Festzustand ist (und sich so verhält). Man spricht nicht länger von Chips im Auto, sondern vom Chip auf Rädern. Und dieser Chip auf Rädern wird sich auf einem zunehmend vernetzten Straßensystem bewegen, das als dezentralisiertes elektronisches Netzwerk ebenfalls den Gesetzen der Netzwerkwirtschaft gehorcht.
Wenn wir uns Autos erst einmal als Chips auf Rädern vorstellen, wird es leichter, sich Flugzeuge als Chips mit Flügeln, Bauernhöfe als Chips mit Feldern und Häuser als Chips mit Einwohnern vorzustellen. Natürlich, all dies wird Masse haben, aber die Masse wird einer überwältigenden Menge von Wissen und Information unterworfen sein, die sie durchfließt. In ökonomischen Begriffen ausgedrückt, werden sich diese Gegenstände verhalten, als ob sie gar keine Masse hätten. Auf diese Weise gehen sie in die neue Wirtschaft über.

Weil Information Masse übertrumpft, geht die gesamte Wirtschaft in die Netzwerkwirtschaft über.

Der Direktor des MIT-Medienlaboratoriums, Nicholas Negroponte, schätzt grob, daß die Online-Wirtschaft im Jahr 2000 eine Billion Dollar erreicht haben wird. Die meisten in Amt und Würden befindlichen Ökonomen halten diese Schätzung für viel zu optimistisch. Aber tatsächlich ist diese optimistische Schätzung furchtbar niedrig. Sie berücksichtigt nicht das Maß, mit dem sich die Wirtschaftswelt in das Internet hineinbewegen wird, indem die Netzwerkwirtschaft in Autos und Verkehr, Stahl und Getreide eindringt. Auch wenn nicht gleich alle Autos online verkauft werden, wird die Art und Weise, wie Autos entworfen, hergestellt und betrieben werden, von der Netzwerklogik und der Chipkraft abhängen.
Das gegenwärtige Interesse an der Größe des Online-Markts wird von abnehmender Bedeutung sein, weil *alle* Wirtschaft ins Internet geht. Die Unterscheidung zwischen der Netzwerkwirtschaft und der industriellen Wirtschaft wird genauso verblassen und

verschwinden, wie alle wirtschaftlichen Aktivitäten auf die eine oder andere Weise von Netzwerkregeln berührt werden. Unterschieden wird nur noch zwischen belebt und starr.
Der starre Bereich umfaßt jeden Gegenstand, der von seiner ökonomischen Information getrennt ist. Ein Salatkopf enthält heute z. B. keine Finanzinformationen, die über das Preisschild hinausgehen. Einmal aufgeklebt, steht der Preis ebenfalls fest. Er ändert sich nicht, wenn er nicht von einer Person geändert wird. Die ökonomischen Konsequenzen des Salatverkaufs an anderen Orten oder eine Veränderung in der globalen ökonomischen Gesamtlage betreffen den Salatkopf als solchen nicht. Statt dessen fließt Information zum Salat durch ganz andere Kanäle – Nachrichtenprogramme oder Wirtschaftszeitschriften –, die vom Salat selbst getrennt sind. Der Kopfsalat ist wirtschaftlich starr.
Der Bereich des Belebten ist anders. Er ist außerordentlich vernetzt. In der kommenden Welt trägt ein Kopfsalat seine eigene Auszeichnung und seinen Preis, angezeigt vielleicht auf einer LED-Anzeige daneben oder auf einem am Kopf befestigen Einwegchip. Der Preis ändert sich, wenn der Salat altert, wenn Salat am anderen Ende der Straße billiger wird, wenn sich das Wetter ändert, wenn der Dollar steigt. Die Händler in den Zentralen der Supermärkte managen den »Ertrag« der Salatpreise nach denselben Algorithmen, die Fluggesellschaften zur Maximierung ihrer Gewinne aus Flugzeugsitzplätzen anwenden. (Ein nichtverkaufter Platz in einer 747 ist ebenso verderblich wie ein unverkaufter Kopfsalat.) Im Verhältnis zum Netz ist der Salat belebt. Er ist dynamisch, anpassungsfähig und ereignisinteraktiv. Ein Strom von Geld und Information fließt durch ihn hindurch. Und wenn Geld und Information durch etwas hindurchfließen, dann ist es ein Teil der Netzwerkwirtschaft.
Der Prozeß, in dem die alte Wirtschaft in die neue übergeht, folgt einer unerbittlichen Logik:

- Immer mehr starre Gegenstände werden durch Informationsnetzwerke belebt.
- Wenn Starres einmal von einem Netzwerk berührt wurde, gehorcht es den Regeln der Information.

- Netzwerke ziehen sich nicht zurück; sie tendieren dazu, sich in neuen Territorien zu vervielfachen.
- Schließlich werden alle Gegenstände und Transaktionen von der Netzwerklogik gesteuert.

Man ist versucht hinzuzufügen: »Widerstand ist zwecklos.« Der überwältigende Langzeittrend in Richtung totaler Verbindung könnte als Gefährdung erscheinen, als ob alle Dinge ihre Identität verlören und Teil eines großen, bewußtlosen Schwarmes würden. Zwei Dinge sollten klargestellt werden: 1) Konstante, allgegenwärtige Verbindungen eliminieren nicht per se Individualität. Und 2) Mit »alle« meine ich einen fortschreitenden Trend, der sich einer Asymptote, nicht einem Endpunkt annähert.

Man könnte sagen, daß die Industrialisierung handwerkliche Produktion bis zu dem Punkt ausgerottet hat, an dem *alle* Gegenstände maschinell hergestellt sind. Das ist im großen und ganzen wahr, und es beschreibt das Ziel des Trends angemessen. Doch der Trend hat einige wenige bemerkenswerte Ausnahmen. In einer Ära vollständiger maschineller Produktion sind handgearbeitete Artikel rar und erzielen dadurch hohe Preise. Einige – doch nur einige – raffinierte Handwerker und Unternehmer können ihren Lebensunterhalt damit verdienen, daß sie Artikel von Hand herstellen, Artikel wie Fahrräder, Möbel, Gitarren, die gewöhnlich in einer Fabrik gefertigt würden. Der Widerstand ist marginal, aber gewinnbringend.

Dasselbe gilt in der vernetzten Wirtschaft. Widerstand wird nicht zwecklos sein. In einer Welt allgegenwärtiger Vernetzung, in der alles mit allem verknüpft ist, wird eine in keiner Weise vernetzte Person selten sein, oder ein Unternehmen, das nicht Ideen und Immaterialitäten propagiert. Wenn diese Einzelgänger in der Lage sein werden, sich mit der vernetzten Wirtschaft zu arrangieren, ohne an Unterschiedlichkeit und Wert zu verlieren, dann werden sie gefragt und teuer sein. Man kann sich eine erfolgreiche Ideen-Künstlerin im Jahre 2005 vorstellen, die weder E-Mail noch Telefon noch Videokonferenzsysteme benutzt, keine Bücher schreibt und nicht reist. Der einzige Weg, an ihre fabelhaften Ideen zu gelangen, ist persönlich, von Angesicht zu Angesicht in ihrem Versteck, live. Die Tatsache, daß sie acht Monate im voraus ausgebucht ist, hebt ihren Ruf noch.

Der MIT-Ökonom Paul Krugman hat eine alternative Vision, wie die Informationstechnologie die erwartete Ordnung umkehren wird. Er schreibt: »Die Zeit könnte kommen, in der die meisten Steuerberater von Expertensystem-Software ersetzt worden sind, aber Menschen noch für solch wahrhaft schwierige Tätigkeiten wie Gartenarbeit, Hausreinigung und tausenderlei andere Dienstleistungen gebraucht – und gut bezahlt – werden, die einen immer weiter steigenden Anteil an unseren Ausgaben ausmachen werden, während bloße Konsumgüter beständig billiger werden.«[10] Tatsächlich brauchen wir auf die Zukunft nicht zu warten. Kürzlich mußte ich zwei unterschiedliche Freiberufler engagieren. Einer saß in seinem Büro und schob Symbole herum. Er schrieb Interviews von Tonbandaufnahmen ab und berechnete 25 Dollar pro Stunde. Der andere ist ein Bursche, der von zu Hause aus schmierige Küchengeräte repariert. Er berechnet 50 Dollar die Stunde und hatte, soweit ich das sagen kann, von beiden mehr zu tun. Krugmans Argument besteht darin, daß diese »handwerklichen Kunstfertigkeiten« (wie sie bezeichnet werden müssen, wenn sie so teuer sind) die Gehaltsunterschiede einebnen werden, die gegenwärtig zwischen Tätigkeiten im High-Tech-Bereich und in »niedrigen« Bereichen bestehen.

Mein Argument ist, daß großartige Gärtner nicht nur deshalb teuer sein werden, weil sie seltene Ausnahmen sind, sondern auch darum, weil sie, wie alle anderen auch, Technologie verwenden werden, um öde, sich wiederholende Arbeitsvorgänge soweit wie möglich zu eliminieren, damit ihnen Zeit bleibt zu tun, was Menschen so gut können: das Irreguläre und Unerwartete zu bearbeiten.

Am Beginn des industriellen Zeitalters wäre es schwierig gewesen, sich vorzustellen, wie grundlegende agrarische Beschäftigungen wie Land-, Haus- und Forstwirtschaft so weitgehend industrialisiert werden könnten. Doch genau dies geschah. Nicht

10 »Pop Internationalism« von Paul Krugman, MIT Press 1996

nur agrarische Arbeit, sondern beinahe jede vorstellbare Beschäftigung dieser Zeit – insbesondere niedere Arbeit – wurde von der Industrialisierung nachhaltig betroffen. Der Trend war stetig: Die gesamte Wirtschaft wurde schließlich der Maschine unterworfen.

Der Trend zur Netzwerkwirtschaft ist in seinem Gesamtumfang gleichfalls schwer vorzustellen, doch sein Fortgang ist konstant. Er folgt vorhersagbaren Mustern. Die ersten Berufe, die von der Netzwerkwirtschaft aufgesogen werden, sind neue Berufe, die nur in der neuen Welt existieren können: Code-Hacker, Webmaster, Netzwerkadministratoren. Die nächsten, die erliegen, sind Beschäftigungen mit alten Zielen, die mit neuen Werkzeugen besser oder schneller ausgeführt werden können: Immobilienmakler, Wissenschaftler, Versicherungsagenten, Großhändler und alles, was vom Schreibtisch aus betrieben wird. Schließlich verschlingt die Netzwerkwirtschaft den ganzen Rest – Metzger, Bäcker und Kerzenhalterhersteller –, bis die gesamte Wirtschaft von vernetztem Wissen durchflutet ist.

Die drei großen Strömungen der Netzwerkwirtschaft: ausgedehnte Globalisierung, stetige Entmaterialisierung hin zum Wissen und tiefe, allgegenwärtige Vernetzung – diese drei Fluten überschwemmen alle Strände. Ihr Vordringen ist konstant und selbstverstärkend. Ihr zusammengefaßter Effekt kann einfach ausgedrückt werden: Das Netz gewinnt.

Strategien

Maximieren Sie den Wert des Netzwerks.

Fördern Sie zuerst das Netz. Netzwerke werden dadurch genährt, daß man die Partizipation an ihnen so leicht wie möglich macht. Je unterschiedlicher die Spieler in Ihrem Netzwerk sind – Konkurrenten, Kunden, Verbündete und Kritiker –, desto besser. Teilnehmer zu werden muß kinderleicht sein. Sie wollen wissen, wer Ihre Kunden sind, aber Sie wollen es nicht schwermachen, zu Ihnen zu gelangen (IDs: Ja; Kennworte: Nein). Sie wollen es auch für die Konkurrenten leichtmachen, teilzunehmen (deren Kunden könnten potentiell auch Ihre sein). Seien Sie offen für die Kraft von Netzwerkeffekten: Beziehungen sind kraftvoller als technische Qualität. Hüten Sie sich besonders vor dem »Machen-wir-nicht«-Syndrom. Das sicherste Zeichen eines großen Netzwerkspielers ist seine Bereitschaft, seinen eigenen Standard ziehen zu lassen (insbesondere, wenn er »überlegen« ist) und den eines anderen zu übernehmen, um Netzwerkeffekte zu nutzen.

Suchen Sie den größten gemeinsamen Nenner.
Aufgrund der Gesetze des Überflusses und der steigenden Skalenerträge sind die wertvollsten Innovationen nicht die mit der höchsten Leistung, sondern die mit der höchsten Leistung auf breitester Basis – die »Höchsten in der Breite«. Das Netz zuerst zu fördern bedeutet, isolierte Fortschritte zu ignorieren und stattdessen den größten gemeinsamen Nenner zu wählen – die höchste Qualität, die allgemein akzeptiert ist. Ein praktischer Grund, die fortgeschrittensten Techniken und Technologien mit der größten Verbreitung aufzugreifen, ist der, daß komplexe Technologien hingebungsvolle und informierte Benutzer erfordern, die Erfahrung und Kontext teilen können, und Sie wollen die maximale Streuung, ohne auf Qualität zu verzichten.

Investieren Sie nicht in Esperanto.
Gleichgültig, wie überlegen eine andere Vorgehensweise ist, sie kann einen gefestigten Standard nicht ersetzen – wie zum Beispiel Englisch. Vermeiden Sie jedes Projekt, das die Einführung brandneuer Protokolle erfordert, wenn brauchbare Standards weithin akzeptiert sind.

Wenden Sie gefestigte Standards auf neue Gebiete an.
Gibt es einen Weg zu schaffen, was Sie wollen, indem Sie bestehende Standards und bestehende Netze in anderen Kontexten verwenden? Einen neuen Standard für ein bestehendes Netzwerk zu erfinden, ist verschroben. Doch einige der größten Erfolgsgeschichten in der Gegenwart handeln von Unternehmen, die ein Netzwerk beherrschen und dann dessen gefestigte Standards zur Ausnutzung eines etablierten Netzwerks verwenden, das der Ver-

besserung bedarf. Diesen Prozeß kann man in etwa als »Infiltration« bezeichnen. Die gegenwärtige Revolution der Telefonie wird von emsigen Internet-Firmen betrieben, die die alte Welt der Stimmenübertragung mit jüngst etablierten Protokollen zur Datenübertragung im Internet (bekannt als Internet-Protokolle oder IP) infiltrieren. Die gewaltigen steigenden Skalenerträge, die vom Internet ausgehen, verschaffen ihnen große Vorteile. Tatsächlich erliegt ein Telefonstandard nach dem anderen dem erbarmungslosen Vormarsch von IP. Auf ähnliche Weise nutzen aggressive Unternehmen den etablierten Betriebssystemstandard von Windows NT – mit all seinen Vielfaltseffekten –, um neue Bereiche wie die telefonische Vermittlungstechnik zu infiltrieren. Selbst riesige Kabel-TV-Netzwerke haben etwas anzubieten. Die aufkommenden Standards für Videoübertragung, wie z.B. MPEG, versuchen ins Internet einzuwandern. Bei der Entscheidung, welchen Standard Sie unterstützen, sollten Sie dominante Standards außerhalb Ihres gegenwärtigen Netzwerks in Betracht ziehen, die Ihr eigenes Gebiet infiltrieren könnten.

Beleben Sie »ihr Ding«.

Wenn sich die Netzwerkwirtschaft entfaltet, werden sich immer mehr Unternehmen diese Frage stellen: »Wie fügen wir das, was wir machen, in die Logik des Netzwerks ein? Wie bereiten wir unser Produkt auf Netzwerkeffekte vor? Wie machen wir unser Produkt oder unsere Dienstleistung ›netzfähig‹?« (Die Antwort ist nicht »Präsentieren Sie es auf einer Web-Site.«) Architekten beispielsweise erzeugen gewaltige Datenmengen. Wie können diese standardisiert werden? Wie können die Daten über einen physischen Gegenstand (sagen wir, eine Tür) durch diesen bzw. mit diesem Gegenstand fließen? Welches sind die Mindestfunktionen, die wir in die Fensterverglasung aufnehmen müssen, um sie in Netzwerke zu integrieren? Welche Schritte kann ein Bauunternehmer machen, damit ein vernetzter Informationsfluß zwischen Architekt, Bauunternehmer, Bauarbeiter und Kunde möglich wird? Wie erhöhen wir die Zahl der Netzwerke, die unsere Dienstleistung umfassen?

Entscheiden Sie sich für das Netz.
Stellen Sie sich vor, daß Ihnen um 1960 eine Elfe das folgende Geheimnis verraten hätte: In den nächsten 50 Jahren würden Computer drastisch kleiner werden und sich auf einer vorhersagbaren Basis jährlich verbilligen. Wenn Sie von da an immer dann, wenn Sie eine technologische Entscheidung treffen mußten, auf das Kleinere und Billigere gesetzt hätten, hätten Sie immer richtig gelegen. Tatsächlich hätten Sie finanzielle Wunder vollbringen können, wenn Sie kaum mehr als diese Regel gekannt hätten. Hier ist das heutige Geheimnis: In den nächsten 50 Jahren wird sich das Netz auf einer vorhersagbaren Basis erweitern und verdichten – mit exponentiell ansteigendem Wert, je mehr Teilnehmer hinzukommen, und mit Transaktionskosten, die in Richtung Null fallen. Wann immer Sie eine technologische Entscheidung zu treffen haben: wenn Sie für das Vernetztere, das offenere System, den breiter eingebundenen Standard optieren, werden Sie immer richtig liegen.

Setzen Sie »Verkündiger« ein.
Ökonomische Netze sind keine Allianzen. Häufig gibt es wenig wirtschaftliche Verbindungen zwischen den Teilnehmern des Netzes. Ein wirksamer Weg zur Etablierung von Standards und zur Koordination der Entwicklung führt über Evangelisten. Diese sind weder Vertriebsleute noch Manager. Ihr Job besteht einfach darin, das Netz zu erweitern, andere mit gleichen Interessen zu finden und dann dabei behilflich zu sein, sie zusammenzubringen. In jenen frühen Tagen, in denen *Apple* ein Miterzeuger des aufkommenden PC-Netzes war, beschäftigte man dort erfolgreich Verkündiger, um Fremdfirmen für die Herstellung von Plug-in-Boards oder die Software-Entwicklung für *Apple*-Maschinen zu finden. »Gehet hin und tuet desgleichen.«

6 Vom Gipfel in die Talsohle

Über die Tücken des Erfolgs

Es liegt in der Natur der neuen Wirtschaft, daß sie sich wie eine biologische Gemeinschaft verhält. Kriege und Schlachten waren die Allegorien der industriellen Wirtschaft. Evolution und Infektion sind in der neuen Wirtschaft treffendere Metaphern.

Unternehmen sind wie Organismen, die sich in einem Ökosystem entwickeln. Einige Ökosysteme der Natur bieten wenig Lebensmöglichkeiten. In der Arktis gibt es nur ein paar Überlebensstrategien, und eine Art tut gut daran, sie zu befolgen. Andere Biotope sind voller Möglichkeiten, die sich in konstantem Fluß befinden, auftauchen und verschwinden, während Arten um ihre Nischen rangeln. Die Harmonie, die wir der Natur zuschreiben, ist nicht statische Vollkommenheit, sondern ein komplexer Tanz von Aufstieg und Fall und wiedergewonnener Balance.

Reich, interaktiv und hochflexibel in der Gestalt, ähnelt die Netzwerkwirtschaft einem vor Aktivität brodelnden Biotop, einem Dschungel schnell voranschreitender Bewegung. Neue Nischen eröffnen sich fortwährend und verschwinden rasch wieder. Konkurrenten sprießen neben Ihnen hervor und verschlingen Ihr Scherflein. Mal sind Sie der König des Berges, am nächsten Tag ist da gar kein Berg.

Biologen beschreiben den Kampf eines Organismus um Anpassung an diese Art von Heimat als einen langen Marsch bergauf, wobei bergauf größere Anpassung bedeutet. Gemäß dieser Metapher befindet sich ein Organismus, der an seine Zeit maximal angepaßt ist, auf einem Gipfel. Stellen Sie sich ein Wirtschaftsunternehmen anstelle des Organismus vor. Ein Unternehmen verwendet große Anstrengung darauf, scin Ziel zu erreichen oder

sein Produkt so zu entwickeln, daß es an die Spitze gelangt, maximal an die Verbraucherumgebung angepaßt.
Alle Organisationen (gewinnorientierte und Non-Profit-Organisationen gleichermaßen) stehen zwei Problemen gegenüber, wenn sie ihren Gipfel optimaler Anpassung zu finden versuchen. Beide Probleme werden durch die konstanten Turbulenzen der Netzwerkwirtschaft verschärft.
Anders als in der relativ einfachen Umgebung der industriellen Ära, in der es ziemlich klar war, wie ein optimales Produkt auszusehen hatte und wo sich ein Unternehmen vor einem stabilen Horizont positionieren sollte, ist es in der Netzwerkwirtschaft zunehmend schwieriger zu erkennen, welche Berge die höchsten und welche Gipfel falsch sind.
Mit biologischen Begriffen ausgedrückt ist die neue ökonomische Landschaft »zerklüftet«, durchfurcht von Spalten, Abgründen und steilen Hängen. Die Wege sind mit Sackgassen durchsetzt, führen zu falschen Gipeln und werden zu Stoßzeiten durch Staus unpassierbar gemacht. Weil das ökonomische Terrain ohne Gesamtmuster verworren ist, gibt es keine Gewißheit, daß ein Unternehmen, das einen Hang zu einem neuen Gipfelmarkt hochsteigt, tatsächlich etwas Größeres als einen Hügel erklimmt. Bildlich gesprochen: Es mag erfolgreich an die Spitze vordringen und sich dennoch auf dem falschen Gipfel wiederfinden.

In turbulenten Zeiten ist lokaler Erfolg nicht zugleich globaler Erfolg. Ein Unternehmen könnte den Gipfel der Effizienz erreicht haben, aber an falscher Stelle. Der Trick ist, ein Gebiet mit hohem Potential zu wählen.

Große und kleine Unternehmen haben gleichermaßen mit der neuen Landschaft zu kämpfen. Es ist häufig unklar, ob sich eine Firma darum bemühen sollte, an die Spitze zu kommen (z. B. der weltweit zuverlässigste Festplattenhersteller zu werden), wenn eventuell in ein paar Jahren alles zusammenbricht (z. B. alle ihre Datensicherung auf große Protein-Speichermedien verlagern). Ein Unternehmen kann sich auf seinem Weg, der Weltexperte für Sackgassen-Technologie zu werden, bis zum Irrsinn anfeuern (die Atomindustrie beispielsweise).
Einige der perfektesten Technologien wurden unmittelbar vor ihrem Ableben entwickelt. Die Vakuumröhren-Technologie erreichte einen Scheitelpunkt der Komplexität unmittelbar bevor sie verschwand. Wie der MIT-Ökonom James Utterback schreibt: »Unternehmen sind bemerkenswert kreativ bei der Verteidigung ihrer eingebürgerten Technologien, die häufig in Design und technischer Leistung erst dann unvorstellbare Höhen erreichen, wenn ihr Ende klar vorhersagbar ist.«[1] Es ist relativ leicht, einen Gipfel der Perfektion zu erreichen. Das Problem ist, daß Perfektion technisch oder räumlich begrenzt sein kann, so als wäre man der beste Basketballspieler in der Stadt, wüßte aber nichts von nationalen Turnieren. Während sich ein Unternehmen selbst zur Entwicklung des weltweit schnellsten Lochkartenlesegerätes gratuliert – dem schnellsten im Universum! –, ist der Rest der ökonomischen Welt auf den PC umgestiegen.

Die schlechte Nachricht lautet, daß »auf einem lokalen Gipfel festzusitzen« in der neuen Wirtschaft zur Gewißheit wird.

Instabilität und Ungleichgewicht sind die Norm; Optimierung hält nicht lange vor. Eher früher als später wird ein Produkt vom Höhepunkt in die Versenkung verschwinden. Tatsächlich erhöht der Erfolg einer Innovation sogar deren Chancen, in der Versenkung zu verschwinden. In *Mastering the Dynamics of Innovation*, einer Studie über Innovation in der Automobilindustrie,

---

1 »Mastering the Dynamics of Innovation« von James M. Utterback, Harvard Business School Press 1994

folgert Utterback, daß »die Verengung des Blickwinkels ein unglückliches Nebenprodukt des Erfolgs einer Technologiegeneration ist, die verwundbar machen durch solche Konkurrenten, die sich für die nächste technologische Generation engagieren«. Das Produkt mag perfekt sein, aber für einen zunehmend kleineren Bereich von Anwendungen oder Kunden.

Während ein Produkt seine Vollkommenheit perfektioniert, kann ein Außenseiter durch Änderung der Regeln das Fundament verschieben. Detroit war die Vollkommenheit bei großen Autos, doch plötzlich war der Kleinwagen-Berg der höchste Gipfel. *Sears* war der König des Einzelhandels, doch dann brachten die Innovationen von *Wal-Mart* und *Kmart* einen ganz neuen Gebirgszug hervor, der *Sears* überschattete. Für einen kurzen Moment besetzte *Nintendo* die Gipfel des Videospiel-Berges, bis *Sega* und später *Sony* eigene, sogar noch höhere Berge auftürmten. Jede der verdrängten Branchen, jedes der Unternehmen oder Produkte saß auf einem weniger optimalen lokalen Gipfel fest.

Es gibt nur einen Ausweg. Das festsitzende Unternehmen muß sich zurückentwickeln. Um von einem Gipfel lokalen Erfolgs zu einem anderen, höheren Gipfel hinüberzusteigen, muß es erst bergab gehen. Es muß umkehren und für eine Weile weniger angepaßt, weniger fit, minder optimal werden. Im Verhältnis zu seiner gegenwärtigen Nische muß es ineffizienter, weniger perfekt werden.

Das ist ein Problem. Unternehmen sind wie Lebewesen im innersten darauf ausgerichtet, ihr Können zu optimieren – Erfolg auszubauen, nicht wegzuschmeißen. Unternehmen finden Rückentwicklung undenkbar und unmöglich. Es gibt im Unternehmen einfach keine Erlaubnis, die Dinge ziehen zu lassen.

**Und je besser das Unternehmen ist,
desto weniger Raum gibt es für Rückentwicklung.**

Alles ist in einem modernen Unternehmen dem Anstieg bergauf gewidmet. Der Geschäftsführer ist dafür ausgebildet und gut bezahlt, daß er das Unternehmen an die Spitze bringt. Qualitätsstellen treiben die gesamte Belegschaft zum Marsch bergauf in

Richtung optimale Leistung. Unternehmensberater überwachen das kleinste Detail und versuchen alles zu eliminieren, was das Unternehmen vom Erreichen des Perfektionsgipfels abhalten könnte. Produktionsverlaufskontrollen heben Computerdaten hervor, die zeigen, welche Teile des Unternehmens zurückhängen. Selbst der Empfang strebt nach Spitzenleistungen.
Wo gibt es in einem modernen Unternehmen die Erlaubnis, etwas ziehen zu lassen, das funktioniert, und bergab ins Chaos zu trotten?
Und geben Sie sich keinen Illusionen hin: Unten wird es chaotisch und gefährlich sein. Die Definition von geringerer Anpassung ist die, daß sie Sie näher ans Aussterben bringt. Doch Sie müssen herabsteigen und das Aussterben riskieren, damit Sie neuerlich eine Gelegenheit zum Aufstieg haben.
Der Ökonom Joseph Schumpeter nennt den fortschreitenden Akt der Zerstörung von Erfolg »kreative Destruktion«. Das ist ein treffender Ausdruck. Das Ziehenlassen von Perfektion erfordert einen rohen Akt des Willens. Und es ist schwer. Der Management-Guru Tom Peters bemerkt, daß von Firmenleitern gegenwärtig zwei Aufgaben erwartet werden – aufzubauen und dann geschwind wieder einzureißen –, und daß diese beiden Aufgaben so diametral entgegengesetzte Temperamente erforderten, daß sie nicht von ein und derselben Person erledigt werden können. Er schlägt verschmitzt vor, daß ein Unternehmen auf dem schnellebigen Terrain der Netzwerkwirtschaft einen »Geschäftszerstörer« beschäftigen sollte.
Mit oder ohne jemanden, der für die kreative Destruktion zuständig ist, gibt es keine bekannte Alternative, um vollkommene Produkte, aufwendig entwickelte Technologie und wundervolle Markenzeichen zurückzulassen und sich in die Schwierigkeiten hinunterzubegeben, um hoffnungsvoll wieder von vorne anzufangen.
Es gab mal eine Zeit, da war dieser Marsch selten. Die relativ stabilen Märkte und die technologische Umgebung der industriellen Ära waren sanft, nicht zerklüftet. Nur wenige Parameter änderten sich im Jahr, und sie änderten sich allmählich. Möglichkeiten eröffneten sich mit Vorwarnung. Diese Tage sind vor-

bei. Die biologische Natur der neuen Wirtschaftsordnung bedeutet, daß die plötzliche Auflösung von etablierten Domänen so gewiß sein wird wie die plötzliche Erscheinung des Neuen.

Es kann keine Kompetenz auf dem Gebiet der Innovation geben, wenn es nicht auch Kompetenz auf dem Gebiet der Zerstörung des Erbauten gibt.

Perfektion ist nicht falsch. Bestmögliche Passung an eine Nische, optimale Funktion, Streben nach Perfektion – das werden immer Ziele eines Unternehmens oder eines Individuums bleiben. Warum also die Perfektion an der Spitze ziehen lassen?
Das Problem an der Spitze ist nicht zuviel Perfektion, sondern zuwenig Perspektive. Großer Erfolg eines Produkts oder einer Dienstleistung neigt dazu, einen vorausschauenden Blick auf die in der Wirtschaft als Ganzem gelegenen Möglichkeiten sowie das davorliegende, sich rasch verändernde Terrain zu blockieren. Berühmte, langlebige Unternehmen blicken intensiv nach draußen. Sie können einen lokalen Gipfel ins Auge fassen und ihn von vielen falschen Gipfeln unterscheiden. Sie haben begriffen, daß ein Blickwinkel nach innen, insbesondere ein verengter Blickwinkel darauf, mit irgend etwas »der Weltbeste« zu sein, der Langzeitanpassung schadet, weil er das Unternehmen blind bei der Suche nach neuen Höhen macht. Besser für die Langstrecke ist eine Perspektive nach außen, die immer nach alternativen Bergen zur Besteigung sucht.
Der Blick nach außen ist in der neuen Wirtschaft noch entscheidender, weil Perfektion nicht länger eine Einzelleistung ist. Erfolg ist eine höchst interdependente Unternehmung, die ein Netzwerk von Händlern, Kunden und sogar Konkurrenten umfaßt. Eine Firma muß ein weites Umfeld erforschen, jenseits der gegenwärtig bevorzugten Position und manchmal in entgegengesetzter Richtung.

An der Spitze aufzugeben, ist kein Akt wider die Perfektion, sondern wider die Kurzsichtigkeit.

Neben Geschäftsführern, die nicht bereit sind, Gewinnbringendes abzubauen, und der natürlichen Vorliebe von Unternehmen für Perfektion gibt es einen weiteren Grund, weshalb Abbrechen so schwierig ist. Die Ökonomen Paul Milgrom und John Roberts untersuchten die Kompetenzen – erfolgbringende Merkmale – einer großen Anzahl von Firmen im Bereich moderner Produktion und kamen zu dem Schluß, daß Unternehmenskompetenzen tendenziell in Gruppen bzw. in Ensembles von Fähigkeiten auftreten. Diese natürliche Bündelung von Merkmalen macht es für Anwärter sehr schwierig, ein erfolgreiches Unternehmen herauszufordern. Wie Richard Nelson, ein Ökonom an der Columbia-Universität, sagt: »Erfolgreiche Unternehmen sind häufig schwierig auf wirksame Weise zu imitieren, weil dies erfordert, daß ein Konkurrent eine Anzahl von verschiedenen Praktiken auf einmal übernimmt.«[2] Unternehmen können Technologie und menschliche Fähigkeiten für ein bestimmtes Gebiet einkaufen. Doch allmählich jeweils ein oder zwei Kompetenzen zu erwerben, reicht nicht aus, wenn Sie eine höchst erfolgreiche Firma verdrängen wollen. Das ganze Bündel von Fähigkeiten muß gleichzeitig erworben werden, damit Sie wirksam konkurrieren können. Ein Unternehmen wie *Disney* ist beinahe unimitierbar aufgrund der Schwierigkeit, seine eng verwobene Mischung von Fähigkeiten schnell zu erlangen.

Die natürliche Bündelung von Merkmalen macht zudem deren Entwirrung im Dienste von Rückentwicklung außerordentlich schwierig. Rückentwicklung macht es erforderlich, gegen die besten Eigenschaften einer Organisation zugleich vorzugehen. Die organische Welt hält in dieser Hinsicht ein Reihe von Lektionen bereit. Biotechnologie gründet auf dem Wissen, daß die meisten Gene nichts an sich selbst kodieren. Die meisten Gene steuern andere Gene – sie aktivieren oder deaktivieren sie. Der genetische Apparat einer Zelle ist insofern ein dichtes Netzwerk hyperverknüpfter Interaktionen. Jedes Gen wird indirekt von vielen anderen Genen kontrolliert.

---

2 »Recent Evolutionary Theorizing About Economic Change« von Richard Nelson, in: *Journal of Economic Literature*, März 1995

Folglich treten die meisten Eigenschaften eines biologischen Organismus genetisch in lose gepaarten Verbindungen auf. Sagen wir: blaue Augen und Sommersprossen. Oder rotes Haar und ein heftiges Temperament. Zwei wichtige Konsequenzen folgen daraus. Das lebhafte Temperament des Rotschopfs evolutionär loszuwerden, kann erstens bedeuten – zunächst wenigstens – das rote Haar loszuwerden. Tierzüchter kennen dieses Dilemma aus erster Hand. Es ist schwierig, ein unerwünschtes Merkmal auszuzüchten, ohne viele wünschenswerte ebenfalls auszuzüchten. Geflügelzüchter können die Aggressivität der Hühner nicht loswerden, ohne deren Leistung beim Eierlegen zu beeinträchtigen.

Für Unternehmen gilt gleiches. Die Gruppe miteinander verketteter Kompetenzen, die ihnen ihre Vorteile verschafft, werden zum Hindernis. Der verdichtete Zusammenhang in der Netzwerkwirtschaft erhöht dieses Dilemma. In der Netzwerkwirtschaft sind die Fähigkeiten einzelner Angestellter enger verbunden, die Aktivitäten unterschiedlicher Abteilungen in stärkerem Maße koordiniert, die Ziele verschiedener Firmen unabhängiger. Das Netz führt dazu, daß sich der Einfluß von ehemals unverbundenen Kräften auf jeden möglichen Schritt auswirkt.

Je erfolgreicher die Fähigkeiten eines Unternehmens miteinander verwoben sind, desto schwerer ist es, dessen Kompetenz durch kleine Veränderungen zu beeinflussen. Darum neigen erfolgreiche Unternehmen bei großen Veränderungen stärker zum Scheitern. (Der Erfolg macht es den Erfolgreichen leicht, dieses Faktum zu leugnen.) Tatsächlich macht der Erfolg als solcher erfolgreiche Organisationen dem Wandel gegenüber konservativ – weil dann viele voneinander abhängige Fähigkeiten entwirrt werden müssen –, selbst wenn einige von ihnen gut funktionieren.

Das Problem, dem *IBM* beim Auftauchen der PCs in den frühen achtziger Jahren gegenüberstand, war kein Problem des Erwerbs von technologischem Know-how. Faktisch wußte *IBM* besser als irgendwer, wie man PCs baut. Doch das Bündel von Fähigkeiten, das die Herren im grauen Flanell über die Jahre geschnürt hatten, um *IBM* auf dem Feld der Großrechner unbezwingbar zu machen, konnte nicht nach und nach an das neue, schnellebigere Terrain der Desktop-Computer angepaßt werden. *IBM* herrschte unter dem alten Regiment uneingeschränkt, weil die Vertriebs-, Marketing-, Forschungs- und Entwicklungs- sowie Managementfähigkeiten allesamt optimal mit der hochentwickelten Maschine verwoben waren. Man konnte die Größe der Computer, die verkauft wurden, nicht ändern, ohne ebenfalls die Management-, Prognose- und Forschungsfähigkeiten zur selben Zeit zu verändern. Alles zu verändern ist für jeden schwierig, und zwar zu jeder Zeit.

Weil die Bündelungen von Fähigkeiten ein Unternehmen beschränken (und schützen), ist es häufig leichter, ein neues Unternehmen zu gründen, als ein erfolgreiches altes zu verändern.

Dies ist der Hauptgrund, weshalb die Netzwerkwirtschaft reich an Neugründungen ist. Es ist weniger riskant, mit Neugründungen zu versuchen, einen geeigneten neuen Satz von Kompetenzen zu versammeln, als etablierte Unternehmen umzustrukturieren, deren höchst verschlungene Kompetenzbündelungen der Auflösung widerstehen.
In einer zerklüfteten ökonomischen Landschaft besteht die wohl einzige Chance eines etablierten Unternehmens zur Anpassung an den turbulenten Wandel in der Strategie, »Sonderabteilungen« zu beschäftigen, was eine weitere biologische Vorgabe widerspiegelt. Computersimulationen von Evolutionsprozessen, insbesondere diejenigen, die David Ackely[3], ein Forscher bei *Bellcore*, durchgeführt hat, zeigen, daß sich die Quelle von Mutationen, die letztlich eine Population erobern, in den geographischen Randzonen des Populationsstammes befindet. Nach einer Periode des »Beta-Tests« an den Rändern übernehmen die Mutanten mit ihren Verbesserungen das Zentrum und werden zur Mehrheit.

3 »Interactions Between Learning and Evolution« von David H. Ackley und M. L. Littmann, in: *Artificial Life II*, hrsg. von C. G. Langton, Addison-Wesley 1992

An den Rändern müssen Innovationen nicht gegen die Starrheit etablierter Ordnung vorgehen; sie konkurrieren zumeist mit anderen Mutanten. Die Ränder lassen einem neuen Organismus auch mehr Zeit, seine Fehler abzuarbeiten, ohne hochentwickelten Organismen entgegentreten zu müssen. Wenn die Mutanten jedoch erst einmal kultiviert sind, überschwemmen sie rasch die alte Ordnung und werden bald zur dominanten Form.

Das ist die Logik von Sonderabteilungen. Separieren Sie ein Team weit entfernt vom Zentrum der Organisation, wo es isoliert vorgehen kann, weitab von der erdrückenden Starre des Erfolgs. Schützen Sie das Team vor Leistungsdruck, bis die Macken seiner Arbeit ausgebügelt wurden. Dann führen Sie die Innovation ins Zentrum ein. Nach einer Weile wird sie es übernehmen und der neue Standard werden.

Der Ökonom Michael Porter untersuchte 100 Branchen in zehn Ländern und fand heraus, daß die Quelle von Innovationen in allen Branchen, die er studierte, gewöhnlich entweder »Außenseiter« oder relative Außenseiter waren – etablierte Führungskräfte in einer Branche, die in eine neue hineinkamen.

**Um Innovation zu maximieren,
müssen Sie die Randzonen maximieren.**

Verstärken Sie die Grenzbereiche, die Außenbezirke und die zeitweilige Isolation, wo die Spannung der Differenz das Neue entzünden kann. Das Prinzip der Sonderabteilungen spielt in der Netzwerkwirtschaft eine entscheidende Rolle. Definitionsgemäß ist ein Netzwerk ein einziger, riesiger Rand. Es hat kein fixiertes Zentrum. Wenn ein Netzwerk wächst, hält es zunehmende Möglichkeiten für geschützte Stauseen bereit, aus denen Innovationen aufsteigen können, außer Sicht, aber eingebunden. Einmal feinabgestimmt, kann sich die Innovation wild reproduzieren. Die globalen Dimensionen der Netzwerkwirtschaft führen dazu, daß sich ein Fortschritt rasch und vollständig über den gesamten Erdball ausbreiten kann. Das World Wide Web selbst entstand auf diese Weise. Die erste Software für das Web wurde in der relativen Abgeschiedenheit eines akademischen Forschungszentrums im schweizerischen Genf geschrieben. Als die Software einmal existierte und 1991 in den dortigen Laboratorien lief, verbreitete sie sich binnen sechs Monaten auf Computer überall auf der Welt.

Die fundamentalen Regeln des Erfolgs sind ewig: Dienen Sie den Kunden wie besessen, steigern Sie die Qualität, übertreffen Sie die Konkurrenten, haben Sie Spaß. Die Natur der neuen Wirtschaft ändert diese Regeln nicht. Doch der Erfolg, den man mit ihrer Hilfe erreicht, ist nicht mehr, was er einmal war. Wie auch immer Sie es bemessen, Erfolg ist eine Art von Starrheit. Das Gesetz steigender Skalenerträge kann ihn verstärken, doch Erfolg folgt ihrem Schwung nur bis zur Spitze - die Spitze aber ist gegenwärtig höchst instabil. An der Spitze zu sein, wenn der Boden bebt, ist eine Belastung. Jeden Gesunden sollte Erfolg wahnsinnig machen.

In der höchst turbulenten, schnell sich umformenden Umgebung der neuen Wirtschaft liegen die Wettbewerbsvorteile bei den Wendigen und Formbaren, den Flexiblen und Schnellen. Geschwindigkeit und Agilität übertrumpfen Größe und Erfahrung. Schnell das Neue zu entdecken, ist nur eine Hälfte der Gleichung; es schnell ziehen zu lassen, ist die andere wichtige Hälfte. Von allen Lehren, die uns die Biologie zu bieten hat, während wir eine Netzwerkwirtschaft zusammenzufügen beginnen, wird die Notwendigkeit, von unseren Erfolgen abzulassen, die schwierigste sein.

Strategien

Mißdeuten Sie eine klare Sicht nicht als Zeichen kurzer Entfernung.

Der Schrecken der Rückentwicklung ist der, daß ein Unternehmen intakt bleiben muß, während es in die rauhe Wüste zwischen den Bergen des Erfolgs hinabsteigt. Es muß fortfahren, mehr oder minder profitabel zu sein, während es sich rückentwickelt. Sie können nicht von Gipfel zu Gipfel springen. Ganz gleichgültig, wie intelligent oder schnell eine Organisation ist, sie gelangt nicht dorthin, wo sie hin will, wenn sie sich nicht Schritt für Schritt durch ein wenig wünschenswertes Gebiet hindurchwurstelt. Eine Zeitspanne in minder optimalem Zustand durchzustehen, ist doppelt schwierig, wenn ein klares Ziel der neuen Perfektion deutlich in Sicht ist.

Zum Beispiel sah das Unternehmen, das die *Encyclopaedia Britannica* herausbringt, irgendwann in den frühen neunziger Jahren, daß es auf einem lokalen Gipfel festsaß. Man war an der Spitze: die beste lieferbare Enzyklopädie. Man hatte ein weltweites Vertriebsnetz, das ein weltweit anerkanntes Markenzeichen feilbot. Doch nebenan wuchs rasch etwas Neues: die CD-ROM. Die Silhouette dieses strahlenden neuen Berges war klar. Aber es handelte sich um einen neuen Bereich abseits des eigenen, alten Berges: kein Papier, kein Vertrieb an der Haustür, billige, kleine und zierliche Scheiben und ein Medium, das konstanter Aktualisierung bedurfte. Man würde viel von dem, was man wußte, ablegen müssen. Man *sah*, so klar wie nur möglich, noch eine Zukunft. Doch während das Ziel extrem klar war, war der Weg dorthin tückisch. Und wie sich herausstellte, war die Wegstrekke sogar noch länger, als man dachte. Das Unternehmen gab Millionen aus, verlor Vertriebsleute in Scharen und geriet an den Rand des Zusammenbruchs. Man geriet in eine unheimliche Periode hinein, in der weder das Geschäft mit dem Print-Medium noch das mit der CD-ROM funktionierte. Schließlich komplettierte man die CD-ROM-Enzyklopädie, die man sich viele Jahre früher vorgenommen hatte, doch erst nachdem ein Außenseiter (*Microsoft*) eine bessere herausgebracht hatte. Die Zukunft von *Encyclopaedia Britannica* ist immer noch in der Schwebe. Aber die Mühen sind normal. Wie der Futurist Paul Saffo sagt: »Wir neigen dazu, eine klare Sicht der Zukunft als eine kurze Entfernung zu mißdeuten.«

Heutzutage hat beinahe jeder in der Branche eine klare Sicht auf die Zukunft des Fernsehens. Es wird etwas sein, das auf dieselbe Weise wie das Internet zu Ihnen gelangt. Sie können einkaufen, vielleicht mit einem Spiel interagieren oder per Mausklick Zusatzinformationen zu dem Spielfilm abrufen, den Sie gerade schauen. Die Technologie scheint machbar, die Physik logisch

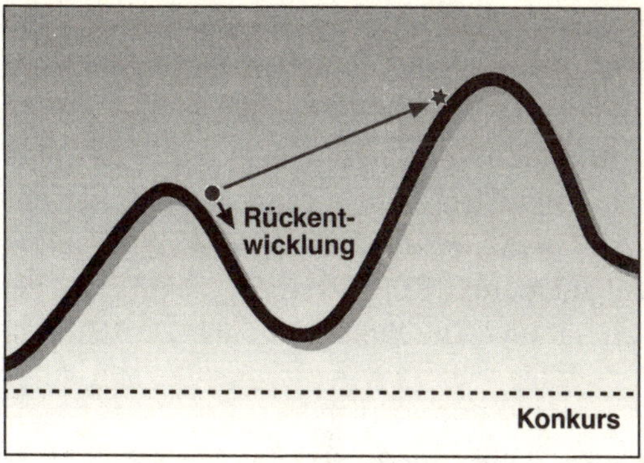

Einen höheren Gipfel zu erklimmen bedeutet häufig, zunächst ein Tal durchlaufen zu müssen. Eine klare Sicht auf die Zukunft sollte nicht als kurze Entfernung mißdeutet werden.

und die wirtschaftliche Dimension einleuchtend. Doch das Fernsehen der Zukunft sieht näher aus, als es wirklich ist, weil sich der wenig optimale Weg zwischen hier und dort durch eine unfruchtbare Wüste schlängelt. Obwohl die wirtschaftliche Seite später funktionieren dürfte, lohnt sie sich für den Augenblick kaum. Es könnte sein, daß keines der großen Fernseh-, Computer- oder Telefonunternehmen wendig (oder hungrig) genug ist, das Tal des Todes zu durchqueren – obwohl die Gestalt des Erfolgs so sichtbar ist.

Bilden Sie Netzwerke.

Es gibt nur eine vernünftige Strategie für die Durchquerung des Tals: Gehen Sie nicht allein. Etablierte Unternehmen tun gegenwärtig, was sie tun sollten: Sie weben Dutzende, wenn nicht Hunderte von Allianzen und Partnerschaften, sie suchen sich so vielen Interessennetzwerken anzugliedern wie möglich, sie teilen das Risiko durch Kooperationen. Eine kunterbunte Karawane von Firmen kann die schwierige Zeitspanne hoffnungsvoll durchqueren. Der Zusammenschluß ihrer Netzwerke bringt einige Vorteile. Erstens gestattet er es, das Wissen über das Terrain zu teilen. Irgendein Unternehmen könnte einen kleinen Hügel von Möglichkeiten entdecken. Sich dort niederzulassen, erlaubt es, kleine Möglichkeitsoasen zu schaffen. Wenn genügend Zwischenoasen gefunden oder geschaffen werden können, kann aus der langen Reise eine Serie kürzerer Sprünge entlang eines

Archipels kleiner Erfolge werden. Je mehr Firmen, Kunden und Interessengruppen die Durchquerung versuchen, desto eher kann die Erfolgsinsel gefunden oder geschaffen werden.
Bei der Entwicklung des Zukunftsautos – einem Auto, das man sich gegenwärtig leicht vorstellen kann – kann ein Autohersteller nur erfolgreich sein, wenn er ein Netzwerk von Händlern, Versicherern, Straßenbauern und Konkurrenten spinnt, das bei rascher Rückentwicklung und Durchquerung der Durststrecke hilft.

Wer ist für die Rückentwicklung zuständig?
Eine Führungskraft, die ebenso kreativ zerstören wie unnachgiebig aufbauen kann, ist selten. Eine Chefetage, die der Beendigung von etwas Funktionierendem zustimmen wird, ist selten. Ein Außenseiter, dessen Rat zum Verzicht auf einen »Golden Oldie« Beachtung finden wird, ist selten. Sie sind für die Rückentwicklung zuständig. Jeder ist es. Es handelt sich einfach um eine unumgängliche Pflicht in der Netzwerkwirtschaft.

Stellen Sie Erfolge in Frage.
Nicht jeder Erfolg muß drastisch abgewürgt, doch jeder Erfolg muß drastisch in Frage gestellt werden. Gibt es interessante Ersatzprodukte? Ziehen radikale Alternativen geballte Aufmerksamkeit auf sich? Sie müssen Innovationen weit im Vorfeld bedenken, solche, die sich »nicht auf gleicher Höhe« befinden. Gibt es Innovationen, die die Regeln des Spiels verändern? Hüten Sie sich vor kleineren Verbesserungen – winzigen Baby-Schritten auf demselben Berg. Das kann eine Form der Verweigerung sein. Nicolas Negroponte, der Direktor des MIT-Medienlaboratioriums, erklärt: »Inkrementalismus ist der schlimmste Feind der Innovation.«

Suche als Lebensform.
In der Netzwerkwirtschaft kommt Ihr heftigster Konkurrent in neun von zehn Fällen nicht aus Ihrem eigenen Umfeld. In turbulenten Zeiten, in denen wenig gefestigt ist, ist es unerläßlich, so ausschweifend wie möglich nach Orten zu suchen, an denen

Innovationen auftauchen. Eine unaufhörliche, flächendeckende Suche – breit, mühelos, entlang der Oberfläche – ist der einzige Weg sicherzustellen, daß Sie nicht überrascht werden. Lesen Sie nicht die Wirtschaftsmagazine Ihrer Branche; schauen Sie die Magazine anderer Branchen durch. Sprechen Sie mit Kulturwissenschaftlern, Dichtern, Historikern, Künstlern, Philosophen. Beschäftigen Sie ein paar Siebzehnjährige in Ihrem Büro. Machen Sie es sich zur Gewohnheit, Web-Sites ins Blaue hinein zu besuchen. Schalten Sie das Radio ein. Nehmen Sie Kurse im Drehbuchschreiben. Sie werden eine weit bessere Chance haben, das Auftauchen von etwas Wichtigem zu bemerken, wenn Sie diese entfernten Bereiche als Nachbarn behandeln.

7 Von Standorten zu »Standräumen«

Größe einmal völlig anders betrachtet

»Die Geographie ist tot.«
Diese Aussage ist zum Klischee unter den Fürsprechern der Digitalisierung und der Telekommunikation geworden. Der Heraufkunft von universaler und preisgünstiger Kommunikation wird nachgesagt, eine neue Ära einzuläuten, in der Entfernung, Ort, Immobilien und Geographie keine mehr Rolle spielen. Diese Aussage ist jedoch nur halb wahr.
Der Ort ist noch wichtig und wird es noch für eine lange Zeit bleiben. Die neue Wirtschaft operiert aber eher in einem »Raum« als an einem Ort, und im Laufe der Zeit werden mehr und mehr ökonomische Transaktionen in diesen neuen Raum übergehen.
Geographie und Immobilien werden »real« bleiben. Städte werden blühen, und der Wert eines besonderen Ortes, etwa einer Wildnis oder eines charmanten Bergdorfes, wird nur noch steigen.
Tom Peters, der immer wieder unterhaltsame Management-Guru, liebt es, die verdutzten amerikanischen Geschäftsführer mit der Bemerkung zu erschrecken: »Denken Sie an Asien, Lateinamerika, Osteuropa. Dort ist man intelligent, schnell und billig. Und sie liegen um die Ecke. Ihr schlimmster Alptraum von der Konkurrenz ist gegenwärtig nur eine Achtelsekunde entfernt!« Das ist die maximale Zeit, die ein Signal benötigt, von einem Ende des Globus zum anderen zu reisen. Diese hungrige Konkurrenz kann alles, was Sie können, billiger, und sie ist im Höchstfall eine Achtelsekunde entfernt. Kurz gesagt, Peters proklamiert das Ende der Entfernung und den Beginn der Globalisierung.
Das ist die schlechte Nachricht. Die gute ist, daß diese geogra-

phisch weit entfernten Konkurrenten nie näher als eine Achtelsekunde sein werden. Und für viele Dinge ist dies zu weit entfernt.

Für einen Kuß beispielsweise. Oder um Sport zu treiben. Oder Blumen anzuschauen. Neugegründete Unternehmen, die futuristische Multiplayer-Online-Spiele vertreiben, haben entdeckt, daß die Verzögerung in der Geschwindigkeit des Lichts, das den Globus umkreist, Echtzeit-Erfahrungen verhindert. Diese wahrnehmbare Lücke macht bei der Übertragung einer Buchbestellung oder eines Wettersignals keinen wirklichen Unterschied, doch genügend im Leben ergibt sich aus subtilen Sofortreaktionen, bei denen eine Achtelsekunde alle Intimität und Spontaneität abtötet. Darum werden wirkliche Echtzeit-Treffen von Angesicht zu Angesicht ihren unersetzlichen Wert behalten. Darum werden Flugreisen ebenso rasch zunehmen wie Online-Kommunikationen. Darum werden Städte als verzögerungsfreie Orte fortdauern, an denen es keine Achtelsekundenverschiebungen gibt.

Menschen werden Orte bewohnen, aber die Wirtschaft wird in zunehmendem Maße im Raum operieren.

Ein Ort ist in vier Dimensionen eingebunden. Damit zwei Dinge angrenzen können, müssen sie auf einer dieser vier Achsen nahe aneinander liegen: oben/unten, links/rechts, nach/vor (x, y, z) und Zeit. So reich physische Orte auch sind (und wir würdigen immer noch nicht richtig, wie reich sie sein können), sie beschränken die Anzahl der Verbindungen, die Entitäten zwischen ihnen bilden können. Eine Person an einem Ort kann nur mit einer begrenzten und ziemlich kleinen Zahl von Leuten in derselben Umgebung interagieren. Artefakte können nur andere Artefakte in unmittelbarer Nähe berühren.

Anders als ein Ort ist ein Raum eine elektronisch erzeugte Umgebung. In ihm wird sich die Wirtschaft mehr und mehr vollziehen. Anders als ein Ort hat ein Raum eine unbegrenzte Zahl von Dimensionen. Entitäten (Personen, Gegenstände, Agenten, Bits, Knoten usw.) können auf tausend verschiedene Weisen und in tausend unterschiedlichen Richtungen aneinandergrenzen. Eine Person in einem elektronischen Raum kann mit zehn Millionen Menschen zugleich kommunizieren oder bei einem Spiel mit 20000 anderen interagieren – Dinge, die im physischen Raum unmöglich wären. Ein Automobil kann in Hunderte von Richtungen verknüpft werden – mit anderen Autos, die kilometerweit entfernt im Verkehr stecken, mit Umgebungsüberwachungsgeräten, Satellitennavigationsantennen, Mautgebührenstellen und dem Servicecenter des Herstellers. An einem physischen Ort kann ein Auto nur mit dem interagieren, was sich in Bremsdistanz vor oder hinter den Stoßstangen befindet.

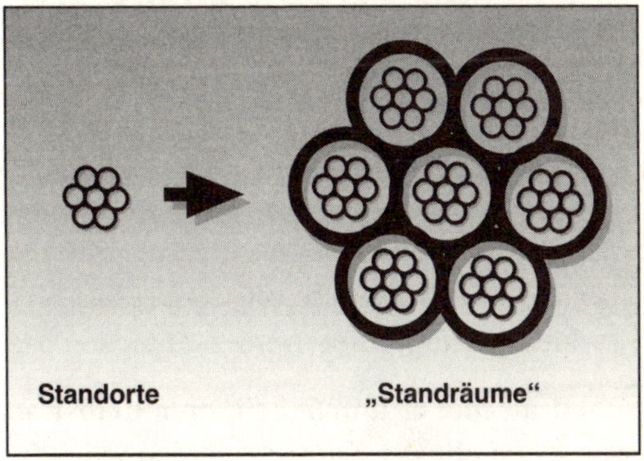

Die Erfindung der Kommunikation gestattete es dem Leben, sich von kugelförmigen Organismen zu fantastischen Seinsweisen zu entwickeln. Ebenso gestatten es Netzwerke ortsbasierten Unternehmen, in fantastischen »Standräumen« aufzublühen.

Räume sind nicht durch Nähe gebunden. Der Vorteil von Räumen wurzelt weniger in ihrer geographieunabhängigen Virtualität als vielmehr in ihrer unbegrenzten Fähigkeit, Verbindungen und Beziehungen aufzunehmen. Mit den Mitteln der Kommunikation können Netzwerkräume Knoten, Dimensionen, Beziehungen und Interaktionen verbinden – nicht nur solche, die physisch nahe beieinander liegen.

Die populäre Rede vom »Raum« ist eine verkürzte Version des virtuellen Raums, einem Science-fiction-Ausdruck für einen elektronischen Raum. Aber die Wurzeln des Ausdrucks liegen tiefer. Der technische Begriff des »Raums« kam aus der Mathematik und der Informatik. Raum ist die Art, wie die Wissenschaftler komplexe Systeme beschreiben; sehr komplexe Räume haben ihre eigene, einzigartige Dynamik. Die Rede von Raum ist insbesondere praktisch, wenn die vage und unbestimmte Form von Netzwerken beschrieben wird. Das Netz, das Milliarden von Objekten und Agenten (es gibt bereits mehr als 100 000 Kameras im Netz) umfaßt, bewegt sich in dem, was Mathematiker »sehr große Dimensionen« nennen, und hat entsprechend eine neue Dynamik. Wenn sich elektronisch vermittelte Umgebungen erweitern, hat Ort weniger Einfluß als komplexer Raum. Sofern die Wirtschaft in jedes Netzwerkmedium eindringt, wird ein physischer Marktplatz durch einen konzeptuellen Marktraum ersetzt.

Die Netzwerkwirtschaft verändert Orte in Räume.

Im neuen Bereich hochdimensionaler Räume zeigt die Netzwerkwirtschaft die folgenden raumbasierten Verhaltensweisen.

- Eine neue Art von Größe
- Üppig wuchernde Ordnungen
- Gleichberechtigung
- Neue Zwischeninstanzen

Die industrielle Wirtschaft machte es unmöglich, unmittelbar an der Quelle aller Güter zu leben, die der Konsument sich wünschte. Wenn Sie Bananen haben wollten, mußten viele Vermittler zwischen der Plantage in Honduras und Ihrer Küche die Frucht weiterreichen. Zwischen dem Autor eines Buches und Ihnen bedurfte es einer Kette aus Verlegern, Druckern, Auslieferern, Grossisten und Buchhändlern. Zwischen Ihnen und guter Gesundheit standen Ärzte, Krankenschwestern, Versicherungsgiganten und Krankenhauspersonal. Zwischen Ihnen und Ihrem Traumwagen lag eine Serie von Minenarbeitern, Stahlkochern, Ingenieuren, Herstellern, Güterbahnhöfen, Verkaufsräumen und Verkäufern. Jeder dieser Akteure reichte die Ware oder die Dienstleistung weiter; einige vollendeten das Produkt (der Autobauer) oder erbrachten die Dienstleistung (das Krankenhauspersonal), und einige brachten es einfach physisch zu Ihnen (der Bananendampfer). In der Wirtschaftstheorie wurde diese Reihe als Wertschöpfungskette bekannt. Jedes Zwischenglied in der langen Kette der Erzeugung fügte ein gewisses Maß an zusätzlichem Wert hinzu, was die Kosten rechtfertigte, die das Zwischenglied zum Endpreis der Ware addierte. Die Unternehmen konkurrierten um ihre Einreihung in eine Wertschöpfungskette, dann darum, ihre Kontrolle über größere Abschnitte der Kette auszubauen.

Einer der ersten wahrnehmbaren Effekte von Computern und vernetzter Kommunikation war die alarmierende Art und Weise, wie beides die traditionellen Wertschöpfungsketten unterbrach. Der Futurist Paul Saffo bezeichnet die vielfältigen Interaktionen, die zum Überleben in der Netzwerkwirtschaft erforderlich sind, als einen Schritt »von der Wertkette zum Wertnetz«.

Im Marktraum von Netzwerken fließt Wert nicht linear, sondern in gewebeartigen Strukturen.

Viele klassische Wertschöpfungsketten waren mit Zwischengliedern bevölkert, die ein fertiges Produkt oder eine Dienstleistung verteilten. Nehmen Sie Bananengroßhändler. Obwohl sie das Produkt physisch handhabten und häufig mit großen Kosten lagerten, war ihr Hauptwert für den Kunden informationell. Theoretisch könnten kleine Bündel Bananen verpackt und mit weniger Zwischengliedern, die sich mit Lagerung und Verteilung befassen, von einer bestimmten Plantage aus direkt zu Ihnen nach Hause geschickt werden – zu geringeren Kosten. Sie würden Ihre Bestellung von Bananen wöchentlich, außer in den Schulferien, direkt an *Best Bananas* in Honduras senden, und von dort würde man sie Ihnen zuschicken. Dies effektiv zu leisten, würde jedoch eine Netzwerktechnologie erfordern, die dazu fähig ist, a) eine Plantage zu finden, die Ihnen zusagt, b) die richtige Menge zur richtigen Zeit zu Ihnen zu bringen, c) zu einer kooperierenden Plantage zu wechseln, wenn die Früchte der ersten Plantage noch nicht reif sind, d) den Rechnungsbetrag eines solch winzigen Kunden wie Ihnen einzuziehen und e) mit den Millionen von gewöhnlichen Ausnahmen und Mißgeschicken umzugehen, die jedes System, das so komplex ist wie dieses, mit sich bringen würde.

Das industrielle Zeitalter verfügte über keine derartige Technologie, weshalb es das Großhandelssystem an die Stelle vernetzter Informationen setzte. Bestellungen wurden bei einem lokalen Händler gesammelt, an einen Großhändler gesandt, der sie wiederum sammelte und die zusammengefaßte Anforderung über verschiedene Versandzwischenglieder an eine Agrarkooperative weiterleitete, die die Bestellungen auf verschiedene Plantagen verteilte. Ihre persönliche »Bestellung« ging in einem Meer von anderen Bestellungen unter; es lag im Wesen des Systems, sie zu ignorieren. Auf ihrem Weg zurück folgten die Bananen einer umgekehrten Kette von Stationen, wobei Zwischenlagerungen zur Pufferung der unvollständigen Kundeninformationen dienten, die eigentlich benötigt würden.

Es mag noch lange dauern, bis Bananen aus der industriellen Wertschöpfungskette herausfallen, doch andere Lebensmittel, teurer und weniger sperrig, können auf diese Weise bereits gekauft werden. Überall in den Städten können Lebensmittelenthusiasten besondere Kaffeesorten, echten Ahornhonig oder unbehandeltes Bio-Kalbfleisch erwerben, indem sie sich mit den Landwirten direkt in Verbindung setzen und ihre Waren unter Umgehung des Groß- und Einzelhandels direkt vom Erzeugerbetrieb über Post- oder Paketdienstnetzwerke beziehen. Wenn Gourmets Web-Sites oder Versandkataloge zum direkten Einkauf beim Erzeuger benutzen, verschwinden die traditionellen Zwischenglieder von der Bildfläche.

Die Finanzbranche war die erste, die diese schleichende Ersetzung der Zwischenglieder namhaft machte. Man bemerkte ganz richtig, daß dann, wenn Informationstechnologie in die Finanzbranche eindringt und wenn die Branche dereguliert würde, niemand mehr Banken zu benötigen schien – wenigstens nicht als bürokratische Zwischeninstanzen. Sie bekommen günstigere Darlehen bei Ihrer Warenhauskette, höhere Zinsen bei einem Gemeinschaftsfonds und besseren Service an einem Geldautomaten. Bankfunktionen würden »*ent*mittelt«, schrien die Banker auf. Die Aufhebung der Vermittlungsfunktion des Bankwesens schreitet unvermindert voran; jede Woche macht ein anderer Zweig der Branche dicht.

In dem Maße, in dem sich immer mehr ökonomische Aktivitäten

auf Wissen und Information zubewegen, scheint die Wirtschaft reif für eine folgenreiche Aufhebung von Zwischeninstanzen. Warum sollten solche Produkte des digitalen Zeitalters wie Musik-CDs und Nachrichtendienste irgendeine andere Route nehmen als jene kurze, die direkt vom Künstler oder Autor zu Ihnen, dem Interessenten, führt? Jüngste Erfolgsgeschichten, wie z. B. der Fall von Matt Drudge, machen die Tendenz eines Netzwerks, die Instanzen in der Mitte zu umgehen, recht glaubhaft. Drudge, ein namenloser Klatschreporter aus Hollywood, verteilte seine Insider-Knüller direkt vom Computer in seinem Schlafzimmer an eine wachsende Zahl von Lesern im Web, bis er es zu einer landesweiten Leserschaft und einem nationalen Markenzeichen gebracht hatte. Einige Bands, sowohl berühmte als auch unbekannte, versuchen dasselbe im Musikbereich. Die mühevollen Pflichten der CD-Pressung, -Einlagerung, ihres Versands quer durchs Land, ihrer Lagerung auf Paletten und schließlich der Kampf um Regalplatz in den Musikgeschäften, all dies scheint sich in Luft aufzulösen, wenn Netzwerktechnologien die direkte Übertragung von Musik zu den Fans möglich machen. Ein großes Netz, keine Mittelsmänner, keine Umstände.

Die Möglichkeit der Ausschaltung von Zwischeninstanzen zieht jedoch gegenwärtig erst herauf und wirft einen langen, furchterregenden Schatten. Insbesondere der Einzelhandel ist in Panik. Wenn sich jeder im Web einloggen und die Bezugsquelle für den günstigsten Kühlschrank direkt beim Hersteller erfragen kann, was ist dann noch drin für die Geschäfte in den Einkaufspassagen? Wenn jeder eine Videokassette direkt bei der Filmgesellschaft bestellen kann, was ist dann noch drin für den örtlichen Videohandel? Wenn jeder bei Bedarf zwischen 5 000 Filmkomödien wählen kann, was ist dann noch drin für die Fernsehsender? Die Großhändler sind grenzenlos beunruhigt, die Künstler und Erzeuger aber euphorisch. Das Web zeigt (endlich!) einen Weg, das System beschränkten Regalplatzes zu besiegen, das das Debüt neuer Romane, neuer Alben und neuer Produkte in jeder Art von Ladengeschäft verhinderte. Im Web ist unbegrenzter Platz. Hier winkt Erfolg für jedermann.

Als das *Wired-Magazine* 1993 eine der ersten kommerziellen

Web-Sites entwickelte, wurde der Ausdruck »unbeschränkter Regalplatz« häufig benutzt. Eng verbunden mit dieser Ausdrucksweise war die Rede von der »Umgehung des Herausgebers«: Gemeint war, daß Herausgeber überflüssige Zwischeninstanzen seien und daß Schreiber und Leser nicht dem frustrierenden und herabwürdigenden Filter aus zwischengeschalteten Vermittlern unterworfen sein sollten. Der pure Stoff sollte mit voller Länge und nackter Kraft direkt vom Schreiber zum Leser fließen. Unsere ersten Prototypen überzeugten uns davon, daß das Netz nicht auf diese Weise funktionierte. Die Web-Site, die wir einrichteten und heute noch ausbauen (*Wired Digital*), basiert auf einer anderen Prämisse: Zwischenglieder haben in einer Netzwerkwirtschaft gewaltigen Wert.

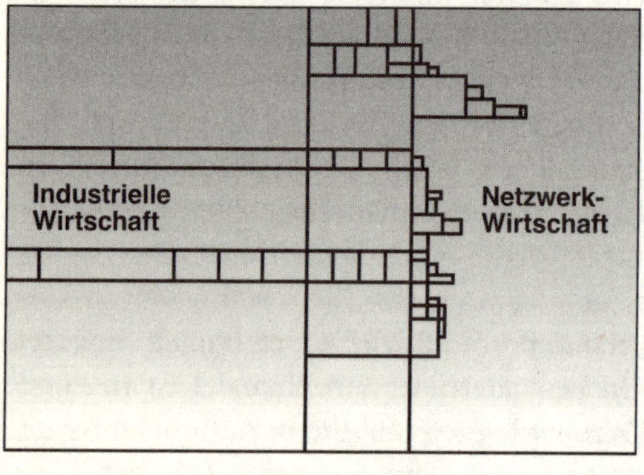

Technologie vermehrt die Zahl der Zwischeninstanzen. Kleinere Unternehmen sind häufig fähig, Nischen dort zu finden, wo vorher gar keine existierten.

Alles im Web, insbesondere die Zahl von über einer Million existierender Web-Sites, legt nahe, daß die Erwartung genau falsch ist, die Netzwerkwirtschaft begünstige die Aufhebung von Zwischeninstanzen. Das Gegenteil ist der Fall. Netzwerktechnologien eliminieren Zwischeninstanzen nicht. Sie bringen sie hervor. Netzwerke sind ein Nährboden für Zwischeninstanzen.

Wo Netzwerke hingehen, folgen Zwischeninstanzen.
Je mehr Knoten, desto mehr Mittelsmänner.

Es ist so billig, Transaktionen von beinahe jedem Ort aus jederzeit durchzuführen, daß winzige Wertsplitter, auf die Mikro-

kosten von Transaktionen aufgesetzt, operativ in alle Arten von Prozessen und Produkten eingefügt werden können. Weil jeder Splitter Mikrowert so billig ist, gibt es ökonomischen Raum für viele Splitter von Mikrowert, wo vorher nur Raum für eine Zwischeninstanz war. Indem die Transaktionskosten auf das Nanopfennigniveau absacken, können winzige Wertanteile gewinnbringend mehr und mehr Prozessen hinzugefügt werden.
Die kombinatorische Mathematik von Netzwerken kurbelt auch die Möglichkeiten von Zwischeninstanzen an. Definitionsgemäß ist jeder Knoten eines Netzwerks ein Knoten *zwischen* anderen Knoten. Je mehr Verbindungen es zwischen den Teilnehmern in einem Netz gibt, desto mehr Zwischenknoten kann es geben. Alles in einem Netzwerk ist eigentlich Zwischeninstanz.

Alle Knoten in einem Netzwerk sind Zwischeninstanzen.

Eines Tages wird jeder auf der Welt über E-Mail verfügen, und wenn dies der Fall ist, möchte ich nicht sechs Milliarden E-Mails pro Tag bekommen, weil jeder mitteilt, was ihm so durch den Kopf geht. Da wahrscheinlich die Hälfte der Welt ihr eigenes Geschäft betreiben wird und die Hälfte davon Neugründungen sein werden, muß ich alles Erdenkliche dafür tun, Zwischeninstanzen zwischen meine Mailbox und die Mail-Sender der anderen zu schalten, um meine eingehende Post zu sortieren, zu lenken und zu filtern. Ebenso werde ich, wenn ich Mohammed Jhang in Turkmenistan, den ich nicht persönlich kenne, von meiner jüngsten Gentherapiekur gegen Arthritis erzählen möchte, eine Zwischeninstanz benötigen, die ihn findet und hinter seine Sperrfilter gelangt. Ich würde wahrscheinlich nicht durchdringen, und so werde ich Zwischeninstanzen brauchen (einen Werbestrategen? eine Lotterie? einen Lokalisierungsagenten?), um ihn herauszulocken, vielleicht einen Tauben-Züchterverein oder das Kinocenter, wo er seine Filme bekommt, damit er meine Entdekkung wahrnimmt. Natürlich, jeder kann »Neue Gentherapiekur gegen Arthritis« eintippen und 32 000 Mal abschicken. Doch Sie benötigen Zwischeninstanzen, die für den medizinischen Wert bürgen. Sie benötigen Zwischeninstanzen, um meinen Preis mit dem anderer zu vergleichen.

Der Marktraum der neuen Wirtschaft kann weit mehr Zwischeninstanzen verkraften, als es der Marktplatz der alten konnte. Dieser anschwellende Pulk von Zwischeninstanzen wird zur verstärkten Mitte. So wie sich Netzwerke vermehren, tun es Ordnungen sich kreuzender Interessen, die dem Bereich der Mitte zugehören.

Technologie hat die Größe von Unternehmen immer beeinflußt. Die Erfindung des Fahrstuhls machte hochaufragende Gebäude möglich, die Tausende von Angestellten in einem eng verbundenen physischen Raum zusammenbrachten. Hochaufragende Türme begründeten das goldene Zeitalter der zentralisierten Gesellschaft. Die Einführung von Telefonen auf den Schreibtischen der Angestellten gestattete es der zentralisierten Gesellschaft, Filialen in benachbarten Städten und Staaten zu eröffnen, so daß das Personal der Gesellschaften wuchs; auf seinem Gipfel im Jahre 1967 beschäftigte *GM* in seinen Fabriken und Verwaltungsgebäuden etwa 850 000 Leute.

Computer und Netzwerktechnologie initiierten eine Wende in die andere Richtung. Wofür man früher acht Leute benötigte, könnte nun unter Verwendung von Technologie mit sieben erledigt werden. Unternehmen, die in starkem Maße auf diese Technologien setzen, könnten die Zahl der Angestellten reduzieren. Ein Unternehmen wie *Microsoft* beschäftigt heute vergleichsweise wenig Personal, nur 20 000 Leute.

Wenn Firmen durch ein bißchen Technologie kleiner wurden, dann zwingt die logische Verallgemeinerung dieser Tendenz zu dem Schluß, daß ein Unternehmen durch viel Technologie weiter schrumpft, bis es zum Ein-Mann-Betrieb würde. Einige Statistiken legen diese Tendenz nahe. 14 Millionen Selbständige, 8,3 Millionen freie Mitarbeiter und 2,6 Millionen Teilzeitbeschäftigte in den Vereinigten Staaten zusammengenommen, gibt es heute 25 Millionen Amerikaner, die in Einheiten der Größe Eins arbeiten. Wenn sich dieser Trend noch einige Dekaden fortsetzt, wird in der Zukunft jeder ein Freiberufler sein, und unser Land wird eine Nation der Freiberufler.

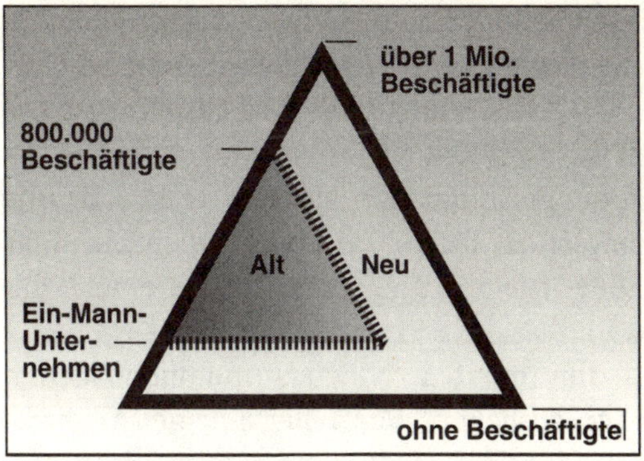

Netzwerktechnologie vergrößert die Großunternehmen, schafft aber dennoch mehr Möglichkeiten für Klein- und Kleinstunternehmen, während auch die Zahl der mittelgroßen Unternehmen steigt.

Doch Netzwerkmacht nimmt beide Wege. Obwohl Netzwerke den Einzelpraktiker bestärken, bestärken sie auch sehr große Organisationen. Wir werden ebenso wahrscheinlich den Aufstieg der Godzilla-Nation erleben wie den der Freiberufler-Nation. Größe ist bis jetzt noch nicht ausgeschöpft. Mit der unglaublichen ortsunabhängigen Kraft von Kommunikationstechnologien und einem noch zu erschließenden globalen Markt werden wir bald Zeugen von Gesellschaften werden, die die alte Größe von *GM* zwergenhaft erscheinen lassen. Man kann sich von einer wahrhaft globalen Unternehmensberatung vorstellen, wie z.B. von *Andersen Consulting* oder *Ernst & Young*, daß es einen weltweiten Mitarbeiterstab von einer Million haben wird.

Doch das Große wird eine andere Art von Größe haben.

Im Raum von Netzwerken wird Größe anders gerechnet. Die Wirtschaft der Zukunft wird einer großen runden Scheibe gleichen, diffus und an den Rändern ausgefranst, mit zahlreichen verstreuten Zentren und einzelnen Agglomerationen in der »Mitte«. Unternehmen werden sich mehr in der Gestalt als in der Größe verändern.

Während der industriellen Ära war Größe in Extremen polarisiert. Hier gab es die »Welt« bzw. die Massen, dort gab es das »Ich«. Die Industrialisierung betonte die Effizienz der Massenproduktion, was schnell zum Massenkonsum und zur Massengesellschaft führte. Eine Tendenz zum Großen, wenn nicht zum Größten, durchzog die Gesellschaft. Wenn etwas getan zu werden wert war, war es wert, im Weltmaßstab getan zu werden. Die Ambitionen richteten sich auf den höchsten Wolkenkratzer, die größte Fabrik, den größten Staudamm, die längste Brücke. Die Kommunikationstechnologien dieses Zeitalters ließen ebenfalls die Muskeln der Größe spielen. Die gedruckte Seite und das Radiosignal – für das industrielle Zeitalter so zentral wie jedes Produkt aus Eisen – informierten, bildeten und mobilisierten Hunderte von Millionen ausgehend von einer einzigen Übertragungsquelle. Die Macht der Größe wurde niemals so schön dargestellt wie durch das Fernsehen: ein winziger Funke, so verstärkt, daß er Milliarden von Leuten über Tausende von Kilometern hinweg sofort erreichte, und zwar unisono.

Das »Ich« auf der anderen Seite wurde durch Massenwerbung und den Kult des Individuellen genährt, der nach dem Zweiten Weltkrieg entstand. Eine Faszination durch die Psychoanalyse, das Ego, persönlichen Ausdruck und Selbstachtung kulminierte in den »Ich-Dekaden«, die um 1970 begannen. Die ersten Bits des Informationszeitalters nährten Appetit nach weiterem Individualismus. Wir bekamen persönliche Computer inmitten von persönlichen Trainern, persönlichen Beratern und der Erwartung, daß sich alles personalisieren würde.

Von der Industrialisierung zurückgelassen wurde der Bereich der Mitte. Die Mitte war einst der Ort, wo alle lebten und das meiste geschah. Diese Größe blühte in geographischen Ortschaften (mit Zehntausenden), gewöhnlichen Gemeinschaften (mit Tausenden) und Nachbarschaften (mit Hunderten). Orte erfaßten die Mitte sehr gut.

Doch die Lebendigkeit von Orten wurde durch den Druck geschwächt, alles entweder riesig für die Massen oder individuell für die Person zu machen. Die Logik des Modernen war: Es muß für alle passen, oder nur für mich. Weder die Massengesellschaft noch der Kult des Persönlichen waren dafür ausgerüstet, mit der besonderen Dynamik der Mitte umzugehen. Es gab wenig ökonomische oder technologische Unterstützung dafür, mit einer Innovation auf 5 000 Leute abzuzielen. Weder der Rundfunk noch der persönliche Chip beispielsweise wußten wirklich, was mit Ortschaften und Nachbarschaften zu tun sei.

Die Netzwerkwirtschaft verstärkt den Mittelraum. Sie sorgt für Technologie (was das industrielle Zeitalter nicht konnte), um mittelgroße Wunder hervorzubringen.

Technologie für die Massenproduktion wird bleiben. Technologie für die Anpassung an persönliche Bedürfnisse wird sich beschleunigen. Doch zum ersten Mal haben wir Technologie, die natürlich angepaßt ist für eine Größe zwischen Masse und Selbst. Wir haben eine Netz- und Web-Technologie für Mittelmaß.
Der Futurist Alvin Toffler bringt es auf den Punkt: »Die Ära der Massengesellschaft ist vorbei.« Er zählt die Opfer einzeln auf: »Keine Massenproduktion mehr. Kein Massenkonsum mehr. Keine Massenerziehung mehr. Keine Massendemokratie mehr. Keine Massenvernichtungswaffen mehr. Keine Massenunterhaltung mehr.« An deren Stelle: eine Welt der Nischen. Nischenproduktion, Nischenkonsum, Nischenunterhaltung, Nischenerziehung. Nischenwelt. Gemeinschaften. Sympathisantengruppen. Klubs. Interessengruppen. Clans. Subkulturen. Stämme. Kulte. (Es ist nichts Utopisches an einer solchen Welt.) Anstelle der Massentechnologie des Fernsehens verfügen wir jetzt über netzzentrierte Alternativen.
Wir sehen das Problem der unversorgten Mitte am deutlichsten bei Kommunikationsmedien. Sagen wir, Sie wollten einmal am Tag zu 10 000 Leuten sprechen. Wenn Sie nicht zu einer geographisch gebundenen Gruppe sprechen wollten – einer kleinen Ortschaft oder einem Teil einer kleinen Stadt –, wären Sie schlecht beraten. Sie können sich via Rundfunk an eine Million Unbekannte wenden und hoffen, daß Sie zufällig auf einige der erhofften 10 000 treffen, oder Sie können langsam die Namen der Individuen sammeln, die mit Ihnen in Kontakt treten, und an diese direkt übertragen. Keiner der Wege ist elegant. Einzelhändler nennen dies die »schwierige Mitte«, weil es so schwierig ist, eine Gruppe von 10 000 Kunden zu bedienen, die ein gemeinsa-

mes Interesse, nicht aber eine gemeinsame geographische Lage teilen. Einzelhändler werben um die Mitte, weil sie gelernt haben, daß man den Leuten nicht nur schlichten Geldaustausch bieten kann. Es braucht andere wesentliche Eigentümlichkeiten des Marktplatzes – Gespräche, Herumtrödelei, Flirt und Leute-Beobachten. Bevor Sie Geschäfte machen können, bedarf es einer Gemeinschaft, einer mittleren Anzahl interagierender Leute.

Man braucht ein Dorf, um ein Einkaufszentrum zu errichten. Gemeinschaft führt zu Geschäft.

Die schwierige Mitte ist ein dringliches Problem. Wir haben Mittel, um auf die Ideen einer Person in einem Buch zuzugreifen: seinen Index und sein Inhaltsverzeichnis. Wir haben Mittel, um auf die Ideen einer Bibliothek von einer Million Bänden zuzugreifen: ihren Katalog. Aber wir haben keine Mittel, um auf Ideen in der schwierigen Mitte zuzugreifen: auf den Bereich des Sachverstands von 10 000 Wissenschaftlern oder von 1 000 Büchern. Wohin wenden Sie sich, wenn Sie eine Auflistung der Hauptbegriffe, Hauptthemen und Hauptideen der gesamten Literatur über den amerikanischen Bürgerkrieg benötigen?
Bis vor kurzem: nirgendwo hin. Heutzutage schießt Ihnen sofort die Abkürzung WWW durch den Kopf. Wir sehen im World Wide Web die Verheißung eines brauchbaren Mittelgebiets. In diesem besonderen Fall könnten die Hyperlinks aller Dokumente zur Erzeugung eines Index jenes mittelgroßen Wissens gefiltert und kategorisiert werden.
Der elektronische Raum bestärkt Mittelgemeinschaften. Anders als Rundfunk oder PC-Chips, fördert ein Netzwerk die Energie, die vom Freund eines Freundes zum Freund eines Freundes fließt. Netzwerkarchitektur kann Zielgruppen und Gemeinschaften einer Zwischengröße, die sich auf gemeinsame Interessen konzentrieren, finden, kultivieren, verführen, verwalten und pflegen. Nischenmärkte, mit anderen Worten. Magazine, die im Netzwerk des Postsystems verwurzelt sind, haben Nischenmärkte seit einem Jahrhundert bedient. Doch das aufkommende Breitbandnetzwerk bietet vielen Beziehungen, die vom Postnetzwerk

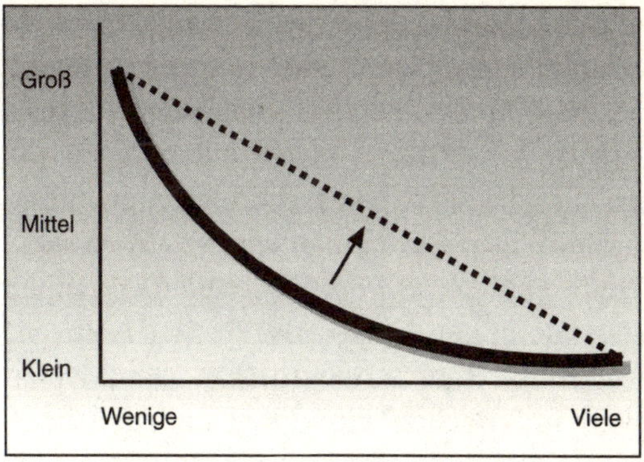

Dienstleistungen und Waren für bislang ignorierte Gruppen von Gemeinschafts- oder Ortsgröße, auch bekannt als die schwierige Mitte, können durch Netzwerktechnologie ökonomisch sinnvoll werden.

(und von Magazinen) nicht geboten werden konnten: spontane Antworten, volle symmetrische Bandbreite, wahrhaft gleichberechtigte Kommunikation, Archivierung, Filterung, gemeinschaftlichen Speicher etc.

Die Netzwerklogik unterstützt den Mittelraum auf mehrfache Weise.

Erstens machen es die sinkenden Kosten von Information möglich, zwei Gleichgesinnte zu finden und dann weit effektiver als in der Vergangenheit zu verbinden. Einmal verbunden, halten billige Transaktionen die Verbindung am Leben.

Zweitens erweitern symmetrische Nachrichtenübermittlungen, Text, Video, Audio, 3D-Räume, Archive, private Bereiche zusammengenommen die einst magere Attraktivität einer virtuellen Gemeinschaftserfahrung, was die Gemeinschaft länger erhält.

Drittens bedeutet die Allgegenwart von elektronischem Zahlungsverkehr im Netzwerk, daß jede Nische die Fähigkeit hat, eine begrenzte Wirtschaft in Gang zu bringen. Das Wissen, das Hundezüchter untereinander auszutauschen pflegen, kann für eine Gemeinschaft als Ganzes lukrativ werden, wenn es an die Netzwerkwirtschaft angeschlossen wird.

Viertens bedeutet schrankenlose Netzwerkwirtschaft, daß winzige Gemeinschaften sich theoretisch zum größten Pool potentieller Mitglieder auswachsen können: bis zu sechs Milliarden Menschen. Das Gesetz steigender Skalenerträge kann ein kleines

Interesse zu einem mittelgroßen Interesse befördern. Wo es früher einen einsamen Fan für jede Sache gab, ist ihr heute eine Web-Site gewidmet; bald kann es 10 000 Enthusiasten für jedes Faszinosum geben.

Die Netzwerkwirtschaft hat die Kraft von Liebhabergruppen und informierten Gleichgesinnten in Bewegung versetzt. Amateure, angeschlossen ans Netz, entdecken Kometen, finden Fossilien und verfolgen Vogelwanderungen besser als Profis. Indem sie ihre Interessen vernetzen und Tips herumschicken, produzieren Amateure auch Software in Sprachen, die so neu sind, daß sie in keiner Klasse unterrichtet werden. Diese selbstorganisierten Gemeinschaften, durchs Netz aus ihrer Verborgenheit befreit, sind die neuen Autoritäten.

Stummfilmfans und Meteoritensammler versammeln sich rasch im Netz, weil sie der Raum des Netzes zu einem Marktzentrum vereint, der von einem direkt auf sie zielenden Gewerbe bedient wird. Ägyptologen oder Krebspatienten können eine mittelgroße Agora (weder unbedeutend noch riesig) für Ideen und Wissen bilden. Für die Nischengemeinschaften ethnischer Gruppen oder der Klingon-Sprecher war im Massenmarkt kein Platz, doch die Netzwerkwirtschaft konstruiert für sie einen Raum.

Massenfernsehsender und große Printmedien verschwinden aber nicht. Der Hauptvorteil von Netzwerken, die auf Gleichrangigkeit beruhen – daß Information in kleinen Wellen durch ein Geflecht von gleichen Knoten fließt –, ist auch die Hauptschwäche von Netzwerken. Information kann nur durch indirekte Osmose fortschreiten, sich wie Klatsch nach und nach verbreiten. Das Netz wird ein Dickicht von Hindernissen, das simultane Verbreitung an alle Teile verhindert.

Das Netz bewegt sich vom Massenmedium zum Chaosmedium.

Gerüchte, Konspiration und Wahn wuchern im neuen Chaosmedium üppig. Diese waren immer die Schattenseiten von Gemeinschaften: Die Mittelregionen des Netzwerks werden ebenfalls mit undurchdringlichen Geflechten und wahnhaften Empfindlichkei-

ten umzugehen lernen müssen. Indem sie aus diesen Nachteilen Kapital schlagen, werden Massenmedien innerhalb der Netzwerkwirtschaft symbiotisch gedeihen. Manchmal werden Echtzeit-Signale en masse gebraucht und sind erwünscht. Die Breitenwirkung der Massenmedien wird benutzt oder bestimmtes Material direkt zu den Benutzern geleitet. Das Web braucht Massenmedien zur Konzentration von Aufmerksamkeit, und Massenmedien brauchen das Web, um Gemeinschaften zu finden.
Netzwerktechnologie begünstigt alle Größen. Sie befähigt die Größten, noch größer, und die Kleinsten, noch kleiner zu werden. In der nächsten Zukunft können wir Institutionen erwarten, die größer als jemals zuvor sind, und solche, die kleiner als alles Bekannte sind. Beispielsweise werden einige Banken zu monströser Größe wachsen, während zur selben Zeit andere Banken auf die Größe einer Smart Card in der Brieftasche schrumpfen und sich millionenfach vermehren. Unternehmen mittlerer Größe vermehren sich ebenfalls. Was früher nur durch lokale Präsenz erreicht wurde, geschieht nun durch das Netz.

Strategien

Die einzige Seite eines Netzwerks ist die Außenseite.
Wie eine rasant wirbelnde Zentrifuge erzeugt das Netz eine unerbittliche Kraft, die alles von innen an die äußeren Ränder schleudert. Weil wenig im Inneren verbleibt, verlagert sich das Geschehen an die Ränder. Statt sich dieser zentrifugalen Kraft entgegenzustemmen, sollten Unternehmen über das Outsourcing von Aufgaben nachdenken, die von anderen genauso amorphen Netzwerkunternehmen übernommen werden können. Die kraftvollste Ausweichstrategie vor dem Außendrift des Netzes besteht darin, scheinbare Kernbereiche auszulagern. Beispielsweise lagern einige Fluggesellschaften das Luftfracht-Transportgeschäft aus, selbst wenn die Fracht mit ihren eigenen Flugzeugen transportiert wird. Es gibt 1001 Gründe, weshalb die Auslagerung von Kernbereichen unmöglich scheint, aber 999 davon ignorieren die zentrifugale Kraft der Netzwerkwirtschaft.

Bereiten Sie sich auf blitzartig auftauchende Massen vor. Elektronische Räume verwirren die Besuchermengen: Sie können blitzartig erscheinen und dann ebenso blitzartig wieder verschwinden. Während des Schachwettkampfes zwischen Deep Blue und Gary Kasparow begrüßte die IBM-Web-Site fünf Millionen Besucher. Als das Match vorbei war, war die Site leer. Am Vorabend der US-Wahlen des Jahres 1996 registrierte die CNN-Web-Site 50 Millionen Einwahlversuche. Am nächsten Tag war die Menge weg. Das Massenpublikum hat sich zu einer Welle transformiert, die zwischen verschiedenen Attraktionen herumsaust. Doch es gehört zur Natur von Räumen, daß Sie bereit und gerüstet sein müssen, um eine Masse blitzartig aufzunehmen, wenn sie kommt.

8 Innovation am Rande des Ruins

Die anhaltende Schieflage als Erfolgsstrategie

Aus Sicht der Industrie war die Wirtschaft eine Maschine, die auf optimale Effizienz getrimmt werden mußte und sich dann in produktiver Harmonie erhielt. Arbeitsplätze, Unternehmen und Branchen mußten um jeden Preis geschützt und umsorgt werden, als ob Firmen seltene Uhren in einer Glasvitrine wären.
In dem Maße, in dem Netzwerke unsere Welt durchdrungen haben, begann die Wirtschaft einer Ökologie von Organismen zu ähneln, wechselseitig verknüpft, beständig im Fluß, zutiefst verworren. Indem die Evolution voranschreitet, gibt es statt produktiver Harmonie ständig Störungen, wenn neue Arten alte ersetzen, Biotope ihr Gesicht verändern und Organismen und Umwelteinflüsse sich gegenseitig transformieren.
Selbst archetypische Herrlichkeiten wie Nadelwälder oder Küstenlandschaften mit ihrer offenkundig wundervollen Harmonie von Arten sind Zusammenschlüsse auf Zeit. Harmonie in der Natur ist flüchtig. Innerhalb biologischer Zyklen wird die Artenvielfalt durcheinandergewirbelt, Ökosysteme verschieben sich, und die Ordnung der Tiere und Pflanzen verändert sich.
So ist es auch im Netzwerk: Unternehmen kommen und gehen, Karrieren sind Flickwerke aus unterschiedlichen Berufen, Branchen sind lockere Gruppierungen flexibler Betriebe.
Wandel ist in der industriellen Wirtschaft und im Anfangsstadium der Informationsökonomie nichts Ungewöhnliches; Alvin Toffler prägte 1970 den Ausdruck »Zukunftsschock« für die verständliche Reaktion der Menschen auf eine Ära rasanten Wandels.

Die Netzwerkwirtschaft wandelt sich nicht – sie ist im Fluß.

Wandel schafft, auch wenn er schockierend ist, klare Unterschiede. Fluß dagegen gleicht mehr dem Hindu-Gott Shiva: eine kreative Macht der Entstehung und Zerstörung. Fluß verdrängt das Gültige und schafft eine Plattform für mehr Innovation und Neuheit. Dieser dynamische Status könnte als »verstärkte Wiedergeburt« gedacht werden. Und ihre Entstehung schwebt am Rande des Chaos.

Donald Hicks von der Universität von Texas untersuchte die Halbwertzeit von texanischen Wirtschaftsunternehmen[1] in den letzten 22 Jahren und stellte fest, daß deren Lebensdauer seit 1970 um die Hälfte gesunken war. Das ist Wandel. Doch Austin, die texanische Stadt, in der Wirtschaftsunternehmen die kürzeste Lebenserwartung haben, verzeichnet auch die am schnellsten wachsende Zahl neuer Arbeitsplätze und die höchsten Gehälter. Das ist Fluß.

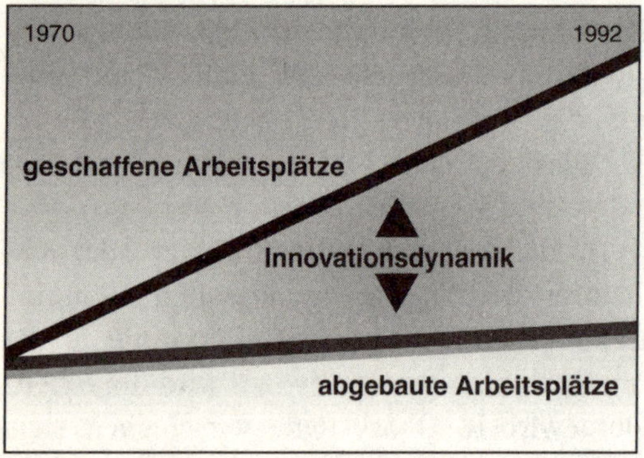

Alte Arbeitsplätze verschwinden, aber nicht so schnell wie die Anzahl neu geschaffener Arbeitsplätze steigt. Wichtiger noch, die Spanne zwischen neuen und wegfallenden Arbeitsplätzen weitet sich.

Hicks sagte seinen Sponsoren in Texas, daß »die überwiegende Mehrheit der Arbeitgeber und Beschäftigungsverhältnisse, von denen Texas im Jahre 2026 – oder sogar 2006 – abhängig sein wird, gegenwärtig noch nicht existiert.« Wegen der Fluktuation

1 »A Nanoeconomic Perspective on the Growth and Development of the Texas Manufacturing Base, 1970–1991« von Donald Hicks, in: *A Report Prepared for the Office of the Comptroller*, State of Texas

müssen für drei Millionen neue Arbeitsplätze im Jahr 2020 bis dahin insgesamt 15 Millionen Arbeitsplätze geschaffen werden. »Statt Arbeitsplätze als feste Summe zu betrachten, die geschützt und ausgebaut werden muß, sollte sich der Staat darauf konzentrieren, die wirtschaftliche Dynamik zu verstärken – darauf, die Wirtschaft des Staates kontinuierlich neu zu gestalten«, schreibt Jerry Useem in *Inc.*, einem kleinen Wirtschaftsmagazin, das Hicks Bericht druckte. Ironischerweise kann Langzeitstabilität nur durch die Förderung der Fluktuation erreicht werden.

Versucht man, den Fluß zu regulieren, verdorrt die Wirtschaft. Vergleichen Sie die Vereinigten Staaten mit der Europäischen Gemeinschaft.[2] Zwischen 1980 und 1995 schützte Europa 12 Millionen Arbeitsplätze im öffentlichen Bereich und büßte im Prozeß der Förderung des Stillstands 5 Millionen Arbeitsplätze im privaten Sektor ein. Die Vereinigten Staaten förderten den Fluß und sahen atemberaubende 44 Millionen alte Arbeitsplätze im privaten Sektor verschwinden. Aber 73 Millionen neue Arbeitsplätze wurden geschaffen, ein Nettogewinn von 29 Millionen, und gleichzeitig wurden 12 Millionen Arbeitsplätze im öffentlichen Bereich gesichert. Wenn Sie das Durcheinander aushalten können, wird Fluß triumphieren.

Der Begriff ständigen Flusses ist Ökologen und allen vertraut, die große Netzwerke betreuen. Die anhaltende Vitalität eines komplexen Netzwerks erfordert, daß das Netz sich selbst ständig aus dem Gleichgewicht bringt.

Wenn das System in Harmonie und Gleichgewicht verharrt, wird es stagnieren und schließlich sterben.

Innovation ist Störung; ständige Innovation ist Dauerstörung. Dies scheint das Ziel eines guten Netzwerks zu sein: ein immerwährendes Ungleichgewicht aufrechtzuerhalten. Einige Ökonomen, die die neue Wirtschaft untersuchten (unter ihnen Paul Romer und Brian Arthur), kamen zu ähnlichen Schlüssen. Ihre

---

2 »A Second American Century« von Mortimer B. Zuckerman, in: *Foreign Affairs,* Mai/Juni 1998

Arbeiten legen nahe, daß sich robustes Wachstum stabilisiert, wenn es am Rande ständigen Chaos balanciert. »Wenn ich eine Hauptabsicht hatte, dann die, zu zeigen, daß Transformation, Wandel, Wirrwarr in der Wirtschaft natürlich sind«, schreibt Arthur.

Bis zum völligen Chaos ist es nur ein kleiner Schritt. *Apple Computer* könnte im Zuge des Versuchs, ein beharrliches Ungleichgewicht zu finden und innovativ zu bleiben, zu weit aus der Balance geraten sein und sich in Richtung Ruin bewegen. Oder das Unternehmen könnte bei anhaltendem Glück nach einer Erfahrung des Beinahe-Konkurses neue lohnenswerte Ziele entdeken.

Die Schattenseite von Fluß ist die, daß die neue Wirtschaft auf einer ständigen Selektion einzelner Unternehmen gründet, indem diese sich überleben und in neuere Unternehmen auf neuen Feldern eingehen. Branchen und Berufsbilder machen ebenfalls die Erfahrung dieses Strudels. Selbst eine Folge schneller Beschäftigungswechsel – nicht zu reden von lebenslangen Beschäftigungsverhältnissen – ist bei Arbeitnehmern so gut wie ausgestorben. Statt dessen werden Karrieren – falls dies das richtige Wort dafür ist – in zunehmendem Maße Netzwerken mit mehrfachen und gleichzeitigen Verpflichtungen ähneln, die einem beständigen Strom neuer Anforderungen und wechselnder Rollenbilder ausgesetzt sind. Um die 20 Prozent der amerikanischen Arbeitnehmerschaft haben bereits ein anderes Arrangement als das traditionelle Arbeitsverhältnis mit ihrem Arbeitgeber getroffen. Und 86 Prozent davon behaupten, damit glücklich zu sein.

Nirgendwo ist dieser Trend zum beständigen Fluß deutlicher als in der Unterhaltungsbranche Südkaliforniens. Hollywoods »kulturell-industrieller Komplex« umfaßt nicht nur den Film, sondern auch Musik, Multimedia, Fernsehproduktion und Werbung.

Die Giganten unter den Filmstudios machen keine Spielfilme mehr. Lose unternehmerische Netzwerke von kleinen Firmen machen Spielfilme, die unter den Namen der großen Studios erscheinen. Zusätzlich zu verschiedenen Kamerateams vereinigen sich 40 bis 50 weitere Firmen und jede Menge Freiberufler zur Produktion eines Spielfilms; dazu gehören Anbieter von Spezialeffekten, Stuntmen, Beleuchtungstechniker, Besetzungsagenturen, Sicherheitsleute und Catering-Firmen. Für die Dauer einer Spielfilmproduktion wirken sie als Wirtschaftsunternehmen zusammen, und wenn der Film dann gedreht ist, löst sich das Unternehmen auf. Nicht viel später werden sie sich in gänzlich neuen Ad-hoc-Zusammenstellungen wieder vereinigen. Der Cyberpunk-Autor Bruce Sterling hat seine eigene unnachahmliche Weise der Beschreibung der Abläufe in der »Hollywood-Film-Ad-hoc-GmbH«. Um einen Spielfilm zu drehen, schreibt er, »treiben Sie ein paar Freiberufler auf, belichten ein bißchen Filmmaterial, benutzen den Film als Reklame für den Verkauf von Nebenrechten, und wenn das Ding auf Video gebannt ist, hauen alle einfach ab.«[3]

Weniger als zehn Unterhaltungsunternehmen beschäftigen mehr als 1000 Angestellte. Bei 250000 Leuten, die in den Unterhaltungskomplex der Region Los Angeles eingebunden sind, beschäftigen etwa 85 Prozent der Firmen zehn oder weniger Leute. Joel Kotkin, der Autor eines wegweisenden Artikels in *Inc.* von 1995 mit dem Titel »Warum jede Branche wie das Show Business sein wird«, schreibt: »Hollywood hat sich von einer klassischen Branche riesiger, vertikal integrierter Unternehmen zum weltbesten Beispiel einer Netzwerkwirtschaft gewandelt. Letztlich wird jede wissensintensive Branche bei diesem reduzierten, atomisierten Stadium landen. Hollywood war nur schneller.«[4]

Silicon Valley folgt auf dem Fuße. Die IKU-Wirtschaftszweige – Information, Kommunikation, Unterhaltung – sind allesamt auf Geschwindigkeit und Flexibilität angewiesen, um in der selbsterzeugten, schnellen und flexiblen Umgebung zu überleben. Die Dinge ändern sich so rasch, daß sogar eine Unternehmensstruktur – jede Unternehmensstruktur – zu starr und unflexibel erscheint. Sie können eine bürokratische Struktur nicht schnell

3 Bruce Sterlings Rede bei der Konferenz *Computers, Freedom and Privacy* in Austin, Texas, 1998

4 »Why Every Business Will Be Like Show Business« von Joel Kotkin und David Friedman, in: *Inc.*, März 1995

genug verändern, darum bilden Sie von Anfang an lieber gar keine.
Netzwerke sind außerordentlich turbulent und unsicher. Die Aussicht, daß dauernd abgerissen wird, was noch funktioniert, wird den Zukunftsschock dagegen gelinde erscheinen lassen. Als Gewohnheitstiere werden wir mit der Notwendigkeit konfrontiert werden, etablierte Erfolge rückgängig zu machen. Wir werden die ständige, heftige Geburt von so viel Neuem gewiß erschöpfend finden. Die Netzwerkwirtschaft ist so wesentlich auf die Hervorbringung selbsterzeugter Neuheit ausgelegt, daß wir diese unaufhörliche Flut des Entstehens vielleicht als einen neuen Typus von Gewalt erfahren werden.

Bildlich gesprochen: Das Hauptziel der neuen Wirtschaft ist es, die industrielle Wirtschaft zu demontieren – Unternehmen für Unternehmen, Branche für Branche.

In Wirklichkeit kann das industrielle Herz natürlich nicht demontiert werden. Doch ein größeres Netz von neuen, lebendigeren, enger verknüpften Organisationen kann darum gruppiert werden. Diese neugegründeten Unternehmen basieren auf ständigem Wandel und Fluß. Wandel an sich ist jedoch nichts Neues. Gewöhnlicher Wandel löst Gähnen aus. Der meiste Wandel ist bloßes Produkt des Wirbels, eine willkürlich verfügbare Neuheit, die wenig erreicht. Wirbel ist der Status quo der Zeit. Im Gegensatz dazu gibt es Wandel, der so radikal ist, daß er den Turm ins Wanken bringt. Wie bei Erfindungen, die scheitern, weil sie ihrer Zeit weit voraus sind, ist es möglich, mit dem Wandel zu weit vorzugreifen.
Das Wort »Innovation« ist gegenwärtig so geläufig, daß seine wahre Bedeutung verborgen bleibt. Ein wahrhaft innovativer Schritt ist weder zu zurückhaltend noch offenkundig zu forsch. Der innovative Schritt meint einen Wandel, der weder willkürlicher, ungerichteter Wirbel ist, noch so unerhört, daß niemand ihn begrüßt. Wir würden eine Variation nicht als Innovation bezeichnen. Wir würden auch einen Wechsel zu etwas, das nur in der Theorie, nicht in der Praxis funktioniert oder das zum Funk-

tionieren einen massiven Wandel im Verhalten aller erfordert, nicht Innovation nennen.
Eine wirkliche Innovation ist anders genug, um gefährlich zu sein. Sie ist ein Wandel diesseits des Haarsträubenden. Sie umgeht die Grenze zur Katastrophe, ohne sie zu überschreiten. Wirkliche Innovation ist selten. Sie ist alles andere als harmonisch.
Der selektive Fluß der Innovation durchdringt die Netzwerkwirtschaft auf ähnliche Weise, wie Effizienz die industrielle Wirtschaft durchdrang. Der innovative Fluß ist nicht bloß der Hervorbringung interessanterer Produkte gewidmet, obgleich dies seine Alltagsaufgabe ist. Innovation und Fluß sättigen den gesamten sich eröffnenden Raum der neuen Wirtschaft. Innovation betrifft:

- Neue Produkte
- Neue Produktkategorien
- Neue Methoden zur Herstellung alter und neuer Produkte
- Neue Organisationstypen zur Herstellung von Produkten
- Neue Branchen
- Neue Ökonomien

All dies dreht und wendet sich, wenn Wandel, gefährlicher Wandel, es wie eine Spirale durchdringt. Darum wird um Innovation ein solch ungeheures Aufhebens gemacht. Wenn Management-Gurus die Gebetsmühlen vom Imperativ der Innovation herunterleiern, haben sie recht. Firmen brauchen wohl noch persönliche Spitzenleistungen, Servicequalität und anderes, doch nichts verkörpert die äußerste Langzeitaufgabe in der neuen Wirtschaft so sehr wie der Sturm der Innovation.
Hier vollzieht sich das Leben, zwischen dem starren Tod geplanter Ordnung und der Degeneration des Chaos. Zuviel Wandel kann aus dem Ruder laufen, und zu viele Regeln – selbst neue Regeln – können zur Lähmung führen. Die besten Systeme verfügen über die lebendige Qualität weniger Regeln nahe dem Chaos. Es gibt genügend bindende Übereinkünfte zwischen Mitgliedern, so daß sie nicht in Anarchie verfallen, dennoch gras-

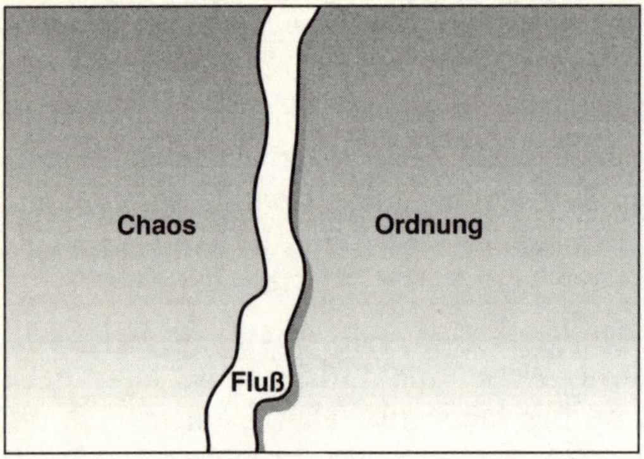

Weil große Systeme einen Weg zwischen verknöcherter Ordnung und der chaotischen Zerstörung steuern müssen, neigen Netzwerke zu einem beständigen Status von Tumult und Fluß.

sieren Weitschweifigkeit, Verschwendung, unvollständige Kommunikationen und Ineffizienz.

Meine eigene Beteiligung an Gruppen, die erfolgreichen Wandel vorantrieben, und mein Wissen aus zweiter Hand von vielen, vielen anderen, die an weltverändernden Innovationen beteiligt waren, überzeugt mich davon, daß all diese Gruppierungen auf ihrem Leistungsgipfel am Rande des Chaos entlangtaumelten. Welche Fassade sie der Öffentlichkeit oder den Investoren auch immer darbieten mochten, hinter den Kulissen rannten die meisten der Gruppe herum und schrien: »Es ist hier alles total außer Kontrolle geraten!« Jede Organisation ist in gewissem Grade dysfunktional, aber innovative Organisationen neigen – im Augenblick des Ruhms – dazu, in unkoordinierte Kommunikation, wilde Genialitätsausbrüche und lebensbedrohende Desorganisation hineinzuschlittern. Alle Beteiligten schwören, daß sie genügend Struktur institutionalisieren werden, um den Brand in Zukunft zu verhindern, doch habe ich radikale Innovation niemals aus einer Konstellation heraus auftauchen sehen, die im Epizentrum des Wandels nicht halbwegs in Auflösung begriffen gewesen wäre. Die meisten Studien über optimalen Wandel in komplexen Systemen bestätigen diese Sicht. Der Preis für fortschreitenden Wandel in größtmöglichem Ausmaß ist ein gefährlicher (und aufregender) Marsch an den Rand der Zerrüttung.

Obwohl viele Gruppen diese großen Momente erfuhren, an denen Kreativität fließt und alles gut läuft, ist der heilige Gral des Geschäftslebens und des wirklichen Lebens doch der, Wege zu finden, solche Perioden höchster Balance aufrechtzuerhalten. Anhaltende Innovation ist deshalb so vertrackt, weil sie einem kreativen Ungleichgewicht entspringt.

Um anhaltende Innovation zu erreichen, müssen Sie beharrliches Ungleichgewicht suchen. Beharrliches Ungleichgewicht bedeutet, daß man der Störung nachjagen muß, ohne ihr zu erliegen oder ihr auszuweichen.

Ein Unternehmen, eine Institution oder ein Individuum muß sich in einem Zustand des Strauchelns halten. In dieser prekären Situation droht es zu stürzen, kann sich aber fangen und stürzt niemals ganz. Es verankert sich auch nicht so, daß es nicht kippen könnte. In gewisser Weise taumelt es in Reichweite der Katastrophe herum, nutzt aber die Energie der bedrohlichen Bewegung, um sich mit Anmut voranzutreiben. Viele Leute vergleichen dies mit Wellenreiten; sie reiten auf einer Welle, die ständig heranrollt, und oben auf dem unruhigen Wasserberg setzen sie deren Turbulenz in Vorwärtsbewegung um.
Innovation ist schwer institutionalisierbar. Oftmals muß sie die Regeln ihrer eigenen Hervorbringung setzen. Tatsächlich bedeutet Innovation definitionsgemäß, aus etablierten Mustern auszubrechen, was wiederum bedeutet, daß sie bekannte Formeln mißachtet. In Zeiten heftigen Flusses, wie dem Übergang von einer ressourcenbasierten zu einer wissensverknüpften Wirtschaft, in dem wir uns derzeit befinden, betritt der Wandel andere Ebenen.

Wandel kommt in verschiedenen Wellenlängen. Es gibt Veränderungen im Spiel, Veränderungen in den Spielregeln und Veränderungen der Regeln zur Änderung von Spielregeln.

Die erste Ebene – Veränderungen im Spiel – bringt die gegenwärtig sichtbare Art von Veränderungen hervor: Neue Gewinner und Verlierer. Neue Branchen. Neue Helden. Wir sehen den Aufstieg von *Wal-Mart* und *Nucor Steel-Making.*

Die zweite Ebene – Veränderungen in den Spielregeln – bringt neue Arten des Geschäfts, neue Sektoren der Ökonomie, neue Arten von Spielen hervor. Diesem Typus des Wandels verdanken sich *Microsoft* und *Amazon.com*.
Die dritte Ebene der Veränderung, die wir jetzt erreichen, treibt Veränderungen in der Art und Weise voran, in der Veränderungen geschehen. Wandel wandelt sich selbst. Während die neue Wirtschaft Veränderungen auf den ersten beiden Ebenen hervorruft – all die neuen Branchen und Sektoren der Ökonomie –, besteht ihre tiefgreifendste Konsequenz in der Weise, auf die sie Wandel verändert. Wandel beschleunigt sich selbst. Er gestaltet sich zu kreativer Zerstörung um. Er verursacht Fluß. Er zerstreut sich in einen Feldeffekt, so daß Sie Ursachen nicht fixieren können. Er stürzt den Wandel.
Wandel in technologischen Systemen wird biologischer. Das ist gewöhnungsbedürftig. Netzwerke wachsen tatsächlich. Evolution kann wirklich in Maschinen importiert werden. Technologische Immunsysteme können zur Kontrolle von Computerviren verwendet werden. Der Neobiologismus sickert direkt in unsere neue Wirtschaft ein. Mehr und mehr sind biologische Metaphern nützliche ökonomische Metaphern.
Das Bild der lebendigen Wirtschaft ist kraftvoll. Und es ist kaum New-Age-Kitsch. Adam Smith persönlich spielte mit seiner »unsichtbaren Hand« auf Lebendigkeit an. Karl Marx bezog sich häufig auf die organische Natur der Wirtschaft. Selbst der legendäre, allem Unfug abholde Ökonom Alfred Marshall schrieb 1948, daß »das Mekka des Ökonomen in ökonomischer Biologie liegt«.[5] Marshall schrieb auf dem Gipfel der industriellen Wirtschaft. Die ersten Regungen der kommenden Macht der Information waren eben erst spürbar.
Lebendige Systeme sind notorisch schwer zu modellieren und theoretisch zu erörtern und noch schwieriger vorhersagbar. Bis vor kurzem neigte die Wirtschaftswissenschaft zu einem Verständnis, das auf Gleichgewicht setzte, hauptsächlich, weil alles

5 Zitiert nach Richard Nelson, in: »Recent Evolutionary Theorizing About Economic Change«, in: *Journal of Economic Literature*, März 1995

Komplexere unmöglich zu berechnen war. Ironischerweise wird dieselbe Computertechnologie, die den Fluß in der Wirtschaft hervorrief, jetzt als Modell für sie gebraucht. Mit machtvollen Chips, Dynamik, Lernfähigkeit und Theorien über die Selbstspeisung der Wirtschaft kann sie vermessen werden.
Sowohl in unserem Verständnis als auch in der Wirklichkeit ist die Netzwerkwirtschaft ein Ort, der wenig Harmonie und Stillstand beherbergt. Statt dessen ist sie ein System, das zunehmend Fluß und Innovation erfordern wird. Die Kunst umsichtigen Wandels, des gefährlichen Unterschieds, wird insgesamt belohnt werden.

Strategien

Gleiten Sie an den Rand des Chaos.
Zahlen Sie den Preis radikalen Durcheinanders: Akzeptieren Sie Weitschweifigkeit und Ineffizienz, und versetzen Sie die Braven in Aufregung. Wenn sich die Leute nicht darüber beschweren, wie chaotisch es bei Ihnen sei, haben Sie ein Problem. Es ist nicht notwendig, daß die gesamte Organisation im Chaos aufgeht (man hofft, daß die Buchhaltung ausgespart bliebe), doch die Kernbereiche sollten es sein. Die Zuständigkeiten könnten Neuverteilung verlangen. Realistisch betrachtet, ist Ungleichgewicht sehr schwer aufrechtzuerhalten.

Nutzen Sie den Fluß, statt ihn zu ächten.
Die traditionelle Praxis der Telefonie versucht Geräusch und Unsicherheit durch Erzeugung eines optimal kurzen und ununterbrochenen Kreislaufs zwischen Anrufer und Angerufenem zu eliminieren. Sie geht von einer stabilen Route aus. Das Internet dagegen setzt auf chaotischen Wandel und wird bald das gesamte Telefonsystem übernehmen. Es sendet Nachrichten (inklusive Stimmen) in fragmentierten Bits verstreut über weitschweifige Routen, und sendet dann erneut, was im willkürlichen Prozeß auch immer durch bloßes Geräusch verlorenging. Statt Fehler zu verbieten, geht Netzwerklogik von Fehlern aus und lernt aus

dem chaotischen Fluß. Finden Sie heraus, wo Fluß ist, und springen Sie auf.

Sie können Komplexität nicht installieren.
Netzwerke haben ein Vorurteil gegen drastischen Wandel in großem Ausmaß. Der einzige Weg zur Implementierung eines großen neuen Systems ist der, es wachsen zu lassen. Sie können es nicht installieren. Nach dem Zusammenbruch der Sowjetunion versuchte Rußland den Kapitalismus zu installieren, aber dieses komplexe System konnte nicht installiert werden; es hätte wachsen müssen. Die Netzwerkwirtschaft begünstigt große Organisationen, die sich aus vielen kleinen zusammensetzen, die ihre Autonomie bewahren. Netzwerke müssen ebenfalls eher wachsen, als daß sie installiert werden könnten. Sie müssen mit der Zeit zulegen. Damit ein großes Netzwerk heranwächst, muß man mit einem funktionierenden kleinen beginnen, und dann leistungsfähigere Knoten und Ebenen hinzufügen. Jedes erfolgreiche große System war einmal ein erfolgreiches kleines.

Erhalten Sie den Kern, und überlassen Sie den Rest dem Fluß.
In ihrem wundervollen Bestseller *Built to Last* tragen die Autoren James Collins und Perry Porras das überzeugende Argument vor, daß langlebige Unternehmen über 50 oder mehr Jahre gedeihen können, indem sie ein sehr kleines Herzstück unveränderter Werte beibehalten und dann den Fortschritt bei allem anderen betreiben. Zuzeiten umfaßt »alles« die Branche, in der das Unternehmen operiert, den Übergang etwa vom Bergbau zum Versicherungswesen. Jenseits der Kernwerte sollte nichts vom Fluß ausgenommen werden. Absolut nichts.

9 Beziehungstechnik

Die richtige Technologie schafft Vertrauen

Der zentrale ökonomische Imperativ des industriellen Zeitalters gebot die Steigerung der Produktivität. Jeder Aspekt eines industriellen Unternehmens - von den Maschinen bis zur Organisationsstruktur - war darauf zugeschnitten, die Effizienz der ökonomischen Produktion zu erhöhen. Doch heutzutage ist Produktivität beinahe ein bedeutungsloses Nebenprodukt der Netzwerkwirtschaft.

Der zentrale ökonomische Imperativ der Netzwerkwirtschaft gebietet eine Verstärkung der Beziehungen.

Jeder Aspekt eines vernetzten Unternehmens - von der Hardware bis zur verteilten Organisation - ist zur Steigerung der Quantität und Qualität der ökonomischen Beziehungen bestimmt.
Das Netzwerk ist eine Struktur zur Erzeugung von Beziehungen. Netzwerke transportieren Relationen wie Flüsse einmal Fracht transportierten. Wenn alles mit allem verknüpft ist, gibt es Beziehungen im Überfluß. Jede Art von Verbindung in einem Netzwerk zeugt eine Beziehung. Zwischen Firmen und anderen Firmen. Zwischen Firmen und Kunden. Zwischen Kunden und der Regierung. Zwischen Kunden und anderen Kunden. Zwischen Angestellten und den Angestellten anderer Firmen. Zwischen Kunden und Maschinen. Zwischen Maschinen und Maschinen, Gegenständen und Gegenständen, Gegenständen und Kunden. Die Komplexität und Feinheit der in einer Netzwerkwirtschaft gesponnenen Beziehungen ist unbegrenzt.
Jeder dieser Beziehungstypen hat seine eigenen spezifischen Dy-

namiken und Launen. Und jeder wird von einem besonderen Technologietyp gespeist. Die Technologien des Jelly-Bean-Chips und der unbegrenzten Bandbreite sind letztlich Beziehungstechnologien. »Wir müssen uns von der Vorstellung von Technologie als Informationsmanager weg- und zur Idee von Technologie als Beziehungsmedium hinbewegen«, schreibt Michael Schrage in *Shared Minds*, einem Buch über neue Technologien zur Zusammenarbeit. Trotz der Milliarden von Bits, die Informations-Hardware pro Sekunde verarbeiten kann, sind Beziehungen das einzig Wertvolle, das Silikon hervorbringt.
Natürlich waren Reputation und Vertrauen in allen Wirtschaften der Vergangenheit wesentlich, was ist also daran neu? Nur dies beides:

- Mit der abnehmenden Bedeutung von Produktivität werden Beziehungen und ihre Verbündeten zum ökonomischen Hauptereignis.
- Telekommunikation und Globalismus intensivieren, erhöhen und transformieren den gewöhnlichen Zustand von Beziehungen zu einem angeregten Zustand von Hyperrelationen – über weite Entfernungen, zu jeder Zeit, an jedem Ort, auf jede Weise. Es geht nicht mehr um Kansas; es geht um Oz.

Beziehungen zwischen mehr als zwei Leuten können als Hierarchien oder als Netzwerke strukturiert werden. In Hierarchien werden die Mitglieder nach Privilegien relativ zueinander eingestuft; in Netzwerken beziehen sich die Mitglieder als Gleichrangige aufeinander – als Gegenstücke von vergleichbarer Macht und Möglichkeit. In vorhergehenden Zeitaltern war in Ermangelung reichlicher Information der intelligenteste Weg zur Konstruktion einer komplexen Organisation der Bau einer Hierarchie. Einstufung nach Rang ist ein kluger und funktionierender Ersatz für allgegenwärtige Echtzeit-Information. Wenn Information knapp ist, folgen Sie Befehlen.

Wenn Information reichlich vorhanden ist, kommen Gleichrangige an die Macht.

Wenn zuverlässige Information allgemein wird, kann Ebenbürtige tatsächlich beinahe nichts an der Machtübernahme hindern. Soweit Computer und Kommunikation in jeder Dimension Millionen Bits an Information freigeben, bilden sich in jeder Dimension Gleichrangigkeitsverhältnisse. E-Mail und Voice-Mail haben den Druck von Gleichrangigkeitsverhältnissen in hierarchische Unternehmen gebracht. Der verflachende Effekt von Netzwerktechnologien und das folgende Wirrwarr in der Organisation von Wirtschaftsunternehmen ist wohlbekannt. Doch in vieler Hinsicht ist die Gleichstellung von Chef und Belegschaft wahrscheinlich die uninteressanteste und unwichtigste aller Beziehungsveränderungen, die derzeit stattfinden.
Größere Auswirkungen hat die ebenbürtige Beziehung auf das Verhältnis zwischen Kunde und Unternehmen. Wichtiger sind Unternehmensrelationen, die sich rasch zu einem Geflecht einander überlappender Netze entwickeln. Noch vitaler ist die wechselseitige Relation zwischen Kunde und Kunde, die gerade zu gären beginnt. Schließlich dürfte die höherstufige Relation zwischen Kunden (als Bürgern) und dem Rest der Gesellschaft die wichtigste von allen sein, eine Relation, die eben erst definiert wird, insofern Ökonomie in jegliche Aktivität hinein vorstößt. Denken Sie zum Beispiel an die traditionelle Beziehung zwischen Kunde und Unternehmen, also Rollen, die seit je geläufig sind. In der Netzwerkwirtschaft verschwindet häufig die Trennung zwischen einem Kunden und einem Angestellten des Unternehmens.
Wenn Sie an der Tankstelle selbst tanken, arbeiten Sie dann für die Tankstelle oder für sich? Sind Leute, die in der Schlange vor dem Geldautomaten warten, höher entwickelte Bankkunden oder nur unbezahlte Bankangestellte? Wenn Sie zu Hause einen Schwangerschaftstest durchführen, betreiben Sie dann kluge Selbsthilfe, oder sind Sie Teil des Kostensenkungsplans der Krankenversicherung? Die Antwort lautet natürlich: sowohl – als auch. Wenn alle in ein Netz eingebunden sind, ist es unmöglich zu entscheiden, auf welcher Seite Sie sich befinden.
Web-Sites und spezielle Telefonnummern können die Kunden beinahe ebenso tief in die internen Wissensdatenbanken eines

Unternehmens vorlassen, wie es den Angestellten am anderen Ende der Verbindung erlaubt ist. Viele technische Unternehmen veröffentlichen dieselben technischen Informationen und Diagnosehilfen in ihren Hilfe-Sites, mit denen ihre eigenen Service-Profis an der Hotline arbeiten. Sie können jemanden dafür ausbilden, daß er die Antworten bei der Fehlersuche nachschlägt und vorliest, oder Sie lassen eilige Kunden selbst versuchen, sie zu finden. Wer arbeitet für wen?

Gleichzeitig nähert sich die Komplexität eines Arbeitsvertrags, besonders im High-Tech-Bereich, rasch der Komplexität eines Vertrags mit einem außenstehenden Geschäftspartner. Aktienkurse, Anlagezeiträume, tausend Versicherungs- und Gewinnbeteiligungskombinationen, Abfindungsklauseln, Wettbewerbsverzichtserklärungen, Leistungsziele – alles für jede Person individuell ausgehandelt. Ein hochbezahlter technischer Angestellter wird zum permanenten Unternehmensberater. Er ist ein belegschaftseigener Außenseiter.

Außenseiter handeln wie Angestellte, Angestellte arbeiten wie Außenseiter. Neue Beziehungen verwischen die Unterschiede zwischen Angestellten und Kunden. Kunde und Unternehmen sind eins.

Diese enge Parallelentwicklung von Benutzern und Produzenten ist mehr als Poesie. Es gibt einen sehr realen Sinn, in dem die Inhaber des Telefonnetzwerks nichts anderes verkaufen als die Möglichkeit für die Kunden, untereinander Gespräche zu führen – Gespräche, die die Benutzer selbst erzeugen. Sie könnten sagen, daß die Telefongesellschaften den Telefondienst parallel miterzeugen. Diese Verwischung von Ursprung und Ende zieht sich hin bis zur Geburt von Online-Diensten wie AOL: Das meiste dessen, was gegenwärtig verkauft wird, wird von den Kunden in Form von Postings und Chat selbst erzeugt. AOL brauchte Jahre, um darauf zu kommen; anfangs wollte man industrieller Logik folgen und Informationen zum Herunterladen verkaufen, die Profis mit großem Aufwand erzeugen. Doch als man einmal erkannt hatte, daß die Kunden wie Angestellte agierten, indem sie

die Waren selbst herstellten, begannen die Online-Dienste Geld zu verdienen.
Das Netz fährt damit fort, die alten Beziehungen zwischen den Produzenten von Waren und den Konsumenten von Diensten zu durchbrechen. Jetzt konsumieren Produzenten, und Konsumenten produzieren.

In der Netzwerkwirtschaft verschmelzen Produktion und Konsum zu einem Wort: Prosum.

»Prosument« ist ein Begriff, den Alvin Toffler 1970 in seinem noch immer weitsichtigen Buch *Der Zukunftsschock* geprägt hat. (Toffler gewann seine ersten Einsichten als Futurist, während er für Telefonnetzwerke arbeitete.) Heutzutage finden sich Prosumenten überall, in Restaurants, wo Sie sich selbst Ihr Essen holen, bis zu medizinischen Selbstversorgungseinrichtungen, in denen Sie als Arzt und Patient tätig sind.
Die Zukunft des Prosumierens läßt sich am deutlichsten online erkennen, wo das Beste von den Leuten produziert wird, die es konsumieren. In einem Multiplayer-Spiel wie *Ultima Online* erhalten Sie eine Welt und einige Werkzeuge, und dann liegt es an Ihnen, das Spiel aufregend zu gestalten. Sie erfinden Ihre eigene Figur, entwickeln ihre Bekleidung oder Uniform, verleihen ihr einzigartige Kräfte und entwickeln die Story. All die tausend anderen Figuren, mit denen Sie interagieren, formen andere Prosumenten. Die verfügbaren Abenteuer sind komplett von den Teilnehmern erzeugt worden. Vergleichbar einer richtigen kleinen Stadt wird die gemeinsame Erfahrung – die alles ist, was verkauft wird – von denen produziert, die die Erfahrung machen.
Diese eifrigen Weltgestalter könnten als unbezahlte Autoren betrachtet werden; tatsächlich bezahlen sie dafür, daß man sie diese Dinge machen läßt. Doch man könnte den virtuellen Raum auch als Kundencenter sehen, in dem sie ein Produkt nach ihren eigenen pingeligen Maßgaben vollenden können. Sie folgen ihrem eigenen Kopf, gerade wie es ihnen gefällt. In der Sprache der neuen Wirtschaft bezeichnet man dies als »kundenindividuelle Massenproduktion«.

Das Ziel ist einfach. Technologie erlaubt es uns, die Maßgaben für ein Produkt auf eine kleine und kleinere Gruppe von Leuten abzustimmen. Zuerst können wir Barbie-Puppen millionenfach herstellen. Mit flexibleren Maschinen und computerunterstütztem Zielmarketing können wir dann ethnische Barbies in Hunderttausenden herstellen. Sodann können wir mit verbesserter Marktforschung und fortgeschrittener Kommunikation subkulturelle Barbies, etwa Biker- oder Punker-Barbies, zu Tausenden machen. Mit der richtigen Netzwerktechnologie können wir schließlich persönliche Barbies, Ihre persönliche Barbie, herstellen. Tatsächlich gibt es in Littleton, Colorado, ein Unternehmen, das die Babypuppe »My Twinn« (»Mein Zwilling«) nach dem Aussehen des Puppenbesitzers herstellt. Die Augen- und Haarfarbe sowie die Frisur werden an ein Photo des Kindes angepaßt, dem die Puppe gehören wird.

Der interessanteste Aspekt von Prosum und kundenindividuelle Massenproduktion – dieser neuen Beziehung zwischen Kunde und Unternehmen – ist der, daß die Kunden mit dem Endresultat wahrscheinlich zufriedener sein werden, weil sie bei der Erzeugung des Produkts die Finger im Spiel haben. Sie haben dem Unternehmen mitgeteilt, was sie sich wünschen, und das Unternehmen hat nun einen Kunden mit einer viel besseren Beziehung als früher.

Doch die Erzeugung eines Produkts für »individuelle Nischen?« ist nur ein kleiner Teil der Transformation der Kundenbeziehung. (Die Autohersteller in Detroit lernten vor langer Zeit, angepaßte Autos herzustellen; das war aber auch alles.) Netzwerktechnologien wie Datenfilterung, Smart Cards und Empfehlungsmaschinen weiten die Beziehungsebenen aus, die Kunden zur Verfügung stehen.

Der Trend zur engen Einbeziehung des Konsumenten bis zum Punkt des Prosums, kann als eine Reihe fortschreitender Ziele ausgedrückt werden:

- Herstellen, was der Kunde wünscht.
- Sich merken, was der Kunde wünscht.
- Vorhersehen, was der Kunde wünscht.
- Und schließlich verändern, was der Kunde wünscht.

Jede dieser Aufgaben erhöht den Grad der Verpflichtung des Unternehmens gegenüber dem Kunden und steigert die Verbindung des Kunden mit dem Unternehmen.

- *Herstellen, was der Kunde wünscht.*

Manchmal wird dies individuelle Anpassung bedeuten: Sie möchten eine Urlaubserfahrung, die sich von der aller anderen unterscheidet. Manchmal wird dies individuelle Massenanfertigung bedeuten: Sie möchten ein Paar Jeans für Ihre ungewöhnliche Beinlänge zum selben Preis wie für ein gewöhnliches Paar Jeans. Manchmal ist Anpassung nicht das, was Sie wollen. Die riesige Modebranche macht ein Vermögen mit dem Wunsch der Leute, zu tragen, was alle anderen tragen. Manchmal ist das, was Sie wollen, nur halb angepaßt: Sie lesen die *New York Times*, weil jeder andere sie liest, aber Sie lesen nicht den Sportteil oder die Todesanzeigen. Sie wollen nicht *Das neue Ich*, sondern *Das neue Du und Ich*, ein Magazin, das Ihre zwölf engsten Freunde lesen.

Eine gewaltige Menge an Information und Vertrauen muß zwischen Benutzern und Herstellern fließen, damit exakt das hergestellt werden kann, was der Kunde wünscht. Die Schnittstellentechnologie muß für die Leute klar und einfach sein, um ihre Wünsche zu übermitteln. Die alptraumhafte Logistik der Lieferung und Produktion muß exakt gemanagt werden. Der schwierigste Aspekt dieser Aufgabe könnte nicht die Bestellform, sondern die Herstellung sein; alles, woran Atome beteilgt sind, ist viel schwerer anzupassen als gedacht. Doch mögliche Lösungen werden gewiß vernetzte Technologie einbeziehen.

- *Sich merken, was der Kunde wünscht.*

Die Mehrheit der Dinge, die wir tun, tun wir wiederholt. Wir beschäftigen uns täglich mit denselben Pflichten, oder einmal pro Woche oder dann und wann. Dinge, die wir wiederholt tun, haben eine andere Dynamik als Dinge, die einmal getan werden. Kleine Geschehnisse werden wichtig. Wir sträuben uns dagegen, uns ein neues Paßwort merken zu müssen, zum wiederholten Mal zu sagen, wie wir unseren Kaffee möchten, oder nochmals erklären zu müssen, was wir an Badeanzügen nicht mögen. Menschen, die unsere Schrullen kennen (und sie müssen erlernt werden), schenken wir unsere Gunst. Unternehmen, die unsere Schrullen kennen, werden ebenfalls unsere Gunst erlangen.

Die Technologie zur Aufspürung und Deutung unserer Launen verstärkt die Beziehungen zwischen Unternehmen und Konsument. Das Unternehmen muß große Anstrengungen darauf verwenden, sich unsere Vorlieben zu merken, aber Sie müssen sich auch daran beteiligen. Und die Form des Erinnerns muß intelligent sein. Sie bestellen täglich den gleichen Espresso, außer wenn es draußen kalt ist, dann bestellen Sie einen Milchkaffee. Die Beziehungstechnologie muß robust genug sein, um solche Unterscheidungen erlernen zu können.

Don Peppers und Martha Rogers, die Autoren des erfrischend einleuchtenden Buchs *Enterprise One to One*, bemerken: »Die Lernbeziehung zwischen Kunden und Unternehmen wird mit jeder individuellen Interaktion intelligenter, wobei die individuellen Bedürfnisse und Geschmackspräferenzen des Kunden immer detaillierter bestimmt werden. Jedesmal, wenn ein Kunde seine Lebensmittel z. B. durch Aufruf und Aktualisierung der Liste der Vorwoche bestellt, ›lehrt‹ er den Dienstleister tatsächlich mehr über die Produkte, die er kauft, und die Menge, die er konsumiert.« Als Belohnung für die Lernanstrengung des Unternehmens entwickelt sich zwischen Unternehmen und Kunden eine Verpflichtungsbeziehung. Peppers und Rogers fahren fort: »Der Einkaufsdienst wird ein solches Wissen über diesen speziellen Kunden entwickeln, daß es für einen konkurrierenden Einkaufsdienst praktisch unmöglich ist, es zu duplizieren, was einen unerschütterlichen Riegel vor die Loyalität des Kunden schiebt.« Gleichzeitig hat der Kunde soviel in die Beziehung investiert, daß die Kosten eines Wechsels zu einem anderen Anbieter von Tag zu Tag höher werden. Peppers und Rogers: »Wenn Ihnen der Blumenhändler eine Nachricht schickt, die Sie an den Geburtstag Ihrer Mutter erinnert, und anbietet, Blumen dieses Jahr an dieselbe Adresse zu liefern und dieselbe Kreditkarte zu belasten, die Sie im Vorjahr beim Blumenhändler benutzt haben, wie groß ist dann die Chance, daß Sie den Telefonhörer abheben und versuchen, einen billigeren Blumenhändler zu finden?«

Investieren beide Seiten gleichermaßen in ihre Beziehung, steigt ihr Wert doppelt so schnell wie im Falle der Investition von nur einer Seite.

Die Kosten für Beziehungswechsel sind hoch. Wenn Sie gehen, verlieren Sie zweimal. Sie geben alles auf, was der andere in die Beziehung eingebracht hat, und Sie geben Ihre eigene Investition auf. Mit anderen Worten, die Kosten der Loyalität sind niedrig. Darum sehen wir den gewaltigen Erfolg von Vielflieger- und Kundentreueprogrammen, der durch die Mitinvestition möglich gemacht wurde, die Fluggesellschaften oder Supermärkte in sie hineinsteckten. Kundenkarten sind ein weiteres Beispiel der Beziehungsdimension. Die Kosten für die Verfolgung von Einkäufen sind gering im Vergleich zum Wert ihres Besitzes – für beide Seiten –, so daß es sich auszahlt, andere Wege zur Verbreitung der Idee zu erfinden. Und die Versuche der Telefongesellschaften zur Einführung besonderer Tarife zu bestimmten Rufnummern von Freunden und Bekannten sind gleichermaßen kluge Experimente zur Nutzung vernetzter Beziehungen.

Intelligentere Beziehungstechnologie oder »R-Tech«, wie der Ökonom Albert Bressand sie nennt, wird die Verbindungen zwischen Kunden und Unternehmen noch enger knüpfen. Ein sich abzeichnender Standard namens P3P[1] bietet einen einheitlichen Weg zur Speicherung des Profils einer Person, einschließlich Name, Adresse usw., Vorlieben, einschließlich zusätzlicher freiwillig angegebenen Vorlieben. Wenn Sie häufig einkaufen, wird mit dem P3P-Protokoll (oder einem ähnlichen) ein »Ausweisprofil« in Ihre Smart Card oder online in einen Browser eingebettet sein. Während der Geschäftstransaktion tauschen Sie es mit dem Händler aus. Die Ausweistechnologie wird Firmen helfen, sich an Sie zu erinnern, wenn Sie ihnen beibringen, wie Sie bedient und behandelt werden möchten.

---

1 Gefördert von *Firefly*, www.firefly.net

Der Transfer von Informationen über Vorlieben ist eine große Sache. Wenn sich das Netz in noch weitere Aspekte des Wirtschaftslebens einschleicht, wird die Fähigkeit zur Verfolgung von Identitäten und Wünschen über unterschiedliche Systeme hinweg zum Schlüssel. Das Ritz-Carlton-Hotel ist zu Recht stolz auf seine Fähigkeit, überall in der Kette von 31 Häusern die Zimmer individuell für Sie anpassen zu können, ohne Sie fragen zu müssen. Einige Fluggesellschaften können das auch. Dennoch bleibt in der Netzwerkwirtschaft noch viel Platz für erfolgreiche Knüpfung von Beziehungen.

• *Vorhersehen, was der Kunde wünscht.*

Die Herstellung zugeschnittener Produkte ist der erste Schritt der Beziehungstechnologie. Der zweite besteht darin, Ihre Vorlieben zu kennen. Der dritte Schritt ist der, Ihre Wünsche vorherzusehen, noch bevor Sie diese artikulieren. Sie können sich rühmen, jemanden wirklich zu kennen, wenn Sie sagen können: »Ich wußte, daß ihm dieses Buch gefallen würde!«

Die grundlegendste Form der Antizipationstechnologie extrapoliert Neigungen und Abneigungen des Kunden aus dem zurückliegenden Verhaltensmuster. Doch die wirkungsvollsten Formen der Beziehungstechnologie verlassen sich zur Antizipation von Wünschen auf den Schwarm anderer Kunden und die latenten Beziehungen zwischen ihnen. Ein großartiges Beispiel dieser sozialen Beziehungstechnologie wurde von *Firefly* entwickelt, einer webbasierten Empfehlungsmaschine. Kurz gesagt, funktioniert sie folgendermaßen: Ich teile *MyLaunch*, dem Musikanbieter bei *Firefly*, meine zehn Lieblingsalben mit. Dort nimmt man meine Empfehlungen und vergleicht sie mit den Top-Ten-Empfehlungen von 500 000 anderen *Firefly*-Mitgliedern, die sich für Musik interessieren. *Firefly* findet dann heraus, welchem »Geschmackszone« ich zuzuordnen bin. Man plaziert mich neben den Leuten, die dieselben Alben mögen wie ich. Trotz einer Geschmacksüberlappung mit ihnen wird es einige Alben geben, die meine Nachbarn erwähnten und ich nicht. *Firefly* wird mich auf diese Alben hinweisen und meine Geschmacksnachbarn umgekehrt mit den von mir, aber nicht von ihnen erwähnten Alben bekannt machen. Dies sind Alben, mit denen ich es versuchen sollte, weil *Firefly* vorhersieht, daß ich sie wahrscheinlich mag.

Es ist bemerkenswert, wie gut dieses einfache System funktioniert. Ich empfahl großartige Alben, die mir gefielen. Es gibt viele Verfeinerungen des Systems. Ich kann das System »belehren«, indem ich die erhaltenen Resultate einstufe. Vielleicht empfiehlt es Pete Seeger, weil ich Bob Dylan als Lieblingsinterpreten genannt habe. Aber sagen wir, ich kenne Seegers Werk zufällig schon und kann es nicht ausstehen, so fordere ich das System auf, Seeger zu vergessen (und damit alles, was Seegers Stil ähnelt). Nun ist es schlauer. Ich kann meinen Raum mit mehr Präzision bestimmen, indem ich so viele Platten einstufe, wie ich möchte, und dadurch meine Zu- oder Abneigung für sie anzeige. (Eine deutliche Negativeinschätzung ist ebenso nützlich wie eine deutliche Positiveinschätzung.) Weil dies alles im Web stattfindet, habe ich auch die Möglichkeit, ausgewählte Musikstücke anzuhören und dadurch meine Erinnerung aufzufrischen oder Empfehlungen zu bewerten.

Leute, die ausgefallene Vorlieben für bestimmte Bücher oder Filme in einer »Geschmackszone« teilen, können die kollektive Sammlung ihrer Präferenzen bei künftigen Käufen nutzen.

Die wahre Macht dieses Systems liegt nicht bloß in der Empfehlung, sondern in seiner Fähigkeit, Beziehungen zwischen seinen drei Millionen registrierten Benutzern herzustellen. Es gestattet den Mitgliedern, sich mit Gleichgesinnten in Verbindung zu setzen. Alle Fans von Country Music oder frühem Punk werden ermutigt, mit Unterhaltungen zu beginnen, Mailing-Listen zu initiieren oder sich einfach miteinander bekannt zu machen. Aus dieser Technologie entspringt noch eine weitere Beziehung: zu seinem eigenen Geschmack.

Die meisten Musikhörer können ihn nicht einfach klassifizieren. Sie sind Fans von Nirvana, U2, den Beatles, Joni Mitchell und Nine Inch Nails. Sie haben Nachbarn in einem virtuellen, namenlosen Raum – dem Beatles/U2/Nine-Inch-Nails-Raum. Durch *Firefly* können diese Leute ihren Geschmack über die Mikrogemeinschaft Gleichgesinnter identifizieren, die sie für sich hervorbringen. Was *Firefly* für Musik leistet, kann auch bei Büchern geschehen. Und Spielfilmen. Und Webseiten. (Jüngst hat *Firefly* jeden dieser Bereiche an gesonderte Partner abgegeben.) Sie werden mit gleichermaßen nützlichen Resultaten auf dieselbe Weise eingestuft. Doch nun ist der kombinierte Medienraum außerordentlich wirkungsmächtig. Verdrahtete Subkulturen können entdeckt werden, lange bevor sie einen Namen haben. Leser von Anne Rice' Vampirromanen, die Country- und Western-Music und Woody-Allen-Filme lieben, bemerken plötzlich, daß sie eine Gruppe sind! Selbsterkenntnis ist der erste Schritt, um etwas zu beeinflussen.

Online-Buchhändler wie *Amazon.com* und *Barnesandnoble.com* verwenden eine ähnliche Beziehungstechnologie zur Steigerung des Buchabsatzes und um die Kunden zu bewußteren Käufern zu machen. *Amazon* leitet seine zusammengefaßten Empfehlungen von Kunden ab, die ein ähnliches Kaufverhalten zeigen. Ausgehend von dem, was Sie und andere in der Vergangenheit gekauft haben, schlägt *Amazon* vor: »Lieber Leser, Sie werden diese Titel mögen.« Und meistens liegt man damit richtig. Tatsächlich sind diese Empfehlungen so praktisch, daß sie zu *Amazons* Hauptmarketinginstrument und zum Motor des Ertragswachstums geworden sind. Unternehmenssprechern zufolge kaufen »signifikante« Benutzerzahlen zusätzliche Bücher durch den Impuls der Zusatzempfehlungen, die eingeblendet werden, wenn Sie sich näher über ein Buch informieren.

Evan Schwartz, der Autor von *Webonomics*, folgert, daß Unternehmen wie *Amazon* primär als Verkäufer immaterieller Beziehungen betrachtet werden sollten. »*Amazon* sollte nicht mit wirklichen Buchhandlungen verglichen werden. Eher ... besteht der tatsächliche Wert von *Amazon* in den Rezensionen, den Empfehlungen, den Hinweisen, den Informationen über neue und bevorstehende Ausgaben, der Benutzerschnittstelle, dem Gemeinschaftsinteresse an bestimmten Themen. Natürlich, *Amazon* liefert Ihnen die Bücher ins Haus, aber als Kunde zahlen Sie tatsächlich für die Information, die zu Ihrem Kauf führte.« Wenn Sie sich bei *Amazon* einloggen, bekommen Sie einen Beziehungsgenerator, einen, der Sie zunehmend besser kennt.

Der Reiz der Netzwerklogik besteht darin, daß die Funktionsweise dieser Software nicht von Künstlicher Intelligenz (KI) abhängig ist. Eher wird die zusammenfassende Arbeit dadurch erledigt, daß die Informationen, die jede einzelne Person beibringt, in einer Datenbank zusammengelegt werden. Dieser simple Vorgang erzeugt Macht. Viele Leute bringen einem tumben Programm etwas bei, aber indem alle miteinander verbunden sind, entsteht nützliches Wissen. Die Stärke des Netzwerks gründet auf schmalen Bits von Information, die jedes Mitglied beizutragen bereit ist. Manchmal ist das alles, was es braucht.

Das Web ist ein Nährboden für Innovationen in der Beziehungstechnologie. Wenn Sie bei einer Suche erfolgreich waren und bereit sind, diese Information kollektiv an andere verbreiten zu lassen, kann diese horizontale Beziehung die Suchfunktion für alle verbessern. Diese »kollektive Filterung« wird sich genauso wie andere Arten sozialer Netzwerkfunktionen im Web, in Unternehmen und kleinen Arbeitsgruppen weit verbreiten.

Wie bei anderen technologischen Entwicklungen werden auch die Innovationen der Beziehungstechnologie avantgardistisch beginnen und später allen vertraut werden.

Beziehungstechnologie erscheint zuerst in der Welt des Webs, doch wird sie allmählich in die Welt der Dosenprodukte und Sportgeräte ebenso wie in die der Fernsehshows und Urlaubswerbespots eindringen. Schließlich erreicht sie das letzte Stadium im Fortgang der Kundenbeziehungen:

- *Verändern, was der Kunde wünscht.*

Das Zusammenspiel von Kunde und Anbieter schweißt beide zusammen, bis ihre jeweiligen Identitäten zeitweise verschwinden. Dies gilt insbesondere in Grenzbereichen, in denen Sachkenntnis gewöhnlich knapp bemessen ist. Zuerst gibt es keine Autorität, die darüber entschiede, was die Kunden wollen und was die Anbieter bereitstellen sollten – wie in den frühen Tagen des Webs und des elektronischen Handels. Sachkenntnis muß gemeinsam entwickelt werden. Die Kunden müssen seitens des Unternehmens dazu trainiert und erzogen werden, ihm beizubringen, was sie brauchen, und dann wird das Unternehmen von den Kunden trainiert und erzogen. Ungefähr vor einem Jahrzehnt sahen wir exakt diese Gleichung in den Pioniertagen der Online-Konferenzen. Als E-Mail und Chat aufkamen, kannte niemand den Unterschied zwischen großartiger und brauchbarer E-Mail, zwischen fantastischen und durchschnittlichen Chat-Räumen. Die besten Online-Unternehmen lernten alles, was sie wußten, von ihren ersten Kunden. Doch die Kunden hatten ebenfalls wenig Sachkenntnis davon, was sie erwarten sollten, und verließen sich so auf die Visionen und Vernebelungen, die von den Unternehmen suggeriert wurden. Kunden und Unternehmen belehrten sich gegenseitig im Hinblick auf das, was möglich war.

Gute Produkte und Dienstleistungen werden gemeinsam hervorgebracht: Die Wünsche der Kunden erwachsen aus dem, was möglich ist, und was möglich ist, wird von den Unternehmen verwirklicht, die neuen Kundenwünschen folgen. Weil Erzeugung in einem Netzwerk immer Gemeinschaftsproduktion ist, also die Handlung eines Prosumenten, muß eine facettenreiche Beziehung zwischen den kollektiven Erzeugern bestehen.

Gemeinschaftserzeugung und Prosum bedürfen der Gleichrangigkeit von Informationen. In der industriellen Gesellschaft verlagerte sich das Gleichgewicht der Information unvermeidlich zu den Unternehmen. Dort verfügte man über zentralisiertes Wissen, während der Kunde nur seine eigene Erfahrung hatte (und die von ein paar Freunden). Die Netzwerkwirtschaft hat dies verändert. Jede neue Schicht von Komplexität und Technologie verlagert die Handlung in Richtung Individuum.

Vernetzte Technologie soll den Kunden intelligenter machen. Dafür ist es erforderlich, bislang proprietäres Wissen mit dem Kunden zu teilen. Dies sollte genauso selbstverständlich sein, wie dem Kunden mitzuteilen, was man bereits über ihn weiß.

Beziehungstechnologie versucht den traditionell asymmetrischen Informationsfluß neu auszugleichen, so daß der Kunde so schnell wie das Unternehmen lernt (und das Unternehmen so schnell wie der Kunde). Zuerst erscheint die Idee der Konzentration auf »lernende Kunden« statt auf das »lernende Unternehmen« deplaziert. Doch das ist Teil des größeren Übergangs weg von einer Sicht des Unternehmens als alleinstehender Einheit hin zu einer Sicht des Unternehmens als eines interagierenden Knotens in einem viel größeren Netzwerk – einem diffusen Knoten, der aus Kunden ebenso wie aus Angestellten besteht.

Den Kunden mit Hilfe des Unternehmens lernen zu lassen, ist nicht der einzige Weg, um den Kunden informierter zu machen. Der andere Weg besteht darin, den gewöhnlichen Informationsfluß im Markt umzukehren. John Hagel, der Ko-Autor von *Net Gain*, bemerkt: »Statt Ihrem Unternehmen dabei zu helfen, soviel Information wie möglich über die Kunden zusammenzutragen, lassen Sie die Kunden soviel Information wie möglich über sich selbst zusammentragen.« Und Sie lassen die Kunden ebensoviel Information über die Unternehmen sammeln, mit denen sie umgehen. Im Web gibt es mehrere Wege, Information auf den Kunden auszurichten. Zu den aufregendsten Innovationen zählen neue Anbieter, die Bots herumschicken, um Vergleichskäufe für Sie zu tätigen. Wenn dreißig Musikhändler den Soundtrack des Kinofilms *Titanic* online anbieten, sammeln Web-Sites wie *Junglee* oder *Jango*[2] die Angebote jedes Anbieters, und erstellen Ihnen eine Rangliste. Doch die Anbieter laden zum Zugriff ein; sie erstellen geschickte Angebote, bewahren die Daten der Anfragen und forcieren den Verkauf.

Durch Umkehrung der Richtung des Informationsflusses kann man einen »umgekehrten Markt« erzeugen. In einem umgekehrten Markt (der bereits von einigen Web-Sites eingerichtet wurde)

---

2 www.junglee.com; www.jango.com

bestimmt der Kunde die Bedingungen des Geschäfts. Sie sagen: »Ich möchte eine *Titanic*-CD für zehn Dollar kaufen, neu.« Sie verbreiten Ihr Angebot im Web, und dann kommen die Anbieter zu Ihnen. Dies funktioniert bestens bei hochbewerteten Artikeln wie Autos, Versicherungen und Hypotheken. »Ich benötige eine 120 000-Dollar-Hypothek mit dreißig Jahren Laufzeit auf mein Haus in San Jose. Ich kann 1 000 Dollar monatlich zahlen. Gibt es irgendwelche Kreditgeber?« Sie setzen die Bedingungen, bewahren die Daten und betreiben die Transaktion. Technologie bedeutet natürlich, daß das meiste der betreffenden Verhandlungen im Hintergrund über Agenten etc. geschieht; Sie müssen nicht selber herumfeilschen. Aber der Trend zur Beziehungstechnologie verlagert das Sammeln von Information von den Anbietern in die Hände der Kunden. Dadurch wird der Kunde geschäftstüchtiger.

Und wer über die geschäftstüchtigsten Kunden verfügt, gewinnt.

Der dritte Weg zur Steigerung intelligenten Einkaufsverhaltens besteht darin, die Kunden zu einer kollektiven Intelligenz zu verbinden.

Als Personalcomputer Mitte der siebziger Jahre erstmals auf dem Markt erschienen, schossen überall Benutzergruppen aus dem Boden, um den Verwirrten zu helfen. Jeder konnte an einem monatlichen Treffen teilnehmen und nützliche Tips austauschen, wie man einen Drucker einrichtet oder wie man ein Upgrade-Programm ans Laufen bringt. All dies war informell, frei und demokratisch; die, die etwas wußten, teilten es mit; diejenigen, die sich nicht auskannten, stellten Fragen und machten sich Notizen. Jede besondere Computerplattform brachte in größeren Städten lokale Benutzergruppen hervor. Es gab Benutzergruppen für Amigas und Videospielkonsolen und natürlich für Macs und DOS-basierte PCs. Einige Benutzergruppen wuchsen bis auf Zehntausende von Mitgliedern an, und einige betrieben ihre eigenen Gratis-Software-Imperien und hatten Millionenbudgets. Benutzergruppen wurden von Außenstehenden als Beleg für den

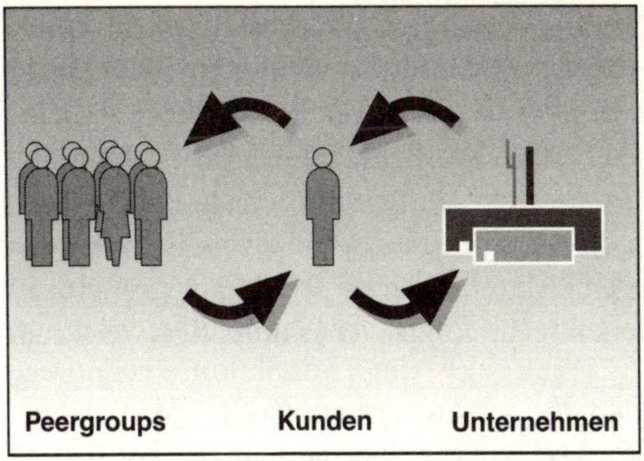

Unternehmen, die Kunden zur wechselseitigen Kommunikation sowie zur Bildung von Interessengruppen ermuntern, werden intelligenteren und treueren Kunden intelligentere Produkte und Dienstleistungen anbieten.

lausigen Zustand der Computerbranche betrachtet. Die Handbücher waren schrecklich, die Benutzeroberflächen unfreundlich. Kritiker monierten, daß man keiner Benutzergruppe beitreten müsse, um den Fernseher aufzustellen und zum Laufen zu bringen oder um die Geschirrspülmaschine einzuschalten. Dagegen war für viele verhinderte Computerbenutzer das gemeinsame Wissen einer Gruppe wesentlich, damit der Start ins digitale Zeitalter klappte, oder später ins Netz und ins Web.

In Wirklichkeit waren Benutzergruppen nicht ein Zeichen des Scheiterns, sondern ein Zeichen der Intelligenz. Sie waren ein Mittel, den Konsumenten intelligenter zu machen. Einige Computerfirmen erfaßten diese Realität früh und unternahmen regelmäßige Besuche bei größeren Benutzergruppen, um Fragen zu beantworten, Beschwerden anzuhören und Vorschläge aufzugreifen. Die Benutzergruppe, obwohl unabhängig und nicht profitorientiert, wurde Teil der Computerfirmen.

Heutzutage gibt es noch um die 2000 Mac- und PC-Benutzergruppen, die in den Vereinigten Staaten regelmäßige Treffen anbieten (und eine gleiche Anzahl auf internationaler Ebene). Die Mac-Benutzergruppe in Berkeley hat immer noch 10000 Mitglieder und *wöchentliche* Treffen. Dennoch haben sich die meisten Aktivitäten in den Online-Raum verlagert. Web-Sites mit Konversationsräumen, FAQ-(Frequently Asked Questions-)Archive, Mailing-Listen und Plätze für öffentliche Bekanntmachungen halten allesamt den verteilten Wissensaustausch in Gang.

Eine Benutzergruppe ist ein Gebiet gleichrangiger Verantwortung. Die Gruppenmitglieder nehmen die Ausbildung in die eigenen Hände und verteilen die Aufgaben untereinander. Es ist seit langem anerkannt, daß das beste und nützlichste Arbeitswissen zu technischen Dingen aus Benutzergruppen stammt. Benutzergruppen sind inzwischen ein regulärer Bestandteil solcher Freizeitbeschäftigungen wie Sporttauchen, Fahrradfahren, Salzwasseraquarien pflegen, Autos frisieren und beliebiger anderer Liebhabereien, bei denen technologischer Wandel dem Verständnis vorauseilt.

Die fanatischsten Benutzergruppen können als »Liebhabergruppen« gedacht werden, ein Ausdruck, den der Science-fiction-Autor David Brin im Englischen unter der Bezeichnung »hobby tribes« geprägt hat. Liebhabergruppen sind sehr informierte, sehr vernetzte, sehr intelligente Kunden. Sie werden durch ihren Enthusiasmus zusammengehalten und werden zu den eigentlichen Experten. In einigen kleineren Nischen werden sie auch zum Markt.

Sachkenntnis liegt nun bei fanatischen Kunden.
Die weltbesten Experten für Ihr Produkt oder Ihren Dienst arbeiten nicht für Ihr Unternehmen. Sie sind Ihre Kunden oder eine Liebhabergruppe.

Unternehmen benötigen Benutzergruppen fast ebensosehr wie die Kunden. Benutzergruppen sind besser als Werbung, sofern die Kunden zufrieden sind, und schlimmer als Krebs, wenn sie es nicht sind. Richtig eingesetzt, können Liebhaber Produkte schaffen oder zerstören.

Die Netzwerkwirtschaft verfügt über das Potential zum Aufbau einer Liebhaberkultur. Wenn die Kunden intelligenter werden, verlagert sich der Ort der Sachkenntnis hin zu selbstgemachten Gruppen und weg von großen Unternehmen oder einzelnen akademischen Spezialisten. Wenn Sie wirklich wissen wollen, was funktioniert oder wo Sie es finden können, fragen Sie eine Liebhabergruppe. Und nicht nur im Bereich von High-Tech-Wissen. Alles Wissen vereint sich bei Liebhabern. Aufgrund der gemeinsamen Obsession von Pferdeliebhabern arbeiten heutzutage mehr

Hufeisenschmiede als vor hundert Jahren im Zeitalter der Cowboys. Es gibt mehr Schmiede, die Schwerter und Kettenhemden herstellen, als jemals in mittelalterlicher Vergangenheit tätig waren. Ein Netzwerk von Liebhabern besteht hier bereits.
Das Netz neigt dazu, Autorität zu demontieren und Gleichrangige zu begünstigen. Das kulturelle Leben in einer Netzwerkwirtschaft wird weder von der Akademie noch dem Inneren von Unternehmen noch von den führenden Medien ausgehen. Vielmehr wird es in kleinen Interessengemeinschaften verortet sein, die als Fans, Zines und Subkulturen bekannt sind. Im *Zukunftsschock* entwickelt Alvin Toffler das Szenario: »Wie eine Kugel, die in eine Glasscheibe einschlägt, erschüttert die Industrie Gesellschaften, indem sie sie in Tausende von spezialisierten Handlungszentren zersplittert … jedes in kleinere und noch spezialisiertere Untereinheiten unterteilt. Ein Hort von Subkulturen schießt aus dem Boden, Rodeoreiter, Black Muslims, Motorradfahrer, Skinheads und der ganze Rest.« Die anfängliche Zersplitterung zeigt sich nun in einigen tausend Subkulturen. Für jede Obsession der Welt gibt es gegenwärtig eine Web-Site. Was in der Industrialisierung mit Zersplitterung begann, wird in der Netzwerkwirtschaft mit Verwebung und aufmerksamer Beachtung vollendet. Das Netz zerbrochener Scherben ist nun das große Bild.

Information und die Verantwortlichkeit für Erfolg verlagern sich auf Gruppen von gleichrangigen Kunden. Das Netz erfordert klügere Kunden.

Beziehungstechnologien im Netz verschaffen dem Kunden eine größere Rolle, und sie bürden dem Konsumenten auch größere Anforderungen auf. Keine dieser Erweiterungen von Beziehungen kann gedeihen, wenn nicht überall großes Vertrauen herrscht. »Die neue Wirtschaft beginnt mit Technologie und endet mit Vertrauen«,[3] sagt Alan Weber, der Gründer des Magazins *Fast Company*.

---

3 »What's So New about the New Economy?« von Alan Weber, in: *Harvard Business Review*, Januar/Februar 1993

Wenn Sie alle Arbeitnehmer nach Hause schicken und per Telekommunikation tätig werden lassen, werden Sie eine Riesenmenge an Vertrauen zwischen Ihnen und Ihren Angestellten benötigen, damit diese räumliche Veränderung zum Erfolg führt. Wenn ich *Firefly* alle Bücher mitteile, die ich lese, alle Spielfilme, die ich anschaue, und alle Web-Sites, die ich besuche, werde ich einen hohen Grad an Vertrauen brauchen. Wenn *Compaq* mich in seine teure Wissensdatenbank aller Bugs und Probleme mit bestimmten Computerteilen eindringen läßt, hat man dort Vertrauen zu mir.

Vertrauen ist eine eigentümliche Qualität. Es kann nicht gekauft werden. Es kann nicht heruntergeladen werden. Es kann nicht unmittelbar sein – ein überraschendes Faktum in einer Unmittelbarkeitskultur. Es kann sich nur sehr langsam ansammeln, über vielfache Vertrauensbeweise. Aber es kann in einem Augenblick verschwinden. Alan Weber vergleicht seine Ablagerung mit einem Gespräch: »Die wichtigste Aufgabe in der neuen Wirtschaft ist die Aufrechterhaltung von Gesprächen. Gute Gespräche handeln von Identität. Sie enthüllen anderen, wer wir sind. Und aus diesem Grund hängen sie von grundlegenden menschlichen Qualitäten ab: Authentizität, Charakter, Integrität. Am Ende führen Gespräche zu Vertrauen.«

Ein Gespräch ist ein recht gutes Modell für das Verständnis, was in der Netzwerkwirtschaft vor sich geht. Einige Gespräche sind kurz, ein abrupter Austausch minimaler Daten; einige sind antagonistisch, einige periodisch, einige fortwährend, einige geschehen über weite Entfernungen, einige von Angesicht zu Angesicht. Ein gegenseitiger Austausch beginnt zwischen zwei Personen und breitet sich dann über mehrere Personen aus, und wenn das Gespräch vielstimmig und divergent wird, bezieht es mehr und mehr Teilnehmer ein. Schließlich gibt es Gespräche zwischen Unternehmen und Gegenständen ebenso wie mit Personen, je mehr die unbelebten Artefakte der Welt verbunden werden. Zunehmende Belebung steigert die Mengen und Zeiten von Interaktion sowie die Häufigkeit des Gesprächs. Je mehr Interaktionen stattfinden, desto wichtiger wird das Lernen, je wesentlicher Beziehungen werden, desto mehr wird Vertrauen zu einem

Faktor. Vertrauen wird zu dem, was Weber »einen Wirtschaftsimperativ« nennt.

Doch trotz aller Rede von der Wichtigkeit des Vertrauens stellt es sich nur um einen bestimmten Preis ein. Es kommt langsam, und es kommt immer problematisch daher. »Vertrauen kann unsicher, schmerzhaft, schwer zu erreichen und leicht zu verletzen sein«, schreibt Weber. »Vertrauen ist anstrengend, weil es immer mit Verletzlichkeit, Konflikt und Zweideutigkeit verknüpft ist. Für Manager, die von Rationalismus, Hierarchien, regelbasierter Entscheidungsfindung und titelorientierter Autorität durchdrungen sind, stellt diese Triade von Verletzlichkeit, Konflikt und Zweideutigkeit die Gefahr eines Kontrollverlustes dar.«

Die Technologien der Beziehungen werden diese Angst oder diesen Schmerz nicht lindern. Sie können Beziehungen und Vertrauen stärken und vervielfachen, aber beides nicht automatisch, leicht und unmittelbar machen. An der Spitze der Aufgabe, Vertrauen – als Wirtschaftsimperativ – zu kultivieren, steht die felsige Hürde des Privaten. Kein anderer Punkt faßt die einzigartigen Möglichkeiten und Herausforderungen der Netzwerkwirtschaft so zusammen wie Intimität.

Privatsphäre betrifft das, worauf einst die Big-Brother-Regierung ausschließlich zielte, doch die Netzbewohner begriffen rasch, daß Wirtschaftsentitäten – der »kleine Bruder« im Netz – besorgniserregender waren. James Gleick, ein Technologiekorrespondent der *New York Times*, drückt es so aus: »Was auch immer die Regierung von uns wissen mag, es scheint, daß das Netzwerk selbst – der stets wachsende Komplex von Verbindungen und Computern – mehr wissen wird. Und gleichgültig, wie sehr wir uns gegen die Vorstellung sträuben, nichtsdestoweniger scheinen wir Dienstleistungen zu wünschen, die das Netzwerk nur zur Verfügung stellen kann, wenn es Bescheid weiß.«[4]

Ein ganzes Buch könnte über das fundamentale Gespräch zwischen dem, was wir über andere wissen möchten, und dem, von dem wir möchten, daß es andere und das Netz selbst von uns

---

4 »The Telephone Transformed – Into Almost Everything« von James Gleick, in: *The New York Times Magazine*, 16. Mai 1993

wissen, geschrieben werden. Doch möchte ich nur einen einzigen Punkt zum Privaten im Raum der sich abzeichnenden neuen Wirtschaft hervorheben:

Vertrautheit ist eine Form von Gespräch. Unternehmen sollten sie nicht als unbequeme Obsession von Kunden betrachten, die umgangen werden muß, sondern als einen Weg zur Pflege einer echten Beziehung.

Die Standarderwiderung von Unternehmen auf die Weigerung von Kunden zur Preisgabe von mehr persönlicher Information lautet: »Je mehr Sie uns mitteilen, desto besser können wir Sie bedienen.« Das ist wahr, aber nicht hinreichend. Ein Individuum kann sich nicht guten Gewissens preisgeben, wenn kein Vertrauen da ist.

Nehmen Sie das Vertrauen, das viele Leute in einer Kleinstadt empfinden. Das Interessante an einer Kleinstadt ist, daß die alte Dame von gegenüber jeden Ihrer Schritte kennt. Sie weiß, wer zu Besuch kam, und wann er ging. Von Ihren Gewohnheiten her weiß sie, wo Sie hingehen und weshalb Sie sich verspätet haben. Zwei Dinge bewahren dieses Wissen davor, ärgerlich zu sein: 1) Wenn Sie weg sind, behält sie Ihre Wohnung im Auge, und 2) wissen Sie alles von ihr. Sie wissen, wer bei ihr zu Besuch kommt und wo sie hingeht (und während sie weg ist, behalten Sie ihre Wohnung im Auge). Wichtiger noch, Sie wissen, was sie weiß. Sie sind sich bewußt, daß sie ein Auge auf Sie hat und daß sie weiß, daß Sie sie beobachten. Es besteht eine Symmetrie in Ihrem gemeinsamen Wissen. Es besteht eine Art von Verständnis und Übereinkunft. Sie würde nicht Ihren Briefkasten durchwühlen, und ebenso würden Sie keinen Blick in den ihren werfen, aber wenn Sie eine Party veranstalteten und jemand kippte auf der Veranda um, könnten Sie darauf wetten, daß die Nachbarschaft am nächsten Tag davon wüßte. Und umgekehrt. Die Beobachter werden beobachtet.

Eine der Hauptaufgaben in der Netzwerkwirtschaft ist die, die Symmetrie des Wissens wiederherzustellen.

Damit Vertrauen gedeiht, müssen die Kunden wissen, wer über sie Bescheid weiß und was er im einzelnen von ihnen weiß. Sie müssen ein Wissen über den Wissenden haben, das dem, was der Wissende über sie weiß, gleichkommt. Bei dem, was die Kreditinstitute über mich wissen, wäre mir sehr viel wohler, wenn ich mit derselben Genauigkeit wüßte, was sie über mich wissen, wie sie es wissen und wem sie es sonst noch mitteilen. Und ich würde mich noch wohler fühlen, wenn ich ein wenig Kompensation für den Wert erhielte, den sie für das Wissen über mich erhalten.

Persönlich bin ich glücklich über jeden, der meine Aktivitäten rund um die Uhr verfolgt, solange ich vollständige Rechenschaft darüber habe, wo diese Informationen hingehen, und solange ich dafür bezahlt werde. Wenn sich die Beobachter zu erkennen geben und sie eine Beziehung zu mir herstellen (in bar, in Preisnachlässen, durch nützliche Informationen, durch vorzüglichen Service oder anderes), dann wird diese Symmetrie zu einem Aktivposten für beide.

Wir sehen die ersten Andeutungen dieses Vertrauensmechanismus in Protokollen wie *Truste.*[5] *Truste* wurde 1995 als Non-Profit-Konsortium von Web-Sites und Datenschutzadvokaten begründet, um Vertrauensbeziehungen im Online-Marktraum zu erweitern. Man entwickelte einen Informationsstandard, der ebenfalls *Truste* genannt wurde. Das erste Stadium ist ein System einfacher Buttons, die auf den Startseiten von Web-Sites verwendet werden. Diese Siegel setzen die Besucher – bevor sie eintreten – über die Vertraulichkeitsrichtlinien der Web-Site in Kenntnis. Die Hinweise erklären entweder:

- daß wir keine Aufzeichnungen von irgend jemandes Besuch machen, oder
- daß wir Aufzeichnungen machen, aber nur für den eigenen Gebrauch. Wir wissen, wer Sie sind, so daß wir Ihnen bei Ihrer Wiederkehr zeigen können, was neu ist, oder den Inhalt auf Ihre Wünsche zuschneiden oder die Geschäftstransaktionen leichter und einfacher machen können. Oder

5 www.truste.org

- daß wir Aufzeichnungen machen, die wir selbst benutzen, aber wir das Wissen auch mit ähnlich gesonnenen Unternehmen teilen, die Sie ebenfalls mögen könnten.

Diese drei weitgefaßten Zugangsweisen umfassen die meisten Transaktionen; doch es gibt so viele Untervariationen, wie es Web-Sites gibt. (Um einen der Buttons bzw. eines der Siegel verwenden zu können, müssen sich die Web-Sites einer Prüfung durch *Truste* unterziehen, die der Öffentlichkeit garantiert, daß sich die Web-Site an die bekanntgemachten Richtlinien hält.) Aber die Siegel sind nur Etiketten. Die wirkliche Arbeit spielt sich hinter der Szene mittels hochentwickelter Beziehungstechnologie ab.

Hier ist ein hypothetisches Szenario, wie ein Besuch bei einer *Truste*-geprüften, kommerziellen Web-Site in ein paar Jahren aussehen könnte. Ich besuche das Bekleidungsgeschäft *Gap* online. Man setzt mich darüber in Kenntnis, daß es sich um eine Web-Site der Stufe 2 handelt; man erfaßt, wer ich bin, meine Konfektionsgröße und was ich beim letzten Besuch gekauft oder angeschaut habe – doch man verkauft diese Daten nicht. Im Austausch gegen Informationen über mich bietet man mir einen zehnprozentigen Preisnachlaß an. Hervorragend! Das macht das Leben leichter. Ich besuche die Site von *Raven Maps*, dem weltweit besten Hersteller topographischer Karten. Man läßt mich wissen, daß mein Besuch auf der Basis von Stufe 3 stattfindet – man übermittelt meinen Namen und meine Interessen, aber nichts weiter, an andere Reise-Sites, die praktischerweise aufgelistet werden. Im Austausch gibt man mir eine Gratiskarte pro Einkauf dazu. Weil die Geschäftspartner von *Raven Maps* vielversprechend wirken, sage ich ja. Ich besuche *CompUSA*. Man will alles über mich wissen, und man verkauft diese Informationen, Stufe 3. Im Austausch wird man mir auf Leasingbasis einen Multimedia-Computer mit allen Schikanen umsonst überlassen. Okay? Mhmmm, vielleicht. Dann besuche ich *ABC*, den Video-TV-Anbieter. Man erklärt, daß keine Protokolle irgendwelcher Art angelegt werden. Welche Shows ich anschaue, weiß nur ich. Man speichert die Gesamtinformation, die zum Ködern von Werbekunden verwendet wird, aber nichts Bestimmtes. Viele Leute werden von dieser Stufe-1-Nichtüberwachung angezogen und kommen wieder, trotz der vielen Werbung.

Am Ende des Monats bekomme ich eine Übersicht, im Format ähnlich einer Kreditkartenabrechnung. Sie listet alle Geschäfte und Beziehungen auf, denen ich in diesem Monat zugestimmt habe, und was ich erwarten kann. Sie besagt, daß ich mich mit der Übermittlung von bestimmten persönlichen Informationen an *Gap* einverstanden erklärt habe, aber daß diese Informationen nicht weitergegeben werden sollen. Ich habe ein recht detailliertes persönliches Profil an *Raven* gegeben, und die drei Unternehmen, an die es weitergeleitet wurde, erscheinen auf der Übersicht. Diese drei können einen einmaligen Gebrauch davon machen. *Raven* schuldet mir eine Karte. Letztlich habe ich *CompUSA* mein gesamtes Profil überlassen. Man schuldet mir einen Computer. Die neun Händler, an die meine Informationen verkauft wurden, tauchen ebenfalls auf; sie können von meinem Profil und den *CompUSA*-Web-Aktivitäten uneingeschränkten Gebrauch machen. Von diesen neun werde ich eine Zeitlang Junk-Mail erhalten – aber mein neuer Computer wird sie herausfiltern können! Zusätzlich habe ich noch einen Abschluß mit der *New York Times* gemacht, wo man meine Leseaktivitäten, aber nichts sonst, gegen ein einmonatiges Freiabo aufzeichnen kann. Außerdem zeigt meine Übersicht, daß *American Airlines* meine Adresse von *ABC* erhalten hat, obwohl man dort Stufe 1 angegeben hat. Ich werde mit ihnen Kontakt aufnehmen müssen und diesen »Fehler« aussortieren.

Caller-Id, nicht gelistete Telefonnummern, nicht gelistete E-Mail-Adressen, entindividualisierte Gesamtinformationen, individuell verschlüsselte Profile, Ausweisprofile, temporäre Pseudonyme, digitale Unterschriften, biometrische Kennwörter etc. Dies alles sind Technologien, die wir in einer Netzwerkwirtschaft zur Erledigung des schwierigen Geschäfts der Herstellung von Beziehungen und Vertrauen verwenden werden.

Wenn wir nur genau wüßten, was Beziehungen sind. Industrielle Produktivität war leicht meßbar. Man konnte eine klare, zahlenmäßige Auskunft geben. Beziehungen sind dagegen unbe-

stimmt, verschwommen, unpräzise, komplex, zahllos, ungreifbar, facettenreich. Genau wie das Netz selber.
Wenn wir Beziehungstechnologien schaffen, stoßen wir auf weiche Begriffe wie Reputation, Vertraulichkeit, Loyalität und Vertrauen. Anders als bei Bit oder Baud gibt es keine gute Definition, was diese Begriffe exakt bedeuten, obwohl wir eine allgemeine Vorstellung davon haben. Dennoch sind wir dabei, eine Netzwerkwelt zu entwickeln, die Reputation, Loyalität und Vertrauen überträgt und verstärkt. Die heißesten, wildesten Grenzen im Netz sind heute die Orte, an denen diese Technologien entwickelt werden.

Die Netzwerkwirtschaft gründet auf Technologie,
kann aber nur auf Beziehungen errichtet werden.
Sie beginnt mit Chips und endet mit Vertrauen.

Letztlich wird der Wert einer Technologie daran bemessen, wie gut sie eine Steigerung relationaler Aktivitäten ermöglicht. Der Virtual-Reality-Pionier Jaron Lanier hat den Verbindungstest vorgeschlagen: Verbindet eine in Frage kommende Technologie die Leute miteinander? Nach dieser Bewertung ist das Telefon eine gute Technologie, das Fernsehen nicht. Antibabypillen sind eine, Atomenergie dagegen nicht.
Nach diesem Maßstab ist Netzwerktechnologie eine große Sache. Sie verfügt über das Potential, alle Arten empfindungsfähiger Wesen auf jede vorstellbare Weise zu verknüpfen, und nicht nur das. Der Imperativ der Netzwerkwirtschaft ist der, die einzigartigen Bedürfnisse und Talente individueller Wesen anhand ihrer Beziehungen zu vielen anderen maximal zu verstärken.
Das bedeutet, zeitweise nicht verbunden zu sein. Schweigen ist in einem Gespräch häufig eine angemessene Reaktion. Vertraulichkeit ist in einer vernetzten Welt oftmals von Vorteil. Die Dimensionen von Beziehungen greifen ins Unbewußte ebenso wie ins Gewußte hinein. Es ist eines der vielen Geheimnisse der menschlichen Lage, daß wir mit den Technologien der Netzwerkwirtschaft verdrahtet sein werden.

Strategien

Machen Sie die Kunden so intelligent, wie Sie selbst es sind.
Die Anstrengung, die eine Firma unternimmt, um sich über den Kunden zu informieren, sollte von genauso intensiven Bemühungen zur Schulung des Kunden begleitet werden. Es ist hart, heutzutage Konsument zu sein. Jede Unterstützung dabei wird durch Loyalität belohnt werden. Wenn Sie Ihren Kunden nicht schulen, wird es jemand anderes tun – am wahrscheinlichsten jemand, der nicht einmal ein Konkurrent ist. Beinahe jede Technologie, die zum Kundenvertrieb verwendet wird, wie z. B. Datenerhebungen oder Eins-zu-Eins-Techniken, kann auch Wissen für den Kunden bereitstellen. Niemand interessiert sich für Blödsinn, doch wenn Sie sich an meine Hosengröße erinnern, einen Spielfilm vorschlagen, den alle meine Freunde mochten, oder meine Versicherungsbedürfnisse ermitteln, dann machen Sie mich intelligenter. Die Regel ist einfach: Wer die intelligentesten Kunden hat, gewinnt.

Verbinden Sie Kunden untereinander.
Nichts ist vielen Unternehmen so unheimlich wie die Vorstellung, Gerüchteküchen zu finanzieren, in denen die Kunden miteinander sprechen können. Besonders, wenn es sich um einen wirksamen Ort der Kommunikation handelt. Wie das Web. »Sie meinen«, fragen sie zweifelnd, »wir sollten eine Million Dollar für die Entwicklung einer Web-Site ausgeben, in der die Kunden Gerüchte in die Welt setzen und jede Menge Lärm machen können? Wo Beschwerden weitergegeben werden und Unzufriedenheit verbreitet wird?« Ja, das ist richtig. Das ist es, was häufig geschehen wird. »Warum sollten wir unsere Kunden dafür bezahlen, uns zu belästigen«, fragen sie, »wenn sie dies auch von alleine tun?« Weil es in der Netzwerkwirtschaft keine mächtigere Kraft als einen Bund verknüpfter Kunden gibt. Sie werden diese schneller schulen, als Sie auf irgendeine andere Weise lernen könnten. Es werden Ihre intelligentesten Kunden sein, und, um es zu wiederholen, wer die intelligentesten Kunden hat, gewinnt.

Erst jüngst vollzog *E-Trade*, der Pionier des Online-Aktienhandels, den schweren Schritt zur Einrichtung eines Online-Chat-Bereichs für seine Kunden. Andere intelligente Unternehmen werden folgen. Welche Werkzeuge Sie auch immer zur Schaffung von Beziehungen *zwischen Ihren Kunden* entwickeln, sie werden die Beziehungen zwischen Ihren Kunden und Ihnen stärken. Diese Bemühung kann auch unter der Maxime »Vorfahrt fürs Netz« gesehen werden.

Wenn alles gleich ist, wählen Sie Technologie, die verbindet.
Einbußen bei der Technologie erlebt man täglich. Ein Gerät oder eine Methode kann nicht zugleich am schnellsten, billigsten, zuverlässigsten, universellsten und kleinsten sein. Um sich auszuzeichnen, muß eine Technologie einige Eigenschaften begünstigen. Fügen Sie zur obigen Aufzählung nun »Verknüpfungsgrad« hinzu. Dieser Aspekt der Technologie gewinnt zunehmend an Bedeutung, die manchmal solche Eigenschaften wie Geschwindigkeit und Preis überschattet. Wenn Sie zweifeln, welche Technologie Sie anschaffen sollen, nehmen Sie das Angebot, das am umfassendsten, häufigsten und auf die vielfältigste Weise verbinden wird. Vermeiden Sie alles, was einer Insel gleicht, ganz gleichgültig, wie bequem ausgestattet die Insel auch ist.

Stellen Sie sich Ihre Kunden als Angestellte vor.
Es ist kein billiger Trick, den Kunden dazu zu bringen, zu machen, was gewöhnlich Angestellte tun. Es ist ein Weg zur Schaffung einer besseren Welt! Ich glaube, jeder würde sein eigenes Auto herstellen, wenn dies leicht und ohne Anstrengung möglich wäre. Das ist es leider nicht. Doch Kunden wollen zumindest auf gewisser Ebene an der Erzeugung dessen, was sie verwenden, beteiligt sein – besonders im Falle komplexer Dinge, die sie häufig benutzen. Sie können durch den Besuch einer Fabrik oder durch Zusehen bei der Herstellung ihres Autos oberflächlich beteiligt werden. Oder sie können mittels einer angepaßten Liste von Optionen bequem bestellen. Oder sie können dank Netzwerktechnologie in den Prozeß einbezogen werden. Vielleicht schicken Sie das Auto übers Band, ungefähr so, wie man ein

Paket bei *FedEx* verfolgt. Intelligente Unternehmen haben schließlich herausgefunden, daß der genaueste Weg zur fehlerfreien Erlangung von Kundeninformationen, wie z. B. einer einfachen Adresse, darin besteht, die Kunden von Anfang an alles selbst eingeben zu lassen. Der Trick wird sein, die Grenzen einer solchen Beteiligung zu finden. Kunden sind weit schwerer loszuwerden als Angestellte! Enge Kunden zu betreuen erfordert mehr Geschick und Feingefühl, als Personal zu leiten. Doch diese erweiterten Beziehungen sind auch leistungsfähiger.

Die Zukunft des Unternehmens scheint häufig die »virtuelle Firma« zu sein – das Unternehmen als kleiner Verbund, bei dem wesentliche Funktionen an Subunternehmer ausgelagert sind. Doch gibt es eine alternative Vision des äußersten Ziels – das Unternehmen, das nur Kunden beschäftigt. Keine Firma wird dieses Extrem je erreichen, doch die Bahn, die in diese Richtung führt, ist die richtige, und jeder Schritt, der zur Verlagerung der Gewichte auf die Beziehungen mit Kunden unternommen wird, wird sich als Vorteil erweisen.

10 Chance schlägt Effizienz

Verbesserungen sind keine Lösung, sondern Stillstand

Bis zu Charles Darwins Entdeckung der Evolution wurde Leben im Präsens betrachtet. Tiere wurden untersucht, um festzustellen, wir ihr Inneres funktioniert, Pflanzen wurden zwecks magischer Getränke seziert, die Wesen des Meeres wegen ihrer fremden Lebensbedingungen erforscht. Die Biologie handelte davon, wie lebende Organismen von Tag zu Tag gedeihen.
Darwin veränderte unser Verständnis des Lebens, indem er darauf bestand, daß Leben außerhalb einer Milliarde Jahre währenden Evolution keinen Sinn machte. Darwin bewies, daß selbst dann, wenn alles, was wir wissen wollten, darin bestünde, wie man Ruhr bei Schweinen kuriert, wie man am besten Getreide düngt oder wo man nach Hummern Ausschau halten sollte, wir doch die langsame, aber maßgebliche Dynamik der Evolution des Lebens über einen langen Zeitraum beachten müßten.
Bis vor kurzem handelte die Ökonomie davon, wie die Wirtschaft von Jahr zu Jahr gedeiht und welche Art von Regierungspolitik im nächsten Quartal institutionalisiert werden sollte. Die Dynamik des Langzeitwachstums steht Fragen wie der, ob die Währungspolitik in diesem Jahr gestrafft werden sollte, recht fern. Die Wirtschaftswissenschaft hat bislang noch keinen Darwin, aber es wird zunehmend deutlicher, daß das Verhalten des Marktalltags nicht wirklich verstanden werden kann, ohne die langsame, doch maßgebliche Dynamik des wirtschaftlichen Langzeitwachstums zu beachten.
Auf lange Sicht wuchs die Weltwirtschaft durchschnittlich um den Bruchteil eines Prozents pro Jahr. Während der letzten paar Jahrhunderte wuchs sie durchschnittlich um 1 Prozent pro Jahr,

um in diesem Jahrhundert, in dem der Großteil dessen, was wir auf der Erde sehen, errichtet wurde, ungefähr 2 Prozent jährlich zu erreichen. Das bedeutet, daß das ökonomische System jedes Jahr im Durchschnitt 2 Prozent mehr hervorbringt, als in den vorhergehenden zwölf Monaten produziert wurde. Im Auf und Ab der täglichen Wirtschaft treibt eine beständige, unsichtbare Woge die gesamte Wirtschaftssphäre voran, die die Erdoberfläche mit immer mehr Dingen, Interaktionen und Möglichkeiten erfüllt. Und diese Flut beschleunigt sich, indem sie sich jedes Jahr ein wenig schneller ausbreitet.

Am Beginn der Zivilisation war die Erde größtenteils Darwins Bereich – alles Biosphäre, keine Wirtschaft. Heute ist die Wirtschaftssphäre über alles Faßbare hinaus. Wenn wir die gesamten Wiederbeschaffungskosten aller Straßen in jedem Land der Welt, aller Eisenbahnlinien, aller Fahrzeuge, Telefonverbindungen, Kraftwerke, Schulen, Häuser, Flughäfen, Brücken, Einkaufszentren (und all ihrer Inhalte), Fabriken, Docks und Häfen addieren – und wenn wir das alles zu den Dingen addieren, die Menschen überall auf dem Planeten gemacht haben, und ausrechnen, wieviel dies alles wert ist, als ob es sich im Besitz eines Unternehmens befände, kommen wir auf den gewaltigen Reichtum, der von diesem langsamen Wachstum über Jahrhunderte zusammengetragen worden ist. Im Jahre 1998 ist die globale Infrastruktur annähernd vier Billiarden Dollar[1] wert. Das ist eine vier mit 15 Nullen, also eine Menge Kleingeld.

Was ist der Ursprung dieses Reichtums? Vor zehntausend Jahren gab es ihn so gut wie nicht. Jetzt gibt es einen Wert von vier Billiarden Dollar. Woher kommt das alles? Und wie? Die Aufwendungen an Energie, die zur Erzeugung dieser Fluoreszenz benötigt werden, sind zu seiner Erklärung nicht hinreichend, da auch Tiere ohne gleiches Resultat große Mengen an Energie aufwenden. Etwas anderes ist im Spiel. »Menschen errichten im Durchschnitt ein wenig mehr, als sie zerstören, und erzeugen etwas

1 Diese grobe Schätzung wurde aus dem jährlichen Wachstum des weltweiten Bruttoinlandsprodukts extrapoliert. Da die Wirtschaft jährlich um 1 Prozent wächst und dieses Wachstum vier Milliarden ausmacht, ist die Gesamtgröße der Weltwirtschaft nahezu hundertmal größer oder vier Billiarden.

mehr, als sie verbrauchen«,[2] schreibt der Ökonom Julian Simon. Das ist ungefähr richtig, aber was befähigt Menschen im Durchschnitt, solche bedeutenden Akkumulationen voranzutreiben?
Der Antrieb ist die Große Asymmetrie, sagt der Evolutionist Steven Jay Gould. Diese ist die bemerkenswerte Fähigkeit der Evolution, durchschnittlich ein wenig mehr zu erzeugen als zu zerstören. Gegen den großen Sog der Entropie treibt das Leben unumkehrbare Gewinne voran. Die Große Asymmetrie ist in Netzen verwurzelt, in eng verknüpften Entitäten, in selbstverstärkender Rückkopplung, in Koevolution und in den vielen Schleifen steigender Skalenerträge, die ein Ökosystem erfüllen. Weil jede neue Art im Leben eine Nische miterzeugt, die von einer weiteren neuen Art besetzt werden kann, weil jeder zusätzliche Organismus für weitere Organismen eine Lebenschance bietet, vervielfältigt sich die kumulative Gesamtmenge schneller, als sich der Input addiert; daher der immerwährende Überschuß an Möglichkeiten.
Wir nennen die Große Asymmetrie in menschlichen Angelegenheiten »die Wirtschaft«. Sie ist ebenfalls vollgestopft mit Netzwerken von Verflechtungen, die Outputs schneller als Inputs vervielfältigen. Deshalb füllt sie sich – im Durchschnitt – schneller als sie ausläuft. Auf lange Sicht kann diese leichte Tendenz zugunsten der Erzeugung eine Welt im Wert von vier Billiarden Dollar hervorbringen.

Was die Große Asymmetrie anhäuft, ist weder Geld noch Energie. Der ursprüngliche wirtschaftliche Reichtum beginnt mit Möglichkeiten.

Der erste von menschlicher Hand gemachte Gegenstand eröffnete eine Möglichkeit für jemand anderes, sich alternative Verwendungen oder alternative Gestaltungen dieses Gegenstands auszudenken. Wenn solche neuen Gestaltungen oder Variationen verwirklicht würden, würden sie weitere Möglichkeiten für neue Verwendungen und Gestaltungen hervorbringen. Ein verwirk-

2 »The Ultimate Resource« von Julian Simon, Princeton University Press 1996

lichtes Artefakt bringt zwei oder mehr Möglichkeiten zur Verbesserung hervor. Zwei Verbesserungen rufen jeweils zwei neue Möglichkeiten hervor – nun gäbe es vier Möglichkeiten. Vier eröffneten acht. Damit wird die Anzahl der Möglichkeiten mit der Zeit vergrößert. Wie bei der Verdopplung des Seerosenblattes kann sich eine winzige Blüte so ausweiten, daß sie in relativ wenigen Generationen das Terrain bedeckt.

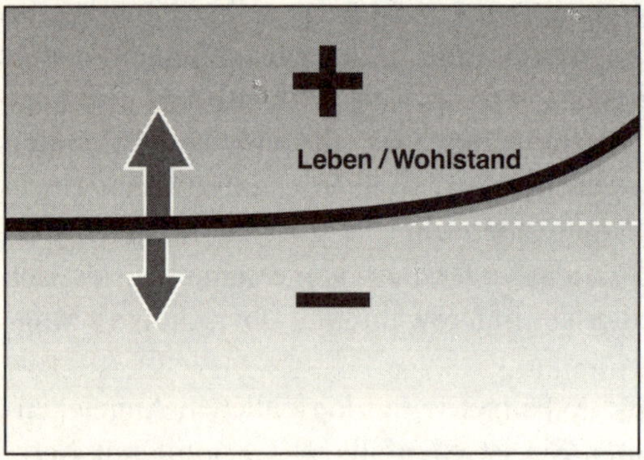

Sowohl Leben als auch Reichtum pflanzen sich verstärkt fort, was ihnen ewig einen leichten Vorteil gegenüber Tod und Verlust verschafft, so daß es im Laufe der Zeit zu beständigem Wachstum kommt.

Die vielleicht mächtigste physische Kraft auf Erden ist die Kraft verstärkter Ergebnisse, handle es sich um verstärktes Wachstum, verstärktes Leben oder verstärkte Möglichkeiten. Die Inputs an Energie und menschlicher Zeit in die Wirtschaft können nur auf additivem Wege beigebracht werden, Schritt für Schritt, doch mit der Zeit wird der Output so vervielfältigt, daß er sich selbst verstärkt und erstaunliche Akkumulationen hervorbringt.

Ein ständiger Strom von menschlicher Aufmerksamkeit und Gedankenarbeit wird auf die Erfindung neuer Werkzeuge, das Ausdenken neuer Vergnügungen, die Erzeugung neuer Bedürfnisse verwandt. Doch gleichgültig, ob klein und wirkungslos, ist jede Erfindung doch eine Plattform für weitere Erfindungen, die davon ausgehen.

Es ist dieser Raum von Möglichkeiten, der eine fortschreitende Wirtschaft erzeugt. Es ist dieser grenzenlose, offene Schauplatz für Innovationen, der die Erzeugung von Reichtum anspornt. Wie bei einer Kettenreaktion, kann eine wohlplazierte Innova-

tion Dutzende, wenn nicht sogar Hunderte von Innovationen auslösen.
Denken Sie z. B. an E-Mail. E-Mail ist eine Erfindung der jüngsten Zeit, die eine rasante Folge von Innovationen und Möglichkeiten entfacht hat. Jedes winzige Bit E-Mail-Genialität zeugt mehrere weitere Bits von Genialität usw. Anders als ein Stück Junk-Mail kostet der Versand einer E-Mail-Werbung an eine Person oder an eine Million exakt das gleiche – vorausgesetzt, Sie haben eine Million Adressen. Wie kommt man an eine Million Adressen? Ganz einfach, denn die Leute machen ihre Adressen überall im Netz bekannt – am Fuß ihrer Homepage, bei der Teilnahme an einer Newsgroup oder in den Hyperlinks eines Artikels. Dies bietet Programmierern eine offene Möglichkeit. Einer von ihnen hatte die Idee eines »Aasgeier-Bots«. (Ein Bot, kurz für Roboter, ist ein kleines Stück Code.) Ein Aasgeier-Bot durchwandert das Netz, sucht nach jedem Ausdruck, der das E-Mail-Zeichen @ enthält, nimmt an, daß es sich um eine Adresse handelt, kopiert sie und stellt dann Listen dieser Adressen zusammen, die von Spammern – den Leuten, die unerwünschte Werbung (Junk-Mail) an riesige Empfängergruppen versenden – für 20 Dollar pro Tausend verkauft werden.
Die Geburt der Aasgeier-Bots brachte plötzlich eine Nische für Anti-Spam-Bots hervor. Unternehmen, die Internet-Zugang anbieten, bestücken das Netz mit gefälschten Lockvogeladressen, so daß der Internet-Provider immer, wenn die Adressen von einem Aasgeier-Bot rausgepickt und von Spammern verwendet werden, Mail erhält, anhand derer er den Spammer zurückverfolgen kann. Dann sperrt der Provider die Quelle des Spams für seine Kunden, was alle glücklich macht.
Natürlich erzeugt diese Innovation Möglichkeiten für noch weitere Innovationen. Kreative Spammer dachten sich eine Technologie aus, die es ihnen erlaubt, ihre Quelladresse zu fälschen; sie entwenden zum Versand ihrer Spam-Mailings die rechtmäßige Adresse von jemand anderem und tauchen ab.
Jeder Zug erzeugt zwei Gegenzüge. Jede Innovation bringt eine Möglichkeit für zwei weitere Innovationen hervor, die sich aus ihr ergeben.

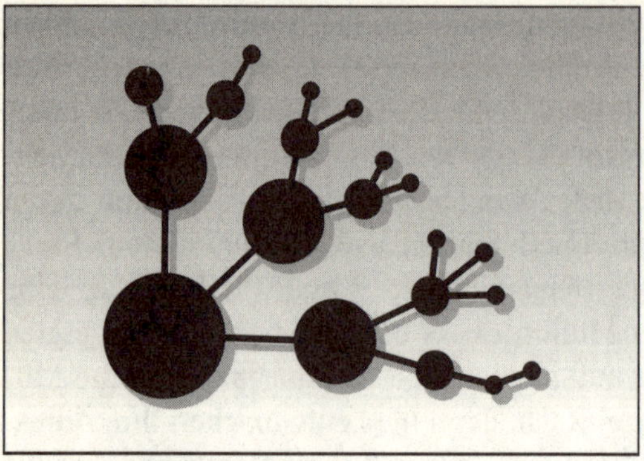

Jede neue Erfindung erzeugt einen Raum, in dem mehrere weitere Erfindungen hervorgebracht werden können. Und von jeder dieser neuen Innovationen gehen noch weitere Möglichkeiten aus.

Jede realisierte Option setzt mindestens zwei neue Möglichkeiten frei.

Das gesamte Web ist eine Möglichkeitenfabrik. Mehr als 320 Millionen Web-Seiten[3] wurden in den ersten fünf Jahren seiner Existenz erzeugt. Jeden Tag werden 1,5 Millionen neue Seiten aller Art hinzugefügt. Die Zahl der Web-Sites – gegenwärtig bei einer Million – verdoppelt sich alle acht Monate (Denken Sie an den Seerosenteich!). Eine einzige Möglichkeit, die 1989 von einem gelangweilten Forscher ergriffen wurde, löste diese unternehmerische Blüte aus. Jetzt ist es nicht mehr das Seerosenblatt, das sich erweitert, sondern der Seerosenteich selbst.

Die Anzahl der Möglichkeiten ist, ebenso wie die Anzahl von Ideen, ohne Grenzen. Beides wird kombinatorisch erzeugt, auf die Weise, wie dies bei Wörtern geschieht. Sie können dieselben 26 Buchstaben kombinieren und rekombinieren, um eine unbegrenzte Anzahl von Büchern zu schreiben. Je mehr Komponenten Sie anfänglich verwenden, desto schneller steigt die Gesamtsumme möglicher Kombinationen in astronomische Höhen. Paul Romer, ein Ökonom, der die Natur des ökonomischen Wachstums erforscht, weist darauf hin, daß die Anzahl möglicher Anordnungen von Bits auf einer CD bei ungefähr

3 Brewster Kahles Internet-Backup unter www.archive.org

$10^{1 \text{ Milliarde}}$ liegt. Jede Anordnung wäre ein einzigartiges Stück Software oder Musik. Aber diese Anzahl ist so gewaltig, daß es im Universum nicht genügend Atome gibt, soviele CDs physisch herzustellen, selbst wenn man alle Blindgänger abzieht, die einfach Zufallsgeräusch sind.

Wir können mehr umordnen als nur Bits. Denken Sie an das Mineral Eisenoxid, schlägt Romer vor. Es ist Rost. Vor mehr als 10 000 Jahren verwendeten unsere Vorfahren Eisenoxid als Pigment für die Kunst auf Höhlenwänden. Indem wir dieselben Atome nun zu einem exakt dünnen Eisenoxidfilm auf Plastik umarrangieren, erhalten wir eine Floppy-Diskette, die eine Reproduktion derselben Höhlenmalereien speichern kann, sowie alle möglichen Abwandlungen davon, die ein Bildbearbeitungsprogramm hervorbringt. Wir haben die Möglichkeiten millionenfach verstärkt.

Die Macht kombinatorischer Explosionen – die Sie bei Ideen und Möglichkeiten erhalten – bedeutet nach Romer: »Es gibt im Grunde keine Knappheit, mit der umgegangen werden muß.« Weil gilt: Je mehr Sie von Möglichkeiten Gebrauch machen, desto weniger knapp werden sie.

Alles, was wir über die Struktur der Netzwerkwirtschaft wissen, legt nahe, daß sie diese Blüte von Möglichkeiten aus den folgenden Gründen fördern wird:

- Jede Möglichkeit birgt Vernetzungspotential. Indem wir mehr und mehr der Welt zu Knoten eines Netzwerks verbinden, machen wir im großen kombinatorischen Spiel Milliarden weiterer Komponenten verfügbar. Die Anzahl der Möglichkeiten explodiert.
- Netzwerke beschleunigen die Übertragung realisierter Möglichkeiten und erzeugter Innovationen, die an alle Teile des Netzwerks und der Welt verbreitet werden, was dazu einlädt, weitere Möglichkeiten darauf aufzubauen.

Technologie ist kein Allheilmittel. Sie wird niemals die Krankheiten und Ungerechtigkeiten der Gesellschaft beheben. Technologie kann nur eines für uns tun – allerdings eine erstaunliche

Sache: Technologie bringt uns eine Steigerung der Möglichkeiten.

Lange bevor Beethoven an einem Klavier saß, wurde jemand mit dem Doppelten seines musikalischen Talents in eine Welt hineingeboren, in der es keine Tasteninstrumente oder Orchester gab. Wir werden seine Musik niemals hören, weil Technologie und Wissen entsprechende Möglichkeiten noch nicht eröffnet hatten. Jahrhunderte später boten die verwirklichten Möglichkeiten musikalischer Technologie Beethoven die Gelegenheit, großartig zu sein. Welch ein Glück, daß Ölfarben zu der Zeit erfunden waren, als Van Gogh lebte, oder daß George Lucas Film und Computer benutzen konnte. Irgendwo auf der Erde warten heute junge Genies auf eine Technologie, die vollkommen zu ihren Gaben passen wird. Wenn wir Glück haben, werden sie lange genug leben, damit unser Wissen und unsere Technologie die von ihnen benötigten Möglichkeiten schaffen kann.

Ölfarben, Tasteninstrumente, Opern, Stifte – alle diese Möglichkeiten bleiben. Doch ergänzend haben wir Film, Metall, Wolkenkratzer, Hypertext und Hologramme als einige neue Möglichkeiten des künstlerischen Ausdrucks hinzugefügt. Jedes Jahr fügen wir weitere Möglichkeiten aller Couleur hinzu. Betrachtungsweisen. Methoden des Denkens. Mittel der Unterhaltung. Pfade zur Gesundheit. Wege des Verstehens.

Die Große Asymmetrie des wirtschaftlichen Lebens häuft unaufhörlich neue Möglichkeiten auf, während wenige alte verfallen. Die Reise ohne Wiederkehr führt zu mehr und mehr Möglichkeiten, weist in mehr und mehr Richtungen, eröffnet zusätzliche und immer neue Gebiete.

»In einigen Dekaden wird es zehn Milliarden Menschen auf dem Planeten geben, und hochentwickelte Computer werden billiger als Transistorradios sein«, schreibt der Science-fiction-Autor David Brin in seinem Manifest *The Transparent Society.* »Wenn diese Kombination nicht zu Krieg und Chaos führt, dann wird sie gewiß in einer Welt enden, in der ungezählte Männer und Frauen die Datenwege auf der Suche nach etwas Besonderem bevölkern – irgendeiner Beschäftigung außerhalb des Normalen, damit sich jeder ein bißchen außergewöhnlich fühlen kann.

Durch das Internet werden wir vielleicht den Beginn einer großen Erkundung sehen, die in jeder denkbaren Richtung des Interesses oder der Neugier nach außen zielt. Eine Expedition an die Grenzen dessen, was wir sind und was wir vielleicht werden.«

Soweit sich die Übertragung von Wissen beschleunigt, sofern weitere Möglichkeiten hergestellt werden, wird der unverminderte Schub zunehmenden Wachstums ebenfalls schneller. Erzeugen und Ergreifen von Möglichkeiten sind auf lange Sicht die Antriebskräfte der Wirtschaft. Ein besserer Maßstab als Produktivität wäre es, die Anzahl der Möglichkeiten zu messen, die von einem Unternehmen oder einer Innovation hervorgebracht werden, und die Gesamtsumme zur Bewertung des Fortschritts zu verwenden.

Auf kurze Sicht müssen gleichwohl Probleme gelöst werden. Wirtschaftsunternehmen wurde beigebracht, daß sie in der Problemlösungsbranche tätig seien. Konzentrieren Sie sich auf die Unzufriedenheit eines Kunden, sagen die MBAler, und liefern Sie dann eine Lösung. Dieser ein wenig ergraute Ratschlag inspiriert Wirtschaftsunternehmen, Probleme ausfindig zu machen. Probleme sind jedoch Entitäten, die nicht funktionieren. Es handelt sich gewöhnlich um Situationen, in denen das Ziel klar ist, die Durchführung aber zu kurz greift. Wie in Formulierungen der Art: »Wir haben ein Zuverlässigkeitsproblem« oder »Die Kunden beschweren sich über verspätete Lieferungen«. Mit den Worten von Peter Drucker: »Lösen Sie keine Probleme.« George Gilder filtert die Essenz noch weiter heraus: »Wenn Sie Probleme lösen, nähren Sie Ihre Fehlschläge, hungern Sie Ihre Erfolge aus und gelangen zu kostspieliger Mittelmäßigkeit. Auf einem konkurrierenden globalen Schauplatz verschwindet kostspielige Mittelmäßigkeit aus dem Geschäft.«

»Lösen Sie keine Probleme; streben Sie nach Möglichkeiten.«

Möglichkeiten ausfindig zu machen ist nicht länger eine Strategie, die nur für die langen Zyklen des ökonomischen Fortschritts relevant wäre. Indem sich die Wirtschaft beschleunigt, so daß ein

»Internet-Jahr« in einem Monat zu vergehen scheint, beginnen die Prinzipien des Langzeitwachstums die Alltagswirtschaft zu regieren. Die Dynamik des Wachstums wird zur Dynamik des kurzfristigen Wettbewerbsvorteils.
Sowohl in kurz- als auch in langfristiger Perspektive wird unsere Fähigkeit zur Lösung sozialer und ökonomischer Probleme hauptsächlich durch unseren Mangel an Vorstellungskraft bei der Ergreifung von Möglichkeiten begrenzt sein und nicht durch den Versuch, Lösungen zu optimieren.

Die Hervorbringung weiterer Möglichkeiten bringt mehr ein als die Optimierung bestehender.

Optimierung und Effizienz sterben schwer. In der Vergangenheit machten bessere Werkzeuge unsere Arbeit effizienter. Darum erwarteten einige Ökonomen vernünftigerweise, daß uns das kommende Informationszeitalter mit überlegener Produktivität überspülen würde. Sie ist es, die uns bessere Werkzeuge in der Vergangenheit einbrachte. Doch hat Computer- und Netzwerktechnologie bis jetzt überraschenderweise noch nicht zu einem meßbaren Produktivitätsanstieg geführt.
Gesteigerte Effizienz brachte uns unsere moderne Wirtschaft. Durch die Produktion von mehr Output pro Arbeits-Input hatten wir mehr Güter zu billigeren Preisen. Das hob die Lebensstandards. Der Produktivitätsfaktor ist für das wirtschaftliche Wachstum so fundamental, daß er zum zentralen ökonomischen Maß wurde, dem Regierungen folgen. Wie der Ökonom Paul Krugman einmal sagte: »Produktivität ist nicht alles, aber auf lange Sicht ist sie beinahe alles.«[4]

Produktivität ist jedoch genau nicht dasjenige, um das man sich in der neuen Wirtschaft sorgen muß.

Um Produktivität zu bemessen, benötigen Sie einen gleichförmigen Output. Doch gleichförmiger Output wird in einer Wirtschaft

---

4 »The Age of Diminishing Expectations« von Paul Krugman, MIT Press 1994

seltener, die kleinere Produktionsabläufe, vollständige individuelle Anpassung, Personalisierung und kreative Innovation betont. Weniger und weniger ist gleichförmig.

Und Maschinen haben das Gleichförmige übernommen. Sie lieben öde und meßbare Arbeit. Ständige Aufrüstungen befähigen sie, pro Stunde mehr auszustoßen. Darum sind die einzigen, die sich über ihre eigene Produktivität Gedanken machen sollten, diejenigen, die aus Kugellagern und Gummischläuchen gemacht sind. Und tatsächlich ist das ein Gebiet der gegenwärtigen Wirtschaft, auf dem sich ein Produktivitätsanstieg[5] zeigt, etwa der US-amerikanische und japanische Produktionssektor, der während der achtziger bis hinein in die neunziger Jahre eine jährliche Steigerung von annähernd 3 bis 5 Prozent erlebt hat. Genau hier wollen Sie Produktivität finden. Jeder Arbeiter produziert durch die Überwachung von Maschinen und Werkzeugen mehr Nieten, mehr Batterien, mehr Schuhe und mehr Einheiten pro Arbeitsstunde. Effizienz ist etwas für Roboter.

Möglichkeiten sind dagegen für Menschen. Möglichkeiten erfordern Flexibilität, Erkundung, Vermutung, Neugier und viele andere Eigenschaften, durch die sich Menschen auszeichnen. Durch seine rekursive Natur züchtet ein Netzwerk Möglichkeiten und nebenbei Jobs für Menschen.

Wo Menschen mit ihrer Vorstellungskraft am aktivsten beteiligt sind, sehen wir keine Produktivitätsgewinne - und warum sollten wir? Ist eine Hollywood-Filmgesellschaft, die längere Filme pro investiertem Dollar produziert, produktiver als eine, die kürzere Filme macht? Ein zunehmend größerer Prozentsatz an Arbeit findet jetzt in der Informations-, Unterhaltungs- und Kommunikationsbranche statt, wo das »Volumen« des Outputs mehr oder minder bedeutungslos ist.

Produktivität ist so schlecht meßbar, weil nur gemessen wird, wie gut bestimmte Leute die falsche Tätigkeit ausführen können. Jede Tätigkeit, deren Produktivität gemessen werden

5 »The Rise of the Network Society« von Manuel Castells, Blackwell Publishers 1996

kann, sollte von der Liste der Jobs gestrichen werden, denen die Leute nachgehen.

Die Aufgabe eines Arbeiters im industriellen Zeitalter bestand darin, herauszufinden, wie er seine Tätigkeit besser ausführen kann: Das ist Produktivität. Frederick Taylor revolutionierte die Industrie durch seine wissenschaftliche Methode zur Optimierung mechanischer Arbeit. Doch in der Netzwerkwirtschaft, in der Maschinen die meiste der »unmenschlichen« Produktionsarbeit leisten, lautet die Frage für den einzelnen Arbeiter nicht »Wie führe ich diese Tätigkeit richtig aus?«, sondern »Was ist die richtige Tätigkeit, die getan werden sollte?«
Die Beantwortung dieser Frage ist natürlich extrem schwierig. Es handelt sich um eine Managemententscheidung. In der Vergangenheit wurden solche Entscheidungen nur den oberen 10 Prozent der Arbeitnehmerschaft abverlangt. Nun muß jeder, nicht nur das Management, entscheiden, was das Richtige ist, das als nächstes getan werden soll.

In der kommenden Ära ist es weit fruchtbarer, exakt den richtigen nächsten Schritt zu tun, als dasselbe besser zu machen.

Doch wie läßt sich Erkundung und Entdeckung in diesem grundlegenden Sinne auf einfache Weise bemessen? Dieser Sinn wird unsichtbar sein, wenn Sie Produktivität messen. Doch ohne alternative Messungen ist Produktivität zu einem Popanz geworden. Die Ökonomen sind von ihm besessen, weil es ansonsten wenig gibt, das sie konsistent messen können.
Bürokraten, die mit der Messung von Produktivität fortfahren, finden in der jüngsten Zeit keine substantielle Steigerung. Und das trotz der 700 Milliarden Dollar, die weltweit jedes Jahr in Computertechnologie investiert werden. Millionen von Menschen und Unternehmen erwerben weltweit Computertechnologie, weil sie die Qualität ihrer Arbeit erhöht, aber aufs Ganze gesehen läßt sich in traditionellen Maßen kein daraus resultierender Vorteil verzeichnen. Dieses unerwartete Ergebnis wird als

Produktivitätsparadox bezeichnet. Wie der Nobelpreisträger Robert Solow einmal witzelte: »Computer finden sich überall, außer in ökonomischen Statistiken.«

Es besteht kein Zweifel, daß zahlreiche Anschaffungen von Computersystemen in der Vergangenheit stümperhaft, fehlgeleitet und vergeudet waren. Im letzten Jahr wurden 8 000 Großrechner – Computer mit der Kraft einer Unix-Kiste und dem Preis eines großen Gebäudes – an Kunden verkauft, die von überkommenen Systemen gefangengehalten wurden. Allein *IBM* verkaufte 1997 Großrechner im Wert von fünf Milliarden Dollar.[6] Diese Milliarden helfen den Effizienz-Ranglisten nicht auf die Beine. Das Jahr-2000-Fiasko ist Chaos von weltweitem Maßstab, das den Ertrag der Informationstechnologie ebenfalls untergräbt. Doch dem Wirtschaftshistoriker Paul David zufolge benötigte die Schornstein-Wirtschaft 40 Jahre, um herauszufinden, wie sie ihre Fabriken so umorganisieren könnte, damit sie von dem 1881 erfundenen Elektromotor profitiert; denn während der ersten Dekade des Übergangs nahm die Produktivität tatsächlich ab. David scherzt gern, daß »die Zeitgenossen um 1900 wohl gesagt haben könnten, daß Elektromotoren überall seien ›außer in ökonomischen Statistiken‹«. Und die Umstellung auf Elektromotoren war einfach, verglichen mit den Veränderungen, die Netzwerktechnologie erforderlich macht.

Im Augenblick befinden wir uns erst in der dritten Dekade des elektronischen Zeitalters. Die Produktivität wird zurückfallen. In ein paar Jahren wird sie sich »plötzlich« in erhöhten Prozentsätzen niederschlagen. Doch im Gegensatz zu Krugmans Behauptung ist Produktivität auf lange Sicht fast nichts. Nicht, weil Produktivitätssteigerungen nicht stattfänden; das werden sie. Sondern weil erhöhte Produktivität, wie die universelle Lernkurve, die die Kosten zum Fallen bringt, ein gleichsam mechanischer Prozeß ist.

Die Lernkurve sich umkehrender Preisentwicklung wurde zuerst von T. P. Wright, einem legendären Ingenieur, der nach dem Er-

---

6 »Mainframe Business, Though Faded, Is Still Far From Extinct« von Lawrence Fisher, *The New York Times*, 18. Mai 1998

sten Weltkrieg Flugzeuge baute, beobachtet. Wright protokollierte die Anzahl der Stunden, die zum Zusammenbau eines Flugzeugs benötigt wurde, und errechnete, daß die Zeit mit dem Anstieg der Zahl fertiggestellter Einheiten sank. Je mehr Erfahrung die Monteure hatten, desto größer war ihre Produktivität. Zunächst wurde dies nur für Flugzeuge als relevant erachtet, doch in den siebziger Jahren begannen die Ingenieure von *Texas Instruments* diese Regel auf Halbleiter anzuwenden. Seither wird der erfahrungsbedingte Produktivitätsanstieg überall beobachtet. Michael Rothschild, dem Autor von *Bionomics*, zufolge »wurden datenbeglaubigte Kostenrückgänge der Lernkurve für die Bereiche Stahl, weiche Kontaktlinsen, Lebensversicherungspolicen, Automobile, Flugzeugwartung, Kronkorken, Kühlschränke, Benzinherstellung, Klimaanlagen, Fernsehbildröhren, Aluminium, optische Fasern, Staubsauger, Motorräder, Dampfturbinen, Äthylalkohol, Bier, Kosmetiktücher, Transistoren, Wegwerfwindeln, Gasversorgung, Fließglas, Telefonferngespräche, Rasenmäher, Flugreisen, Rohölproduktion, Maschinenschreiben, Fabrikwartung und hydroelektrische Energie publiziert.«
Als das Gesetz erfahrungsbedingt steigender Produktivität als universal erkannt wurde, wurde eine weitere Schlüsselbeobachtung gemacht: Die Lernerfahrung mußte nicht innerhalb eines Unternehmens stattfinden. Die Erfahrungskurve konnte quer durch ganze Branchen beobachtet werden. Leichte, beständige Kommunikation verbreitet die Erfahrung über ein Netzwerk hinweg, was die Produktion aller befähigt, etwas zur Lernerfahrung beizutragen. Statt fünf Unternehmen zu haben, von denen jedes 10 000 Einheiten produziert, gestattet es Netzwerktechnologie, die fünf zu einer virtuellen Gruppe zusammenzufassen, so daß effektiv ein Unternehmen mit einer Produktion von 50 000 Einheiten entsteht, und jeder an den Erfahrungsvorteilen teilhat. Da sich eine zwanzigprozentige Kostensenkung mit jeder Verdoppelung der Erfahrung ergibt, addiert sich dieser Netzwerkeffekt. Fortschritte bei der Netzwerkkommunikation, Standardprotokolle für die Übertragung technischer Daten sowie informelle Adhoc-Gemeinschaften der Techniker verbreiten allesamt den fri-

schen Wind der Erfahrung und stellen den routinemäßigen Anstieg der Produktivität sicher.

Der Analytiker Andrew Kessler von *Velocity Capital Management* vergleicht die gemäß der universalen Lernkurve fallenden Preise mit einer Tiefdruckfront in der Wirtschaft. Gerade so, wie ein meteorologisches Tiefdrucksystem das Wetter im Rest des Landes beeinflußt, saugt der Tiefdruckpunkt, der von sinkenden Preisen erzeugt wird, Investitionen und unternehmerischen Eifer an, um Möglichkeiten zu schaffen.

Möglichkeiten und Produktivität arbeiten Hand in Hand, ähnlich dem zweischrittigen Prozeß von Variation und Tod bei natürlicher Selektion. Die hauptsächliche Rolle, die Produktivität in der Netzwerkwirtschaft spielt, ist die, Technologie zu verbreiten. Ein technischer Fortschritt kann keine zukünftigen Möglichkeiten eröffnen, wenn er von einigen wenigen gehortet wird. Erhöhte Produktivität senkt die Kosten für den Erwerb von Wissen, Techniken oder Artefakten, was mehr Leuten ihren Besitz gestattet. Als Transistoren teuer waren, waren sie rar, und damit waren die Möglichkeiten, die darauf aufbauten, ebenfalls selten. Als die Produktivitätskurve griff, wurden Transistoren schließlich so billig und allgegenwärtig, daß ein jeder ihre Möglichkeiten erkunden konnte. Als Kugellager teuer waren, waren die von ihnen erzeugten Möglichkeiten teuer. Indem Kommunikation überall spottbillig und allgegenwärtig wird, werden die Möglichkeiten, die sie entfacht, gleichfalls unbegrenzt werden.

Die Netzwerkwirtschaft ist dazu bestimmt, eine Quelle routinemäßiger Produktivität zu sein. Technische Erfahrung kann rasch geteilt werden, was die Effizienz bei der Automatisierung erhöht. Die routinemäßige Produktivität von Maschinen ist jedoch nicht das, was Menschen wollen. Das, was die Netzwerkwirtschaft von uns verlangt, ist statt dessen etwas, das oberflächlich wie Verschwendung ausschaut.

Zeitverschwendung und Ineffizienz sind der Weg zur Entdekkung. Als *Condé Nasts* editorischer Leiter Alexander Liberman wegen seiner Ineffizienz bei der Herstellung von Weltklasse-Magazinen wie *The New Yorker, Vanity Fair* und *Architectural Design* zur Rede gestellt wurde, sagte er unübertroffen: »Ich glaube an Verschwendung. Verschwendung ist für Kreativität sehr wichtig.« Das Science-fiction-As William Gibson erklärte das Web zur größten Zeitverschwendung der Welt. Doch diese Ineffizienz, notierte Gibson weiter, war seine Hauptattraktivität und sein Segen zugleich. Es war die Quelle der Kunst, neuer Modelle, neuer Ideen, von Subkulturen und einer Menge anderem. In einer Netzwerkwirtschaft müssen Innovationen zuerst im Felde der Ineffizienzen einer Gabenwirtschaft ausgesät werden, um später als Effizienzen des Wirtschaftslebens aus dem Boden zu schießen.

Vor dem World Wide Web gab es *Dialog. Dialog* war ziemlich futuristisch. In den siebziger und achtziger Jahren war der Zugriff auf eine elektronische Bibliothek, die die wissenschaftlichen, gelehrten und journalistischen Texte der Welt enthält, in greifbarer Nähe. Das einzige Problem war der Preis, ein Dollar pro Minute. Sie konnten eine Menge Geld ausgeben, wenn Sie etwas nachschlugen. Zu solchen Preisen wurden nur ernsthafte Fragen gestellt. Es gab kein Herumalbern, keine leichtfertigen Anfragen – wie den eigenen Namen nachzuschlagen. Verschwendung wurde nicht ermuntert. Da die Suche als eine Art Knappheit verkauft wurde, gab es kaum einen Weg zur Beherrschung des Mediums oder zur Erzeugung von etwas Neuem.

Es braucht im Web 56 Stunden verschwendeter Zeit – ziellos in tumben Web-Sites herumgeklickt, Dinge ausprobiert, mit haufenweisen Fehlern und dummen Anforderungen –, bevor Sie einen Suchprozeß meistern. Das Web ermuntert Ineffizienz. Alles dreht sich um die Erzeugung von Möglichkeiten und das Ignorieren von Problemen. Darum hat das Internet in ein paar Wochen mehr Originalität ausgebrütet, als das effizienzorientierte *Dialog*-System während der gesamten Lebenszeit, falls *Dialog* überhaupt jemals etwas Neues hervorgebracht hat.

Das Web wird von Zwangzigjährigen betrieben, weil sie es sich leisten können, die 56 Stunden zu verschwenden, die man braucht, um ein fähiger Entdecker zu werden. Während ein Fünfundvierzigjähriger keinen Urlaub nehmen kann, ohne darüber nachzudenken, wie die Reise doch in irgendeinem Sinne als produktiv gerechtfertigt werden kann, können die Jungen Ahnungen folgen und im Web scheinbar achtlos Neuheiten erzeugen, ohne sich darüber Gedanken zu machen, ob sie effizient sind. Aus solchen ineffektiven Herumbasteleien wird die Zukunft erbaut.

Schneller als die Wirtschaft das produzieren kann, was wir wollen, unternehmen wir Erkundungen in jede Richtung, folgen jeder müßigen Neugier und erfinden neue Bedürfnisse, die befriedigt werden wollen. Wie alles andere in einem Netzwerk, werden unsere Bedürfnisse exponentiell verstärkt.

Obgleich unsere Bedürfnisse auf einer grundlegenden Ebene mit unserer Psyche verbunden sind, und jeder Wunsch auf einen urzeitlichen Trieb zurückgeführt werden kann, erzeugt Technologie immer neue Möglichkeiten für solche Wünsche, die Ausfluß und Form finden müssen. Einige tiefverwurzelte menschliche Wünsche fanden erst Ausdruck, als die richtige Technologie aufkam. Denken Sie beispielsweise an den altehrwürdigen Drang zu fliegen.

Die niederländische Fluggesellschaft *KLM* verkauft jährlich Tickets im Wert von einer Million Dollar an Leute, die nirgendwohin fliegen. Die Kunden besteigen das Flugzeug auf jedem beliebigen internationalen *KLM*-Flug, der noch über freie Plätze verfügt, und machen einen Rundflug, von dem sie zurückkehren, ohne den Flughafen zu verlassen. Der Flug ist wie eine High-Tech-Kreuzfahrt, bei der der Duty-Free-Einkauf und einfach der Flug in einer 737 mit hohem Preisnachlaß die Attraktion sind. Wo kommt dieses Bedürfnis her? Es wurde von der Technologie erzeugt.

Der Finanzautor Paul Pilzer notiert scharfsichtig, daß »ein Händler mit dem Verkauf eines neuen *Sony*-Walkman für 50 Dollar tatsächlich weit mehr Nachfrage erzeugt, als er befriedigt – in diesem Falle einen fortgesetzten und potentiell unbegrenzten Bedarf an Bandkassetten und Batterien.«[7] Technologie erzeugt unsere Bedürfnisse schneller als sie sie befriedigt.

Bedürfnisse sind weder fest noch absolut. Statt dessen sind sie flüssig und selbstbezogen. Der Vater der virtuellen Realität, Jaron Lanier, bemerkt, daß seine Leidenschaft für die Erfindung

---

7 »Unlimited Wealth« von Paul Zane Pilzer, Crown Publishers 1990

von VR-Systemen seinem lange unbefriedigten Drang entsprang, »Luftgitarre« zu spielen – in der Lage zu sein, mit seinen Armen zu wedeln und aus seinen Bewegungen Musik entstehen zu lassen. Jeder, der Zugang zu einem VR-System hat, kann diesen Drang nun befriedigen, doch handelt es sich um ein Bedürfnis, das die meisten Leute wohl niemals bemerkt hätten, bevor sie in eine VR-Vorrichtung hereingeschlüpft sind. Es handelt sich gewiß nicht um ein Grundbedürfnis, das Platon angeführt hätte.

In den Wirtschaftswissenschaften wurde einmal eine nützliche Unterscheidung vorgenommen zwischen »Grundbedürfnissen« wie Essen und Kleidung sowie allen anderen Bedürfnissen und Vorlieben, die man als »Luxus« bezeichnete. Werbung ist, wie ihr Kritiker vorwerfen, zweifellos an der Erzeugung von Wünschen schuld. Zuerst galten diese erzeugten Wünsche Luxusgütern. Doch die Reichweite von Technologie ist größer. Hochentwickelte Medientechnologie erzeugt zuerst Wünsche nach Luxus; dann transformiert Technologie solchen Luxus in Grundnotwendigkeiten.

Ein trockener Raum mit fließendem Wasser, elektrischem Licht, Farbfernseher und einer Toilette wird heute als so elementar und grundlegend erachtet, daß wir Gefängniszellen mit solch minimaler Technologie ausstatten. Dennoch hätte man diese Technologie vor drei Generationen offiziell als ausnehmend luxuriös klassifiziert, wenn nicht gar als frivol. In den Augen der Regierung verfügen 93 Prozent der Amerikaner[8], die offiziell als arm eingestuft werden, über einen Farbfernseher, und 60 Prozent haben einen Videorecorder und ein Mikrowellengerät. Armut ist nicht mehr das, was sie einmal war. Technologisches Wissen erhöht beständig die Meßlatte. Die meisten Amerikaner würden heute ein Leben ohne Kühlschrank und Telefon tatsächlich für primitiv halten. Vor 60 Jahren waren diese Dinge Luxus. Gegenwärtig wird ein eigenes Auto als grundlegendes Überlebensbedürfnis jedes Erwachsenen angesehen.

8 So der Ökonom Michael Cox von der *Federal Reserve Bank of Texas* in einem Interview in »Wealth If You Want It« von Kevin Kelly, *Wired*, November 1996

»Bedürfnis« ist ein aufgeladenes Wort. In ökonomischen Begriffen ist der Hauptpunkt der, daß jede Verwirklichung eines Wunsches – d. h. jede neue Dienstleistung oder jedes neue Produkt – eine Plattform bildet, von der aus weitere mögliche Aktivitäten vorgestellt oder gewünscht werden können. Sobald die Technologie beispielsweise einmal die Möglichkeit zu fliegen verwirklicht, produziert das Fliegen neue Wünsche: während des Fliegens zu essen, jeden Tag selbst zur Arbeit zu fliegen, schneller als der Schall zu fliegen, zum Mond zu fliegen, beim Fliegen fernzusehen. Sobald die Technologie den Wunsch, während des Fliegens fernzusehen, befriedigt, hungert unsere nicht zu sättigende Vorstellungskraft danach, ein Video *nach eigener Wahl* zu sehen, und nicht das, was die anderen schauen. Auch dieser Traum kann durch technologisches Wissen verwirklicht werden. Jede Verwirklichung einer Idee schafft Raum für weitere Technologie, und jede neue Technologie schafft Raum für weitere Ideen. Beides schaukelt sich gegenseitig hoch, schneller und schneller.

Diese sich unaufhörlich erweiternde Schleife, in der Technologie Nachfrage hervorbringt und dann die Technologie zur Verfügung stellt, der Nachfrage zu begegnen, ist der Ursprung des Fortschritts. Aber sie wird erst jetzt als solcher gesehen. In der klassischen Ökonomie – basierend auf der Arbeit mit Ziegeln und Schornsteinen – war Technologie ein Überrest. Zur Erklärung wirtschaftlichen Wachstums rechneten die Ökonomen die Effekte traditioneller ökonomischer Bestandteile wie Arbeit, Kapital und Inventar zusammen. Diese Addition wurde zur Gleichung des Wachstums. Alles Wachstum, das von ihr nicht erklärt wurde, wurde einer Randkategorie zugeschlagen: Technologie. Technologie wurde damit als Rand des ökonomischen Apparates definiert. Sie wurde auch für eine feste Größe gehalten – etwas, das sich nicht wirklich selbst verändert. Im Jahre 1957 errechnete dann Robert Solow, ein am MIT arbeitender Ökonom, daß Technologie für ungefähr 80 Prozent des Wachstums verantwortlich sei.

Wir sehen gegenwärtig, insbesondere im Zusammenhang der Heraufkunft der Netzwerkwirtschaft, daß Technologie nicht der

Rand, sondern der Antrieb ist. In der neuen Ordnung ist Technologie der Hauptmotor.
Unser Geist ist von den alten Regeln des wirtschaftlichen Wachstums und der Produktivität gefesselt. Auf die Technologie zu hören, kann ihn befreien. Technologie sagt, daß Möglichkeiten der Effizienz vorzuziehen seien. Für jedes Individuum, Unternehmen oder Land ist die Schlüsselentscheidung nicht die, wie Produktivität gehoben werden kann, indem man dasselbe besser macht, sondern wie angesichts der Explosion von Möglichkeiten zu verfahren und richtig zu wählen sei.
Die wunderbare Nachricht über die neue Wirtschaft ist die, daß sie sich menschlichen Stärken anpaßt. Wiederholung, Folge, Kopie und Automatisierung führen zunehmend zum Kostenlosen und zur Effizienz, während das Innovative, Originelle und Einfallsreiche – von denen keines zur Effizienz führt – im Wert steigen.

Strategien

Warum kann das keine Maschine machen?

Wenn es Druck zur Steigerung der Produktivität menschlicher Arbeitskräfte gibt, lautet die Frage, die ernsthaft gestellt werden muß, weshalb eine Maschine das nicht machen kann. Die Tatsache, daß eine Aufgabe routinemäßig genug ist, um gemessen zu werden, legt nahe, daß sie routinemäßig genug ist, an Roboter übertragen zu werden. Meiner Meinung nach sind viele der Tätigkeiten, die heute von den Gewerkschaften umkämpft werden, solche, die man innerhalb einiger Generationen als inhuman ächten wird.

Kundschaften Sie vielversprechende Überraschungen aus.

Die für den Erfolg in der Netzwerkwirtschaft benötigten Eigenschaften können auf folgendes reduziert werden: die Fähigkeit, das Unbekannte in Angriff zu nehmen. Mißerfolg lauert überall, aber das gilt auch für unerwartete Goldgruben. Doch die Große Asymmetrie stellt sicher, daß das hohe Potential das Verlustrisiko aufwiegt, selbst wenn neun von zehn Versuchen fehlschlagen. Hohe Potentiale tendieren zur Gruppenbildung. Wenn es zwei gibt, gibt es noch mehr. Eine typische vielversprechende Überraschung ist eine Innovation, die drei Bedürfnisse gleichzeitig befriedigt und dabei noch fünf weitere erzeugt.

Maximieren Sie die Vielzahl der Möglichkeiten.
Eine Möglichkeit löst eine andere aus. Und dann eine weitere. Das ist eine explosionsartige Beschleunigung. Doch wenn eine Möglichkeit zehn weitere auslöst und noch zehn danach, handelt es sich um einen Schneeballeffekt, der weit und schnell wirkt. Einige realisierte Möglichkeiten verbreiten sich rasant nach den Seiten und vervielfachen sich zu Hunderttausenden innerhalb der ersten Generation – und dann trocknen sie plötzlich aus. Denken Sie an den Hausstein. Natürlich, er verkaufte sich millionenfach, aber was dann? Es gab keine Vielzahl von Möglichkeiten. Der Weg zur Bestimmung des Potentials besteht in der Untersuchung der Frage: Wie viele weitere Technologien oder Geschäfte können von anderen auf der Grundlage dieser Möglichkeit begonnen werden?

Tausend Wege zum Reichtum

Die Netzwerkwirtschaft wird Möglichkeiten in einem bisher unbekannten Maße entfalten. Doch die Netzwerkwirtschaft ist nicht Utopia. Sie ist eine einzigartige Phase der wirtschaftlichen Entwicklung, vergleichbar der Pubertät – eine aufregende, desorientierte und unwiederholbare Zeit. Die Welt kann dieses Stadium nur einmal durchschreiten, wenn sie von Netzwerken des Denkens und der Interaktion vollständig eingehüllt ist. Wir befinden uns gegenwärtig an dem Punkt, an dem ein Schleier aus Glasfaser und ein Heer von Satelliten den Globus umschließen, um eine nahtlose ökonomische Kultur hervorzubringen.

Diese neue, globale ökonomische Kultur ist charakterisiert durch dezentralisierten Besitz und Kapitalanlage, durch Wissenspools statt Kapitalpools, durch die Betonung einer offenen Gesellschaft und, am wichtigsten, durch weitverbreitetes Vertrauen in ökonomische Werte als Entscheidungsbasis in allen Lebenslagen.

Die Kapitalquellen, die im industriellen Zeitalter einmal bei wenigen Banken und einzelnen »Kapitalisten« konzentriert waren, sind nun über Millionen von vernetzten Bankkonten, von Gemeinschaftsfonds und von privaten Investitionen über die Gesellschaft verteilt. Eliten, zentralisierte Banken hatten gewöhnlich ein Monopol auf das Kapital – den Motor des Kapitalismus. Sie verliehen ihre Vermögenswerte als Darlehen und aus diesen Darlehen erwuchs die Industrie. Doch mit erhöhtem Wissen und Kommunikation erkannten die Investoren, daß Partnerschaften – oder Investitionen mit Risikoteilung der Investoren – auf lange Sicht beträchtlich mehr Reichtum hervorbringen. Technologie hat den Übergang von der Darlehenswirtschaft zur Investitionswirtschaft beschleunigt. Die Annehmlichkeiten computergestützter Kontenführung gestatten es beinahe jedem, der gerade einmal 100 Dollar übrig hat, dem Kapitalanlagenetzwerk beizutreten. Trotz des Aufstiegs einiger gigantischer, globaler Banken werden gegenwärtig zunehmende Mengen des Reichtums auf Anlagebasis, nicht auf Darlehensbasis erwirtschaftet. Heutzutage werden beispielsweise 28 Prozent der Vermögenswerte[1] der US-Haushalte in Form von Anlagekapital gehalten – mehr als von den Banken gehalten wird –, und 44 Prozent der US-Haushalte besitzen Aktien.

Netzwerke fördern diese Kapitalanlagekultur. Der Besitz an Unternehmen ist verteilt und auf tausend Punkte dezentralisiert. Die Transaktionskosten für den Besitz eines winzigen Anteils an Träumen und Ambitionen sinken weiterhin so, daß es möglich wird, direkt oder indirekt kleine Teile zahlreicher Unternehmen zu besitzen. Wenn Sie in eine Anlagegemeinschaft investieren, investieren Sie in die Arbeit Hunderttausender anderer Leute. Sie verwenden den Wohlstand, den Ihre eigenen Ambitionen hervorgebracht haben, um die Hervorbringung von Prosperität durch andere zu fördern. Sie besitzen vielleicht nur ein kleines Stück eines Unternehmens, aber Sie können Teile vieler Unternehmen besitzen, und jedes Unternehmen gehört Millionen von Individuen. Das ist Netzwerkkapitalanlage.

Aus diesem verteilten Besitz taucht das Porträt eines Netzwerks auf. Millionen von Investitionslinien durchkreuzen die Landschaft. Einige wenige besitzen viel, doch die Mehrheit der Knoten ist auf kleine Bankkonten in kleinen Städten verstreut. Der Großteil der Aktien in den Vereinigten Staaten wird von den Pensionsfonds gewöhnlicher Bürger kontrolliert – von Millionen Menschen gemeinsam. Die Arbeitnehmerschaft Amerikas besitzt die Produktionsmittel wirklich kollektiv.

Diese Netzwerkkapitalanlage wird von derselben Netzwerktechnologie – kleiner werdenden Chips und sich erweiternder Kommunikation – ermöglicht, die Reichtum überhaupt hervorbringt.

1 »A Second American Century« von Mortimer B. Zuckerman, in: *Foreign Affairs*, Mai/Juni 1998

Die Buchhaltung und Verwaltung von Wohlstand sowie seiner Besitzanteile kann nur geschehen, weil Computer und Telekommunikation die Kosten der einzelnen Transaktion ins Unbedeutende abgesenkt haben. Heutzutage gibt es 7000 Gemeinschaftsfonds – 7000 Möglichkeiten, die Erzeugung des Wohlstands aufzuteilen. Und eine ähnliche Anzahl von frei an der Börse gehandelten Unternehmen, die ihren Reichtum effektiv auf viele Besitzer aufgeteilt haben.

Es gibt einige Trends innerhalb dieser Kapitalanlagekultur, und jeder wird von durchdringender Netzwerktechnologie verstärkt. Erstens wird die Ausbreitung des Besitzes global, ebenso wie die Wirtschaft selbst. In den letzten Jahren hat Europa den Aktienmärkten eine unfaßbare Finanzspritze verpaßt. Die Europäer entdeckten die Kapitalanlagekultur und investierten über Nacht Hunderte von Milliarden Dollar ihres alten Reichtums in das Netzwerk des Besitzes. Zur selben Zeit kippten hungrige Investoren Milliarden in die Geldsäckel der »neuen Märkte« Asiens und Lateinamerikas. Heutzutage hat fast jeder Investor in einer Kapitalanlagegesellschaft, ob er es weiß oder nicht, ein Bein in einem Unternehmen, das in einer anderen als seiner eigenen Nation tätig ist.

Indem der Aufwand und der Preis von Transaktionen sinken, wird die Verbreitung des Besitzes zudem feinkörniger und weitflächiger. Kleine und kleinere Investitionen in immer unterschiedlichere Bestrebungen werden möglich. Einige Banken folgen der Führung der *Grameen Bank of Bangladesh* und bieten Minianleihen an. Diese Anleihen belaufen sich auf 100 US-Dollar oder weniger und gehen an Bürger in Entwicklungsländern, die das Geld zum Kauf einer Kuh verwenden, zum Ankauf von Garn oder zur Erfüllung irgendeines anderen kleinunternehmerischen Traums. Die Rückzahlungsrate liegt bei 95 Prozent, was sie beinahe so risikolos wie Pfandbriefe macht. Wie ein Bankenreport sagt: »An die armen Leute in den Slums von La Paz Kredite zu vergeben, könnte für die Banken sicherer sein, als an die Regierung von Bolivien selbst zu verleihen.«[2] Große Wirtschafts-

2 »Credit were credit is due: Bringing microfinance into the mainstream« von Peter Montagnon, Center for the Study of Financial Innovation, Februar 1998

banken haben die sieben Milliarden US-Dollar bemerkt, die bereits an 13 Millionen Menschen auf der ganzen Welt verliehen worden sind, und machen den »Mikrofinanzbereich« zum Hauptzweig des Bankgeschäfts. Die geringen Kosten der Verfolgung großer Mengen rasch zirkulierender Zahlungen bedeuten, daß Netzwerktechnologie die Geschwindigkeit des Geldflusses in dezentralen Mikrofinanzprogrammen beschleunigen kann. Man kann sich leicht einen ertragreichen Gemeinschaftsfonds vorstellen, der aus Hunderttausenden von aufstrebenden Kleinunternehmern der dritten Welt besteht.

Drittens ist dieselbe Art feinkörniger Dezentralisierung dabei, sich bei Unternehmen zu vollziehen, die an der Börse frei gehandelt werden. Während der neunziger Jahre beschritten in den Vereinigten Staaten annähernd 4000 Unternehmen diesen Weg. Diese Unternehmen wurden durch die Investitionen vieler kleiner Anteilseigner, die um die 250 Milliarden Dollar kollektiv zu Anlagekapital der Unternehmen beitrugen, finanziell neu ausgestattet. Gegenwärtig hindern sehr altmodische Hürden viele kleinere Firmen daran, Kapitalanlagen seitens der Öffentlichkeit zu akzeptieren. Einige dieser Hürden sind Erbschaften des industriellen Zeitalters, als Kommunikation und Information rar waren. Andere Hindernisse sind einfach selbstsüchtige Schutzmaßnahmen von Investment-Bankern und anderen, die Milliarden aus ihrem Monopol zur Kontrolle des öffentlichen Börsengangs eines Unternehmens machen. Netzwerktechnologie verändert den Aktienmarkt radikal, was in einer Welt, in der ökonomische Information allgegenwärtig und unmittelbar ist, eine weitflächige Neubewertung der Rolle und des Werts von Aktienhändlern, Vermittlern und einem zentralisierten Markt (wie der New Yorker Börse) als solchem veranlaßt. Sichere, zuverlässige und vertrauenswürdige Angebote frei gehandelter Unternehmen können sich im Netz ohne den größten Teil des traditionellen Geschreis der Wall Street vollziehen. Netzwerktechnologie wird es qualifizierten Unternehmen ermöglichen, ihre Unternehmen vom Schreibtisch aus frei handelbar zu machen, indem sie die Investitionen von Milliarden von Individuen und Organisationen auf der ganzen Welt anlocken. Dies wird rascher geschehen, als man an der Wall Street denkt.

Viertens greift das Silicon-Valley-Modell der Entlohnung auf immer mehr Bereiche der Welt über. Ein Hauptelement der Kapitalanlagekultur ist die Ideologie, daß jede in einem Unternehmen arbeitende Person die Möglichkeit haben sollte, einen Teil davon zu besitzen. In den meisten amerikanischen High-Tech-Unternehmen sind Aktienanteile der Angestellten verbindlich. Anteile am Unternehmen werden häufig dazu benutzt, Talente zu rekrutieren, als Bonus oder, im Falle von Neugründungen, als Ersatz für ein Gehalt ausgezahlt zu werden. Unternehmen, die allen Angestellten Aktienanteile gewähren, schütten ein größeres Vermögen an die Anteilseigner aus als Unternehmen, die dies nicht tun (19 Prozent die ersteren, 11 Prozent die letzteren).

In der Netzwerkwirtschaft ist Besitz entlang elektronischer Wege in Myriaden von Teilen fragmentiert und über Arbeitnehmer, Risikokapitalgeber, Investoren, Bündnispartner, Außenseiter und, in kleinsten Mengen, sogar über Konkurrenten verteilt. Netzwerke züchten Schwarm-Kapitalismus.

Wenn Netzwerke aufsteigen, verschwinden die Zentren. Es ist kein Zufall, daß globale Netzwerke zur selben Zeit wie die postmoderne Bewegung erscheinen. In der Postmoderne gibt es keine zentrale Autorität, keine universelle Lehre, keine grundlegende Ethik. Das Thema der Postmoderne in der Kunst, der Wissenschaft und der Politik wird von Steven Best und Douglas Kellner in ihrem Buch *The Postmodern Turn* zusammengefaßt: »Die Postmoderne resultiert in Fragmentierung, Instabilität, Unbestimmtheit und Unsicherheit.« Dies faßt auch treffend die Netzwerkeigenschaften zusammen.

Netzwerkprinzipien demontieren Starrheit, geschlossene Strukturen, universelle Schemata, zentrale Autorität und fixierte Werte. Statt dessen bieten Netzwerke Pluralität, Unterschiede, Mehrdeutigkeit, Unvollständigkeit, Kontingenz und Vielfältigkeit. Diese Eigenschaften sind ideal für Störung, für die Verbreitung von vernetztem organisiertem Verbrechen und für eine fehlende Wertegemeinschaft.

Weil die Natur der Netzwerkwirtschaft Ungleichgewicht, Fragmentierung, Unsicherheit, Wirbel und Relativismus nährt, sind die Verankerungen in Bedeutung und Wert knapp. Wir sind einfach unfähig mit Fragen umzugehen, die mit den Mitteln der Technologie nicht beantwortet werden können. Der typische moderne Konsument ist bereits ein ziemlich berechenbares Wesen. Er ist wie ein Ballon: Er besitzt ein aufgeblasenes Ego und eine dünne Identität, die bis an ihre Grenze gespannt ist. Der kleinste Stich kann die Hülle zum Platzen bringen.

Im großen Vakuum der Bedeutung, in der Stille unausgesprochener Werte, in Abwesenheit von etwas Großem, für das es sich einzustehen lohnte, etwas Größerem als man selbst, wird Technologie unsere Gesellschaft – zum Guten oder zum Schlechten – formen.

Weil Wert und Bedeutung heute rar sind, wird Technologie unsere Entscheidungen für uns treffen. Wir hören auf die Technologie, weil unsere modernen Ohren sonst auf wenig anderes hören. In Abwesenheit eines anderen festen Glaubens, lassen wir uns von Technologie leiten. Keine andere Macht ist bei der Gestaltung unseres Schicksals ebenso mächtig. Indem wir uns vorstellen, was die Technologie verlangt, können wir uns den Lauf unserer Kultur vorstellen.

Die Zukunft der Technologie sind Netzwerke. Breite, weite, tiefe und schnelle Netzwerke. Elektrifizierte Netzwerke aller Art werden den Planeten bedecken, und ihre komplexen Knoten werden unsere Wirtschaft formen und unser Leben färben. Der Wandel zu dieser neuen Perspektive wird weder unmittelbar noch schmerzlos sein. Noch wird er so seltsam sein, wie er uns zunächst erscheint.

Es gibt keinen Grund, die Anforderungen der Technologie ohne Widerspruch zu akzeptieren, doch besteht auch kein Zweifel daran, daß der Gang der Technologie deutlich darauf abzielt, alles zu vernetzen. Diejenigen, die der Logik des Netzes gehorchen und die begreifen, daß wir einen Bereich mit neuen Regeln betreten, werden in der neuen Wirtschaft einen nachhaltigen Vorteil haben.

Strategien für die Wirtschaft der Zukunft

① Folge der Herde! Weil sich Macht vom Zentrum zur Peripherie verlagert, erlangen diejenigen Wettbewerbsvorteile, die dezentrale Kontrollpunkte integrieren.
② Steigende Skalenerträge. Während sich die Anzahl der Verbindungen zwischen Menschen und Dingen vermehrt, vervielfachen sich die Resultate solcher Verbindungen wesentlich schneller, so daß Anfangserfolge nicht selbstbegrenzend, sondern selbststeigernd wirken.
③ Überfluß statt Mangel. Weil Herstellungstechniken die Kunst perfektionieren, Produkte in Hülle und Fülle zu produzieren, wird Wert von Überfluß, nicht von Mangel getragen – was eine Umkehrung traditioneller Wirtschaftslehrsätze bedeutet.
④ Künftig alles gratis? Weil Ressourcenknappheit dem Überfluß weichen wird, erzeugt Großzügigkeit Reichtum. Die Tendenz zum Kostenlosen probt den unvermeidlichen Preisverfall und nutzt den Vorteil des einzigen wirklichen Mangels: der begrenzten menschlichen Aufmerksamkeit.
⑤ Vorfahrt für das Netz. Weil Netzwerke das gesamte Wirtschaftsleben betreffen, verlagert sich das Hauptaugenmerk eines Unternehmens von der Maximierung des Firmenwerts auf die Maximierung des Netzwerkwerts. Wenn das Netz nicht überlebt, verschwindet auch das Unternehmen.
⑥ Vom Gipfel in die Talsohle. Weil sich die Innovationsrate beschleunigt, wird es zu den schwierigsten und doch wichtigsten Aufgaben gehören, erfolgreiche Bereiche aufzugeben, um der Gefahr des Veraltens zu entgehen.
⑦ Von Standorten zu »Standräumen«. Weil physische Nähe (Ort)

durch mannigfaltige Interaktionen mit allem, jederzeit und überall ersetzt wird (Raum), werden sich die Chancen für Mittelsmänner, Zwischenhändler und Nischenanbieter beträchtlich erhöhen.

⑧ Innovation am Rande des Ruins. Weil Turbulenz und Instabilität im Wirtschaftsleben zur Norm werden, besteht die effektivste Überlebenstechnik in einer konstanten, doch höchst selektiven Erzeugung jener Störungen, die wir Innovationen nennen.

⑨ Beziehungstechnik. Weil Software über Hardware siegt, werden die mächtigsten Technologien diejenigen sein, die »weiche« Beziehungen aller Arten verbessern, erweitern, vergrößern, ausweiten, reaktivieren und entwickeln.

⑩ Chance schlägt Effizienz. Obwohl Vermögen damit gemacht werden, Maschinen auf größere Effizienz zu trimmen, kann noch weit größerer Reichtum dadurch erworben werden, daß ineffiziente Strategien preisgegeben und neue Möglichkeiten geschaffen werden.

Kommentierte Bibliographie

Die folgenden Bücher sind nach ihrer Relevanz und dem Grad der Einsicht, den sie für das Verständnis der neuen Wirtschaft eröffnen, eingestuft. Die Liste beginnt mit solchen, die ich als am sachdienlichsten empfand, und endet mit jenen, die eher als Hintergrund dienten. Ungenannt bleiben viele gute Bücher über Ökonomie und die neue Geschäftswelt, die nur einige wenige für das Thema relevante Ideen enthielten. Einige dieser zusätzlichen Quellen sind in den Anmerkungen erwähnt. Den kommentierten Büchern folgt eine Liste nützlicher Web-Sites, die das beste und aktuellste Material bieten.

Information Rules: A Stategic Guide to the New Economy,
von Carl Shapiro und Hal R. Varian. Harvard Business School Press, 1998. Wenn Sie über die grundlegenden Prinzipien, die im vorliegenden Buch umrissen werden, hinausgehen möchten, versuchen Sie es mit diesem. Dieses Buch ist der bisher beste Überblick über die Netzwerkwirtschaft, eindringlich geschrieben von zwei erstzunehmenden Ökonomen, mit sorgfältigen Analysen und zahlreichen Beispielen aus dem wirklichen Leben. Ihre Betonung liegt auf der High-Tech- und Online-Umgebung, aber ihre Darstellung trifft ins Schwarze und ist umfassend anwendbar. Fünf Sterne.

Enterprise One to One: Tools for Competing in the Interactive Age,
von Don Peppers und Martha Rogers. Doubleday, 1997. Eine ausgezeichnete Untersuchung der zukünftigen Gestalt von Be-

ziehungen in der neuen Wirtschaft. Ich habe aus diesem gut geschriebenen, klugen Buch eine Menge ungewöhnlicher Dinge gelernt. Es ist nicht nur sehr pragmatisch im Blick auf Geschäftstaktiken (wie Sie Ihr Unternehmen dazu bringen, mit Kunden zu interagieren), sondern es formuliert auch nützliche ökonomische Prinzipien auf strategischer Ebene. Die Autoren scheinen intuitiv zu verstehen, wie sich die neue Wirtschaft entfaltet.

Net Gain: Expanding Markets Through Virtual Communities,
von John Hagel III und Arthur G. Armstrong. Harvard Business School Press, 1997 (deutsch: Net Gain – Profit im Netz, Märkte erobern mit virtuellen Communities, Gabler, 1997). Ein höchst origineller und äußerst eindrucksvoller Blick auf die neue Wirtschaft aus der Perspektive kommerzieller Gemeinschaften. Er verschiebt die Aufmerksamkeit von Unternehmen oder Kunden hin zu den aufkommenden Netzwerken und betrachtet virtuelle Gemeinschaften als ernsthaftes Geschäft. Obwohl nicht im engeren Sinne ökonomisch orientiert, handelt es sich um eines der besten Bücher über die Netzwerkwirtschaft. Höchst empfehlenswert.

The Rise of the Network Society,
von Manuel Castells. Band 1 von Information Age. Blackwell Publishers, 1996. Eine dichte, wild wuchernde und umfassende Betrachtung der sich vollziehenden Transformation der Gesellschaft durch Netzwerktechnologien. Castells ist Soziologe mit der Neigung eines Europäers zu einem weiten Rückblick in die Geschichte. Dieses Buch, das erste einer Trilogie, ist ein Katalog von Belegen für das Aufkommen einer neuen globalen, netzwerkbasierten Kultur. Die immense Reichweite dieses Wandels wird von der immensen, zuweilen »unhandlichen« Reichweite dieses Buches widergespiegelt. Castells gebildete und umfassende Sichtweise macht es lohnenswert.

Blur: The Speed of Change in the Connected Economy,
von Stan Davis und Christopher Meyer. Addison-Wesley, 1998 (deutsch: Das Prinzip Unschärfe, Managen in Echtzeit – Neue

Spielregeln, neue Märkte, neue Chancen in einer vernetzten Welt, Gabler, 1998). Weitergehende Erkundungen der Konsequenzen der Netzwerkwirtschaft. Die Autoren führen drei Hauptkräfte an, die die alte Ordnung stürzen: Geschwindigkeit, Immaterialität und Konnektivität (ganz parallel zu meinen drei Haupttrends Globalisierung, Immaterialität und Konnektivität). Sie bieten zahlreiche Wirtschaftsbeispiele und noch mehr Strategien.

Unleashing the Killer App: Digital Strategies for Market Dominance,
von Larry Downes und Chunka Mui. Harvard Business School Press, 1998 (deutsch: Auf der Suche nach der Killer-Applikation. Mit digitalen Strategien neue Märkte erobern, Campus, 1999). Trotz des leicht irreführenden Titels feiert dieses Buch die Netzwerkwirtschaft. Es gelangt zu ähnlichen Schlußfolgerungen wie ich, und es bietet sogar eine eigene Liste von neuen Regeln. Jedoch liegt das Schwergewicht auf der praktischen Hervorbringung einer Dienstleistung oder eines Produkts in der neuen Wirtschaft. Es ist nicht so methodisch und vollständig wie *Information Rules*, doch denke ich, daß es eine gute, allgemeine Einführung für Wirtschaftsleute darstellt.

Webonomics,
von Evan I. Schwartz. Broadway Books, 1997 (deutsch: Webonomie. Die neun Grundregeln für wirtschaftlichen Erfolg im World Wide Web, Hoffmann u. Campe, 1997). Schwartz konzentriert sich sehr spezifisch auf die praktischen Probleme der Verwendung von Web-Sites im Wirtschaftsleben. Seine neun Prinzipien für Geschäfte im Web dürften wohl nicht für die gesamte neue Wirtschaft gelten, doch weisen sie in die richtige Richtung. Wenn Sie eine kommerzielle Web-Site betreiben, ist sein Rat gewiß hilfreich.

The Digital Estate: Strategies for Competing, Surviving, and Thriving in an Internetworked World,
von Chuck Martin. McGraw-Hill, 1996. Ein tolles Buch, um ein Gefühl für die neue Online-Business-Kultur zu bekommen. Mar-

tin vermittelt Ihnen ein tieferes Verständnis für die ungeheuren intellektuellen Leistungen, die brillanten Innovationen und die experimentellen Wirtschaftsmodelle, die sich hinter den Kulissen des Webs entwickeln. Er ist ein großartiger Fremdenführer auf jenem fremdartigen neuen Gebiet, und der beste Wegweiser, um einen Sinn dafür zu bekommen, »was los ist« im Online-Handel.

The Economics of Electronic Commerce,
von Andrew B. Whinston, Dale O. Stahl und Soon-Yong Choi. Macmillan Technical Publishing, 1997. E-Commerce ist kaum geboren, und schon gibt es ein Lehrbuch. Dieses ist zudem ein ziemlich gutes. Der Inhalt ist auf beeindruckende Weise interdisziplinär, indem es Wirtschaftswissenschaft, Ingenieurwesen, Finanzwirtschaft und Marketing behandelt. Zusätzlich zu den üblichen Aufsatz- und Buchhinweisen führen die Autoren auch eine Menge relevante Web-Sites auf. Für die Online-Wirtschaft ist dieses Lehrbuch besser als ein MBA-Studium.

The Digital Economy: Promise and Peril in the Age of Networked Intelligence,
von Don Tapscott. McGraw-Hill, 1996 (deutsch: Die digitale Revolution. Verheißungen einer vernetzten Welt – die Folgen für Wirtschaft, Management und Gesellschaft, Gabler, 1996). Auf etwas ungeordnete Weise durchmustert dieses Buch einige der neuen Dynamiken der Netzwerkwirtschaft. Es finden sich viele Beispiele für Geschäfte in der neuen Wirtschaft, doch mit wenig Theorie und einem Minimum an Analyse. Aufs Ganze gesehen versteht Tapscott es, neue Trends im Geschäftsleben der neuen Wirtschaft aufzugreifen.

Electronic Commerce: A Manager's Guide,
von Ravi Kalakota und Andrew B. Whinston. Addison-Wesley, 1997. Eines der Bücher, die im Augenblick auf der Höhe der Zeit liegen, doch rasch veralten. Es findet sich alles, was man 1997 über E-Commerce auf einer Web-Site wissen konnte. Wie man Firewalls, Transaktionssicherheit und elektronischen Zahlungsverkehr einrichtet, wird aus der Sicht eines nicht programmie-

renden Managers mittlerer Ebene beschrieben. Wenn der Autor klug ist, wird er diesen Band fortwährend aktualisieren.

The Weightless World: Strategies for Managing the Digital Economy,
von Diane Coyle. Capstone Publishing, 1997. Anders als viele andere der hier aufgelisteten ist dieses Buch mehr mit den wirtschaftswissenschaftlichen Konsequenzen als mit den geschäftlichen Implikationen der neuen Wirtschaft befaßt. Coyle schlägt sich mit Fragen wie Wohlfahrt, Regierung und politische Entscheidungsbildung herum, die in einer »gewichtslosen« Welt der Information aufgeworfen werden. In diesem Zusammenhang erörtert Coyle auch ausführlich die Schattenseiten der neuen Wirtschaft.

Release 2.0: A Design for Living in the Digital Age,
von Esther Dyson. Broadway Books, 1997 (deutsch: Release 2.0 Die Internet-Gesellschaft. Spielregeln für unsere digitale Zukunft, Droemer Knaur, 10/1997). Eine ziemlich gute Fibel für Laien, die die sozialen Konsequenzen der Netzwerkgesellschaft und -kultur erklärt. Sie behandelt das gesamte Themenspektrum von Privatheit über Identität und Gemeinschaften bis hin zu intellektuellem Eigentum. So etwas wie eine Orientierungstour durch die exotische Welt von morgen.

The Age of the Network: Organizing Principles for the 21th Century,
von Jessica Lipnack und Jeffrey Stamps. Oliver Wright Publications, 1994 (deutsch: Virtuelle Teams. Projekte ohne Grenzen. Teambildung – Virtuelle Orte – Intelligentes Arbeiten – Vertrauen im Team, Ueberreuter, 1998). Trotz seines sehr new-age-haften Tons ist dieses Buch als Hintergrund nützlich. Es verbindet ein Verständnis alltäglicher sozialer Netzwerke mit dem für elektronische Netzwerke, wobei es wesentliche Einsichten eröffnet, wie menschliche Netzwerke im allgemeinen funktionieren.

Bionomics: Economy as Ecosystem,
von Michael Rothschild. Henry Holt and Company, 1990 (deutsch: Bionomice. Die Marktwirtschaft als natürliches System, Stefan Kopp, 1998). Eine lockere Erläuterung einer sehr grundlegenden Metapher – die Wirtschaft verhält sich wie ein Ökosystem. Verborgen unter Abhandlungen über Trilobiten und Bakterien finden sich einige treffende Einsichten in die Netzwerkwirtschaft.

The Death of Competition: Leadership and Strategy in the Age of Business Ecosystems,
von James F. Moore. HarperCollins, 1996 (deutsch: Das Ende des Wettbewerbs. Führung und Strategie im Zeitalter unternehmerischer Ökosysteme, Klett-Cotta, 1998). Die nächstliegende Analogie zu einem Netzwerk ist ein Ökosystem. Moore lotet die biologische Metapher sehr detailliert aus, und wahrscheinlich mit mehr Erfolg, als dies in *Bionomics* der Fall ist. Ich denke, diese Ideen loten ein Gelände aus, das noch wenig erschlossen ist. Das Buch ist ein guter Einstieg.

The Economy as an Evolving Complex System,
herausgegeben von Philip W. Anderson, Kenneth J. Arrow und David Pines. Addison-Wesley, 1988. Beiträge einer Tagung über ökologische Zugangsweisen zur Entzifferung der Wirtschaft. Sehr technisch und akademisch, doch auch sehr revolutionär.

Increasing Returns and Path Dependence in the Economy,
von W. Brian Arthur. University of Michigan Press, 1994. Wenn Sie gewillt sind, es mit unbearbeiteten Originalen aufzunehmen, können die Artikel dieser Aufsatzsammlung die Haupt- und Zentralfunktion von steigenden Skalenerträgen erhellen. Geschrieben von dem Ökonomen, der den Ausdruck prägte, sind wenigstens einige der Artikel auch für Laien zugänglich und klar.

The Winner-Take-All Society,
von Robert H. Frank und Philip J. Cook. Penguin Books, 1995. Da es in der Netzwerkwirtschaft ein Alles-für-den-Sieger-Moment gibt, ist dieser lesbare Essay recht provokativ.

Internet Economics,
herausgegeben von Lee W. McKnight und Joseph P. Bailey. MIT Press, 1997. Eine gute Auswahl von wissenschaftlichen Artikeln, die die ökonomischen Probleme umreißen, die von der Internet-Wirtschaft aufgeworfen werden. Die meisten Texte in diesem Kompendium behandeln das rätselhafte Problem, wie Dienstleistungen in einer verteilten Umgebung preislich angesetzt werden können. Wie sollten geteilte oder nur gelegentlich genutzte Netzzugänge preislich eingestuft werden? Wie sollte der Datenverkehr reguliert werden? Welche Gestalt wird Geld annehmen? Es handelt sich um einen ingenieurwissenschaftlichen Zugang zur Ökonomie.

The Death of Distance: How the Communications Revolution Will Change Our Lives,
von Frances Cairncross. Harvard Business School Press, 1997. Ein zielgenaues Buch, doch mit der dünnen und abgegriffenen These, daß globale Kommunikation die Welt verändere. Gering an Überraschungen und neuen Einsichten, doch voller Fakten.

The Self-Organizing Economy,
von Paul Krugman. Blackwell Publishers, 1996. Ein dünner Band mit ziemlich technischen Beschreibungen, wie dezentralisierte, von unten nach oben verlaufende Selbstorganisation ökonomische Abläufe gestalten kann.

The Future of Money in the Information Age,
herausgegeben von James A. Dorn. Cato Institute, 1997. Geld, das ja eine Art von Information ist, verändert sich so schnell wie die Wirtschaft, in der es fließt. Es handelt sich um einen akademischen Blick darauf, wie Geld und finanzwirtschaftliche Institutionen sich verändern werden.

Digital Money: The New Era of Internet Commerce,
von Daniel Lynch und Leslie Lundquist. John Wiley & Sons, 1996 (deutsch: Zahlungsverkehr im Internet, Hanser, 1997). Lynch, Erfinder eines digitalen Zahlungssystems, zeichnet ein Porträt der neuen Wirtschaft, wie es aus der Perspektive flüssigen, immateriellen elektronischen Geldes gesehen werden kann. Die Gestalt des zukünftigen Geldes ist eine weitgreifende, vitale und bislang unbeantwortete Frage, eine, die ich aus Platzgründen umgangen habe. Dieses Buch ist eine großartige Möglichkeit, sie aufzugreifen.

Cybercorp: The New Business Revolution,
von James Martin. Amacon, 1996 (deutsch: Das Cyber-Unternehmen. Total digital vernetzt, Ueberreuter, 1997). Martin ist ein legendärer Telekom-Guru, der über hundert Bücher geschrieben hat. Dieses ist ein Durcheinander von zusammenhanglosen Aussagen, erstaunlichen Einsichten, müden Klischees, scharfsinnigen Überlegungen, interessanten Diagrammen, blödsinnigen Belehrungen, wundervollen Statistiken, lahmen Erklärungen und überschäumender Begeisterung. Martin hat häufig recht, und er hat einen guten Blick für die neue Wirtschaft, aber der Leser muß die Spreu vom Weizen trennen.

The Twilight of Sovereignty,
von Walter B. Wriston. Charles Scribner's Sons, 1992. Nicht mehr so revolutionär, wie es bei seinem Erscheinen 1992 war, bricht dieses knappe Buch immer noch nachvollziehbar eine Lanze für die Geburt einer neuen Wirtschaft. Wriston richtet besondere Aufmerksamkeit auf die geopolitischen Auswirkungen einer vernetzten Informationswirtschaft.

Shared Minds: New Technologies of Collaboration,
von Michael Schrage. Random House, 1990. Obwohl es nicht ausdrücklich von Netzwerken oder Netzwerktechnologie handelt, beschäftigt sich dieses Buch damit, was geschieht, wenn Sie Werkzeuge – wie z. B. Netzwerke – in der intellektuellen Kooperation von Menschen einsetzen, und zwar sowohl bei der Arbeit,

als auch im Spiel. Es handelt umfassender von der Zukunft von Wirtschaftsorganisationen, als die meisten Bücher, die dergestalt beworben werden.

Regional Advantage: Culture and Competition in Silicon Valley and Route 128,
von Annalee Saxenian. Harvard University Press, 1994. Ein wunderbares Buch über den Erfolg der Netzwerkkultur in Silicon Valley, der durch einen Vergleich mit der älteren, doch weniger erfolgreichen und weniger vernetzten High-Tech-Kultur unterstrichen wird, die in der Umgebung von Boston angesiedelt ist.

Innovation Explosion,
von James Brian Quinn, Jordan J. Baruch und Karen Anne Zien. The Free Press, 1997. Wenn Wissen das neue Kapital ist, dann ist Innovation die neue Währung. Quinn und Kollegen leisten meisterhafte Arbeit auf dem Gebiet, Innovation als zentrale Dynamik in einer Wissensgesellschaft zu exponieren. Sie haben Anekdoten, Statistiken und Beispiele in Hülle und Fülle zu einer glaubhaften Fallstudie darüber zusammengetragen, warum Innovation die Schlüsselvariable in der Netzwerkwirtschaft ist.

Post-Capitalistic Society,
von Peter Drucker. HarperCollins, 1993 (deutsch: Die postkapitalistische Gesellschaft, Econ, 1993). Ein frühes Bild der kommenden neuen Wirtschaft, das kein bißchen gealtert ist. Drucker ist immer der Lektüre wert.

Unlimited Wealth: The Theory and Practice of Economic Alchemy,
von Paul Zane Pilzer. Crown Publishers, 1990. Ein wenig exotische, bisweilen extreme Gedankenführung. Weniger als andere Beobachter zögert Pilzer, über die Art und Weise zu spekulieren, in der Technologie die Prosperität einer Wirtschaft steigert. Seine häretischen Ideen sind erfrischend.

The Third Wave,
von Alvin Toffler. Bantam, 1980. Ein Klassiker, und dennoch unglaublich aktuell und informativ. Tofflers zwanzig Jahre altes Profil einer neuen Wirtschaft und Kultur ist lesenswerter und zutreffender als die meisten Beschreibungen, die seither verfaßt worden sind.

New Ideas from Dead Economists: An Introduction to Modern Economic Thought,
von Todd G. Buchholz. Penguin Books, 1990. Die meisten »neuen« Ideen in den Wirtschaftswissenschaften sind, wie überall, überhaupt nicht neu. Dieser kompakte Band ist die beste Fundstelle für die besten Gedanken früherer Ökonomen. Leicht verständlich und erbaulich, wie er ist, sollte dieser Text in der Bibliothek jedes Netzwerkökonomen stehen.

The Information Economy
http://www.sims.berkeley.edu/resources/infoecon/
Die vollständigste Web-Site zur neuen Wirtschaft. Diese klare, weitreichende und sehr aktuelle Site, die vom Ökonomen Hal Varian, dem Mitautor von *Information Rules* (siehe oben), betrieben wird, listet Artikel, im Entstehen begriffene Werke und Hunderte von Verknüpfungen zu anderen Web-Sites zur neuen Wirtschaft auf. Was von Ferne mit Informations- und Netzwerkwirtschaft zu tun hat, ist hier mit einem Link versehen.

George Gilder's Telcosm Index
http://homepages.seas.upenn.edu/~gaj1/ggindex.html
Kapitel aus George Gilders epischem Buch-ohne-Ende über das sich abzeichnende Telekommunikationsuniversum sind hier archiviert. Gilders Denken ist befruchtend, und zahlreiche meiner eigenen Regeln verdanken ihm viel. Halten Sie nach seinem Buch *Telecosm* Ausschau, das Ende 1998 rauskommen sollte; bis dahin sind seine Artikel in *Forbes* eine wahre Goldgrube.

The Economics of Networks
http://raven.stern.nyu.edu/networks/site.html

Diese Site ist hauptsächlich der Untersuchung der ökonomischen Implikationen von Kommunikationsnetzwerken gewidmet. Sie ist mit Artikeln des Site-Organisators, des Ökonomen Nicholas Economides, vollgepackt, enthält aber auch eine sehr nützliche Bibliographie und eine Liste aller anderen Ökonomen, die über die Ökonomie von Netzwerken arbeiten.

Danksagung

Dieses Buch profitierte nachhaltig von der Arbeit des Forschers Jan Tudor von *JT Research* in Portland, Oregon. Viele Leute, darunter eine Anzahl qualifizierter Ökonomen, versorgten mich mit hilfreichen Kommentaren, nachdem sie den Artikel gelesen hatten, auf dem dieses Buch basiert. Zu diesen Lesern gehörten Paul Romer, Paul Krugman und George Gilder. Romer, Krugman, John Hagel, Paul Saffo und Michael Kremer gaben mir auch Interviews. Eine Reihe anderer Leute nahm sich die wertvolle Zeit, die Manuskriptversion zu lesen und zu kommentieren: John Heileman von *The New Yorker*, Russ Mitchell vom *US News & World Report*, Peter Schwartz vom *Global Business Network* und Hal Varian von der Universität von Kalifornien in Berkeley. Die Mannschaft des *Wired Magazine* übernahm die Prüfung der Fakten und bewahrte mich, wie gewöhnlich, vor Peinlichkeiten. Bei Viking verwandelte der Lektor David Stanford meinen rohen Entwurf in ein Stück geschmeidiges Englisch, während es der Copy-Editor Danny Marcus zu seiner gegenwärtigen Form aufpolierte. John Brockman, mein Literaturagent, erkannte in meinen Ideen ein Buch. Meine Frau Gia-Miin Fuh opferte ihre Wochenenden, damit ich es schreiben konnte; ohne diese Gabe wäre es nicht dazu gekommen. Dank an alle.

Über den Autor

Kevin Kelly ist *Executive Editor* des *Wired Magazine.* 1993 und 1996 gewann *Wired* unter seiner Mitherausgeberschaft den *Industry's Oscar – the National Magazine Award for General Excellence.* Vor dem Start von *Wired* war Kelly Lektor und Herausgeber von *Whole Earth Review*, einer Zeitschrift für unorthodoxe technische und kulturelle Nachrichten. Von ihm stammt *Out of Control: The New Biology of Machines, Social Systems and the Economic World (deutsch: Das Ende der Kontrolle, Die biologische Wende in Wirtschaft, Technik und Gesellschaft)*, ein Buch über ein neues Paradigma der Technologie. Der Text von *Out of Control* und weiteres Material findet sich auf seiner Homepage: *http://www.well.com/user/kk.* Am besten erreicht man ihn via E-Mail: *kk@well.com.*